阅读是一种责任

于殿利 著

人民出版社

世界，

是无言的使命，

是有声的画卷；

我们，

用阅读将她编织，

将她呈现。

作者手记

目　录

后话先说

古往今来曰世，宇宙纵横为界。世界为人类所设，存在于人的意念中，无人类即无所谓世界；世界又为人类而预设，人一降生，便置身其中，思于斯，行于斯，从此世界不再虚空。《礼记·礼运》云：人者，天地之心也，五行之端也。世为人世，界为人寰。人所思，人所为，不仅是在创造自身的生命，也是在创造世界与时空的生命。人无思，人无为，便枉为生，枉为世。因此而言，世界是一种使命，是人类的使命，由人类的创造活动托起的使命。人之所思，人之所为，构成了一幅无尽的画卷，让世界与时空充盈，也让其获知缺亏。盈与亏成就了人类之美，盈与亏创造了动力之源。而让世界存续的动力之源，即人之所思，人之所为，全靠阅读得来，又赖阅读呈现。

阅读成就人生，阅读幸福家庭，阅读塑造国家，阅读变革世界。阅读像一条河，从个人出发，流经并灌溉着家庭、社会和国家，最后注入人类的海洋。于此，一个个人相聚在一起，相融为一体。个人汇聚成海洋，又在海洋中得到滋养。从这个意义上可以说，阅读从个人开始，又回归于个人，但它又不止于个人之事。

阅读标志着人的存在，人类的存在；阅读意味着人的成长，人类的成长。一部人类发展史，归根结蒂，就是一部阅读史。换句话也可以说，一部阅读史，就是一部人类进化史。阅读是一种进化，是人从动物到人的进化。阅读伴随和促进着人性的成长，人性不仅定位着个人，更决定着人类进化的方向。

人类的属种本为动物，通过"学习"一步步使自己脱离一般动物群体，并最终成为凌驾于万物之上的生灵。而这种"学习"，迄今为止，几乎皆可以用"阅读"这个词来涵盖。在文字产生之前，先民阅读宇宙万物和社会这部大书，悟出了种植和生产的奥秘，开始了有组织、有目的的食物规划，并超越以食果腹的生存之需，开始了享受美食、享受生活的过程。这是人脱离动物种群迈出的第一步，而动物则止步在有上顿无下顿、不分白天黑夜的觅食状态。

文字产生之后，读文字之书让人的思维和思想力得到了迅猛的发展，从制造简单的工具到运用高科技载人上天入地，从积累生存所需知识，到痴迷于思维、思想和发明本身，人类在一定程度上掌握了对其他动植物生杀予夺的权力。尤其是专门的知识和科学研究，使人进入了自我的精神圈子，宇宙世界变成了自我的精神世界，人类在自我设定的一个个智力游戏下，乐此不疲地从事着所谓的发明与创造，为自己找到了生存的依据和方式。人就是这样既现实又虚幻地标明着自身的存在。这是人脱离动物种群迈出的最具标志性的一步，以至于学者们都把语言文字的出现，当作人区别于动物的标志。无疑这是人脱离动物的关键一步，但还不是决定性的一步，人在这个阶段已经上升为高级动物，但还是动物，以知识和思想为主要内涵的智力还缺乏方向性的把握，人类的智力还不能保证得到合适的运用，把握这个方向的是道德性。

道德意识及其养成，即道德性，是人类最终把自己从动物种群中脱离出来的最后一步。法国著名启蒙思想家卢梭①和德国著名古典哲学家康德②等都承认，人类"作为一

─────────────

① 让-雅克·卢梭（Jean-Jacques Rousseau，1712—1778），18世纪法国伟大的启蒙思想家、哲学家和教育家，法国启蒙运动最卓越的代表人物之一。代表作有《论人类不平等的起源和基础》《社会契约论》《爱弥儿》《忏悔录》和《新爱洛漪丝》等。

② 伊曼努尔·康德（Immanuel Kant，1724—1804），德国古典哲学创始人。启蒙运动时期最后一位重要哲学家，是德国思想界的代表人物。被认为是继苏格拉底、柏拉图和亚里士多德后，西方最具影响力的思想家之一。其学说深深影响近代西方哲学。思想体系自成一派，其中核心的三大著作被合称为"三大批判"，即《纯粹理性批判》《实践理性批判》和《判断力批判》等。

个道德性物种"，文化、道德、修养——"这属于他们的天职"。①所谓的道德性就是人性与动物性斗争的结果，结果只能是在多大程度上占优，而不能奢望完全彻底的胜利，这是由人性的天然缺陷决定的。道德性主要依靠"学习"即阅读养成，道德的进化无止境，决定了阅读无止境。而且，阅读一旦停止，道德还会退化。依康德之见，几千年来，人类的道德进化并没有多少进步，有时似乎进步了，有时又在倒退。他说："我们看到的是，人类在整体上是微小地摇摆着；他们只要前进几步，接着马上就以加倍的速度又滑回到自己以前的状态。"②一直到现在为止，几乎没有一刻停止的人类战争，即人类之间的杀戮行为，似乎就是对康德观点的最具体和现实的注解。在人类现代社会形成过程中，把增进道德和教养视为人类的任务，已成为很多伟大思想家的共识。③歌德④在其名作、与法国大革命和

① 参见［德］康德：《历史理性批判文集》，何兆武译，商务印书馆2010年版，第71-72页。

② ［德］康德：《历史理性批判文集》，何兆武译，商务印书馆2010年版，第216页。

③ 参见［英］彼得·沃森：《德国天才》（1），德意志的命运大转折 第三次文艺复兴，张弢、孟钟捷译，商务印书馆2016年版，第187-188页。

④ 约翰·沃尔夫冈·冯·歌德（Johann Wolfgang von Goethe，1749—1832），德国著名思想家、作家、科学家，魏玛古典主义最著名的代表，德国乃至世界最伟大的作家之一。代表作有《少年维特之烦恼》《浮士德》《威廉·迈斯特》和《葛兹·冯·伯利欣根》等。

费希特的《知识学》并称为那个时代"三大趋势"的《威廉·迈斯特》中说，我们所具有的人性，就其终极意义而言，既在于我们依靠增强人性的力量，在内心发展成为更高级的人，还在于驯服非人性的一面。①向知识和道德进化，是人类的使命，是人类的方向，阅读犹如发动机，阅读就是催化剂。

阅读是一种责任。这是一种主张，也是一种态度。主张是学术上的，立足于学术或学理上的阐述，目的是在学理上说清楚、道明白；态度是行动上的，目的是让学术道理不断转化为阅读的动力，让阅读成为一种人生态度，让阅读成为一种社会风尚，最终让阅读成为一种文化，浑然于民族国家和人类的精神中。以文化人是人类永恒的使命，是丝毫不能松懈、时刻不能间断的使命，因为这是一项艰巨的事业。在康德看来，"以造就人以及公民的真正教育原则为基础的文化，也许迄今还没有正式开始，更不用说是完成"②。在康德时代，阅读和知识是少数人的奢侈，这是确定无疑的。就算到了现在所谓的现代化和高科技时代，知识、文化和阅读的普及程度也不能说有多高，何况国家、

---

① 参见［英］彼得·沃森：《德国天才》（1），德意志的命运大转折，即第三次文艺复兴，张弢、孟钟捷译，商务印书馆2016年版，第188-190页。

② ［德］康德：《历史理性批判文集》，何兆武译，商务印书馆2010年版，第72页。

民族和地区之间还存在着不小的差距。近些年来，还产生了另一种趋势，即知识和文化的普及速度，远远跟不上所谓的新知识和新文化的制造速度。阅读是人类的天职，这个神圣的职责却必须由每个人来承担。一般人可能认为说责任很沉重，不愿意把阅读与责任联系在一起，因为人们似乎很崇尚轻松的阅读。在我看来，阅读可以是很愉快的事，但它绝不轻松。而另一方面，尽管承担责任在有的人看来显得沉重，但它仍然可以是幸福和荣耀的源泉。尽责是幸福的，幸福源自于吸收知识的充实，充实后的踏实，以及内心被知识之光照亮后的笃定；尽责是光荣的，光荣源自自我价值的实现，具化为阅读积聚的能量，及其对家国人类的释放和反哺。正是在这种释放和反哺中，自我感到了不仅存在，而且有用。自我就这样而被成就。

阅读还是一种方法。是生命存在的方法，是社会进步的方法，也是人类进化的方法。方法产生知识，方法产生学问。研究好阅读这门学问，也是一种责任，对个人，对社会，对民族，对国家，对人类，在在如此。对于阅读而言，方法意味着质量，方法意味着效率。把握住质量和效率，成为人生的赢家就又多了一分胜算。好方法成就好人生，一个个美好的人生成就着社会的美好，成就着人类的美好，并终将成为人类历史长河浩浩荡荡、奔流不息的源源动力。

阅读的三个时代

上苍赋予了地球上每一种生物独特的、直接的本能，如蜘蛛结网和蜜蜂筑巢，使其获得了生存的空间，唯独人类没有。值得庆幸的是，上苍赋予了人类一种独具的间接的本能，即阅读。人类通过阅读，尤其是阅读天地这本大书，为自己赢得了在地球上的生存空间。其他生物的生存本能，如蜘蛛的网、蜜蜂的巢，以及豺狼虎豹的凶猛等，都是直接的，因而是单一或有局限的；人的阅读本能是间接的，其本身并不构成生存能力，但可以转化为无限的生存能力。所以，人类也没有受到造物主不公平的对待，相反，人类却大大地受益于阅读，甚至可以说，人类的一切都来源于阅读。

阅读是人类独特的生存和生活之道。人本是动物中的一种，是阅读及其产生的思想力使人从一般的动物种群中脱离出来，上升为高级动物，甚至成为万物之灵。如若没有阅读及其催生的思想力，人类就会丧失大部分文明传递和继承的能力，进化的程度和速度定会大大衰减，难以达成今天的人类。细究人类阅读史，甚至可以得出这样的结论，即阅读发展史即人类的进化史。

概括来说，人类的阅读史经历了三个发展阶段：读天地之书、读文字之书和读屏幕之书。在文字产生之前，人类就阅读宇宙天地和社会这部大书；文字产生之后，人类开始了阅读越来越大量文字的时代；而今借助数字技术和互联网，人类又进入了阅读屏幕的时代。每一个新阶段并不是简单意义上的取替上一个阶段，而是为上一个阶段增加了新的内容、新的方式和新的方法。其中，读天地之书，向自然学习，是人类的根本，是永恒不变之道；读文字之书是人类阅读力和思想力提升的结果；读屏幕之书则是人类技术发展的结果。人类阅读力和思想力的提升带来科技能力的不断强化，并导致学习工具的进步和丰富。以此，读文字之书和读屏幕之书就成为读天地之书必要的补充和强化。天地之书是人类知识和思想之源，文字之书是人对于自然之书模仿、提炼、概括之后所进行的思想表达，是对天地之书的复制传播与阐发光大。而屏幕之书则是对其进行传播的方法与手段的多元和丰富。

一、读天地之书与农业革命

在文字出现之前，向自然学习，是人类唯一的阅读方式，人类经历了漫长的读天地之书的时光。发明了文字之后，读天地之书仍然是人类不可替代的、最重要的活动，读不懂天地这本大书，人类寸步难行；读不懂天地这本大书，也自然就没有文字之书。天地之书是文字之书的本源，即便是文字之书高度发达的今天，读天地之书仍然是人类一刻也不能停息的必修课。古今中外的名流雅士对此早有精辟的解读，近代思想家严复①说："吾人为学穷理，志求登峰造极，第一要知读无字之书。"严复先生所说的"读无字之书"，就是我们所说的读天地之书，或者说观察宇宙世界。他还引用赫胥黎②的话说："能观物观心者，读

---

① 严复（1854—1921），原名宗光，字又陵，后改名复，字几道。近代著名资产阶级启蒙思想家、翻译家和教育家。翻译了赫胥黎《天演论》、亚当·斯密《国富论》和孟德斯鸠《法意》等。提出"信、达、雅"的翻译标准，对后世的翻译工作产生了深远影响。

② 托马斯·亨利·赫胥黎（Thomas Henry Huxley，FRS，1825—1895），英国生物学家，因捍卫查尔斯·达尔文的进化论而有"达尔文的坚定追随者"之称。主要著作有《人类在自然界的位置》和《进化论和伦理学》等。1898年，严复将他的著作《进化论与伦理学》的一部分翻译成中文，取名《天演论》，随之，"物竞天择、适者生存"及"优胜劣汰"等几成人们的警句。

天地原本书；徒向书册记载中求者，为读第二手书矣。"①
读天地之书，是读天地本源，能产生本源的心得或思想，
只读"二手书"便只能得"二手"或"二传"的思想，不
会有独到的心得体会。清人张潮②也说："善读书者，无之
而非书；山水亦书也，棋酒亦书也，花月亦书也。"他还说：
"能读无字之书，方可得惊人妙句；能会难通之解，方可参
最上禅机。"③正所谓"世事洞明皆学问，人情练达即文章"。

　　意大利文艺复兴时期伟大的物理学家伽利略④在他的
《试验者》第六章中也有关于自然之书的论述，他说："哲
学已写在这本持续打开在我们眼前的大书里（我指的是宇
宙），但除非你首先明白写这本书的语言和认识那些符号，
否则你就读不懂。它是用数学语言写的，它的符号是三角

---

　　① 参见张明仁编著：《古今名人读书法》，商务印书馆 2017 年版，
第 211-212 页。

　　② 张潮（1650—1709），字山来，清代文学家。著有《虞初新志》
和《幽梦影》等。《虞初新志》奠定了其文言小说编选家和批评家的历史
地位。

　　③ 张明仁编著：《古今名人读书法》，商务印书馆 2017 年版，第 157
页。

　　④ 伽利略（Galileo Galilei，1564—1642），意大利数学家、物理学
家和天文学家，科学革命的先驱。哥白尼"日心说"的坚定支持者。发
明了摆针和温度计，是近代实验科学的奠基人之一。被誉为"近代力学
之父""现代科学之父"。为牛顿的理论体系之建立奠定了基础。代表作
品有《星际使者》和《关于太阳黑子的书信》等。

天地之间有人在

形、圆形和其他几何图形，若对这媒介一无所知，就不可能明白哪怕一个字。对此一无所知，那就像在黑暗的迷宫里无望地漫游。"伽利略同时代的哲学家康帕内拉①也在他的一首十四行诗中写道："世界是一本书，永恒的智慧在书中写下自己的想法。"②人作为动物世界中的一员，无论是在力量、速度、耐力，以及特殊能力方面都显得很平庸，唯独大脑尤其是超强的记忆力以及在此基础上发展而形成的高级思维能力，为人类在地球上谋得了生存的机会。这一切都来自于人能够阅读天地之书，洞悉宇宙万物的奥秘，以趋利避害的方式发展自己。回望整个人类文明发展史，我们发现，人类在阅读天地之书过程中所取得的以下几个重大收获，它们最终使人类完成了超越一般动物的进化，并进入了农耕时代，开启了人之为人的农业文明。

1.花开花落悟出生命的种子

在人类文明的发展历程中，第一桩最具革命性和标志

---

① 托马斯·康帕内拉（Tommas Campanella, 1568—1639），意大利文艺复兴时期著名空想社会主义者、哲学家和作家。代表作有《太阳城》《论最好的国家》和《感官哲学》等。

② 转引自［意］伊塔洛·卡尔维诺：《为什么读经典》，黄灿然、李桂蜜译，译林出版社 2015 年版，第 96 页。

性的事件，是人类在长期的采集生活中，通过对大自然的观察，发现了作物年复一年生长的奥秘，从而发明了定居的种植农业。定居的种植农业在世界各地出现的时间略有差异，最早应该在距今 11000 年左右。现代学者对此进行了这样的研究和概括："大约在 11000 年前，在世界上那个被形象地称为'肥沃的新月地带'（今天的伊拉克）的地方，人们最早学会了自己种植粮食作物和驯养动物，因而增加了可利用食物的数量。从狩猎—采集社会向定居的农业社会的这种转变持续了很长时间，而且至少在世界上的七个地区独立地发生着：大约 11000 年前在底格里斯河和幼发拉底河流域肥沃的新月地带，大约在 9500 年前在中国北部，大约在 5500 年前在如今中美洲的墨西哥，和大约 4500 年前在如今美国的东部地区。也许还独立地发生在非洲、东南亚以及新几内亚的部分地区。"①

定居农业的革命性和标志性，在于它是第一个把人从动物世界中脱离出来的重要事件。地球上的动物和人首先面临的都是生存问题，在定居农业之前，人和动物在寻找食物的生存方式上并无本质不同，定居农业把人和动物区别开来。定居农业使人类开始了有组织、有目的、有计划的食物生产，从而走出了一般动物不停地奔走觅食的窘

① ［美］马立博：《现代世界的起源》（第三版），夏继果译，商务印书馆 2017 年版，第 25 页。

境；定居农业使人类逐渐走出了一般动物食不果腹、饥不择食的生存状态，开始了有选择性的作物栽培，开启了享受食物的生活状态；定居农业让人类的种群规模即人口数量不断增长，让人的平均寿命不断延长，这是其他任何动物都无法比拟的。此外，定居农业还使人与人之间产生了相互协作的工作关系；剩余农产品使得不必人人都从事农业生产，进而使得社会分工不仅成为可能而且越分越细，社会分工又极大地促进了专业化的发展，影响至今；定居农业还促生了社会、管理和组织结构的形成，开启了人类文明演进的模式。在定居农业的生产和生活中，人类的一个最重要的种属性特征，即群体性和组织性得到认识、开发和不断完善，一直到现在，未曾停息。所以，农业成为了人类永恒的生存和生活基础，也成为了人性发展之基础。

2.鬼斧神工窥见创造的奥秘

读天地之书，探寻自然的奥秘，引发了人类的另一个革命性和标志性的事件，这就是火的使用和冶炼技术的发明。有学者甚至认为，"对火的控制和使用可以算入原始人三大最早的思想之一"①。火的使用影响至今，今天的生产和

---

① ［英］彼得·沃森：《思想史——从火到弗洛伊德》（上），胡翠娥译，译林出版社 2018 年版，第 37 页。

生活仍然离不开合理地使用火。

　　地球上的很多现象都能引发自然之火，对于一般动物而言，火就意味着灾难，只有人发现了火的好处，并充分利用这种好处发展了高度的物质文明，把自己从一般动物中脱离出来。学者们指出，没有哪种动物像人类一样能控制火。考古学家C.K.布雷恩指出："人类对火的控制使他们从大型猫科动物的猎物转变为猎食者，火为人类提供了自身缺乏的保护。"①也许在一场森林大火之后，面对被烧死的动物，人类发现了属于自己的美味，从此开始养成吃熟食的生活习惯，并且能够主动取火、控制火来烹制各种动植物熟食。有人认为，火的使用可追溯到142万年前。至少有十三个非洲遗址提供了这方面的证据，最早的一个是肯尼亚的切苏旺加遗址，里面有工具、动物骨头和燃烧过的泥块。值得一提的是，食肉对促进人脑的发育发挥了重要作用。使用火的这种生活习惯不仅让人类开启了更为文明的生活方式，也使得人类获得了比其他任何动物都长得多的寿命。

　　火的使用绝不仅仅限于生活领域，它还成为最原始的能源和动力，更为重要的是在生产领域引发了另一场革命，就是冶炼技术的发明。也许在一场森林大火或煤等其

---

①　［英］彼得·沃森：《思想史——从火到弗洛伊德》（上），胡翠娥译，译林出版社2018年版，第37页。

他矿物质燃烧之后，人类在发现烧烤美味的同时，还发现了另外的坚硬物质，这种坚硬物质可用来制作各种有用的生产工具和狩猎武器，这就是金属。在大自然的启发下，人类开启了自主冶炼金属制作生产工具和武器的新模式。这种工具制作的新模式，强化了人与动物的区别。在冶炼金属技术发明之前，人类所使用的工具只能是原始的贝壳、木棍、石块和简单的石器等，在这里还必须承认，人的四肢也不是一无是处，直立行走所解放出来的双手为人类使用和制造工具提供了极大的便利。科学家们相信，人类从树上来到地面上生活，"在全新的开阔大草原环境中，直立行走解放了手臂和手掌，使它们能够将食物传递给居住在分布更广泛的树上的同类。后两足行走还解放了手来制造石器，石器有助于早期人类改变饮食习惯，变成食肉动物。肉含有更多的热量，促进了大脑进一步增长，但还有第二个结果：直立使喉头的位置下降成为可能，人类的喉头在喉咙的位置比类人猿低得多。在新的位置，喉头能够更好地发出元音和辅音"①。直立行走、制作工具和劳动还促进了语言能力的发展，语言又促进了思维和思想的进步。研究者认为，"原始人的思维包含三种实体：技术智慧（能制造石器）、自然史智慧（能了解周围的环境和野生动

① ［英］彼得·沃森：《思想史——从火到弗洛伊德》（上），胡翠娥译，译林出版社 2018 年版，第 31 页。

250万年前发生在伊朗高原的森林大火

物）和社会智慧（具有群居生活的知识）"①。我们说，这些智慧都源自于人类对宇宙自然的感悟。或者说，这些智慧都是天地之书对人类的馈赠。

但徒手力量的不足和容易受伤的脆弱性，大大限制了人的能力和创造力，面对大自然的难题和凶猛动物的侵袭，最初的人类与其他动物一样显得束手无策。冶炼技术的发明和金属的广泛使用，使人类的境遇发生了翻天覆地的变化，人类利用金属制作的各种工具和武器，以及由此发展起来的被后世称之为科学技术的东西，获得了对地球上其他生物生杀予夺的权利，人类从动物群体中脱离出来，一跃而成为了其他动物的主宰。人类对宇宙自然之书的研读，逐渐生成了科学和学科，现代科学也因此享有了"自然科学"的名称，"研读自然之书被认为是科学的事业"。②现代的科学技术不仅使人脱离了动物界，甚至让人飞跃出地球，进入了宇宙太空。从第一颗原子弹爆炸开始，现代的科学技术使"人类不仅有了改变历史进程的能力，更有了结束历史进程的能力"③。无论如何，冶炼技术以

①［英］彼得·沃森:《思想史——从火到弗洛伊德》（上），胡翠娥译，译林出版社 2018 年版，第 35 页。

②［芬兰］冯·赖特:《知识之树》，陈波编选，陈波、胡泽洪、周祯祥译，生活·读书·新知三联书店 2003 年版，第 3 页。

③［以色列］尤瓦尔·赫拉利:《人类简史》，林俊宏译，中信出版社 2014 年版，第 241 页。

及由此发展起来的所谓科学技术，加速培育和开发了人的思维力和创造力，我们甚至担忧，这种人性特征的发育或许有如脱缰的野马，不知会把人类带向何方。

另一项人类独特的意识和发明，也是受大自然启迪，或者说是人类读天地之书的结果，这项发明就是医学，以及与此相关的健康与营养学等。人类的疾病意识以及借助和采集天地万物来治愈疾病、伤痛的能力，远胜于其他动物处理伤痛的本能意识。医学史家认为，古老的民族透过"星辰运行与季节的关系，及星辰季节与某些疾病的关系"，"渐渐产生并发展了认为周期、季节和星辰能影响人生的观念"。而且，"人和动植物密切相关的思想，或是来自人与大地关系更密切的时代的原始思想"，"几乎在所有古代民族的变形神话中都能找到"。[1]医学观念就是由此而生发的，"同样由于与自然密切接触，便产生了人与自然一致，死后可以再生，以及身体死后生命变为另一种形式的思想。在自然现象中植物的迅速变异，使人们想到人的归宿也同于植物，于是产生了一种病理观念，认为人生的一切现象都和自然现象一致"[2]。天地万物，生生相克，自然中

---

① ［意］卡斯蒂格略尼:《世界医学史》（第一卷），北京医科大学医史教研室主译，商务印书馆 1986 年版，第 39 页。

② ［意］卡斯蒂格略尼:《世界医学史》（第一卷），北京医科大学医史教研室主译，商务印书馆 1986 年版，第 39-40 页。

019

也一定能找到克制疾病的东西。疾病观念和医学发展的重要性在于，人类终于找到了可以延长生命的办法，后来发展起来的健康和营养学更使人类远远地超越了一般动物，即在一定程度上可以决定自身的命运。

3.文学艺术构筑精神家园

读天地之书，探究自然的奥秘，不仅让人类获得了无限的物质力量，还让人类获得了最重要的区别于一般动物的精神力量。人的物质性与一般动物并无本质上的区别，人最终把自己从动物种群中摆脱出来的标志，是人的精神性，人是一种精神性存在。人的这种精神性存在，从原始的宗教、艺术和文学创造中得到了很好的阐释。

面对自然所显示出来的渺小和对自然力的无奈，使人类对各种自然现象，无论是日月星辰，还是风雨雷电，都只有敬畏和崇拜的份儿，所以自然崇拜和多神崇拜是世界上所有民族原始和早期宗教的共同特征。进入定居农业生活以后，敬天地之神以求风调雨顺，更是农民必须为之的事业。虽然定居农业给人类带来了生产和生活方式上的革命，但农业靠天吃饭的弱点始终无法得到根本的改善，亘古未变，至今依然。所以，以种植农业为核心的宗教信仰，很自然就发展起来了。

作为对宗教信仰的直观表达，原始艺术也随之产生。为人所熟知的以宗教为主要题材的壁画和图腾崇拜，就是最重要的原始艺术。原始艺术不仅展现了人类对自然的理解，对自身的理解，还展现了人对人与自然关系的理解。原始宗教让人类有了敬畏之心、崇拜之情，从而有了道德之范。从这个意义上可以说，原始宗教为人类找到了打开道德进化这扇门的钥匙，跨进道德进化这扇门，人类就开始正式与动物种群挥手告别了，前面等着人类的是第一道文明之门。原始宗教与艺术也是人类思想的肇始，它拉开了人类思想的序幕，思想之光从此照亮了人类进一步前行的道路。

如果说，文字的出现是人类进入文明社会的标志之一，那么人类在进入文明社会之前，首先让我们看到了一道文明的曙光，即以语言为核心的文学创作——口头文学。神话故事、口头传说和民间歌谣等，是口头文学的主要形式。人类社会开始形成之时，尤其是种植农业开始、农耕社会形成和发展过程中，如何把众多的人和人群组织起来分工协作，如何对众多人群进行管理使之正常有序地进行生产，以及生产的目的和未来的前景如何等，便成为头等重要的事情。于是，世界各地众多的民族开始有了各自的关于宇宙、人类和世界起源的创世神话，开始出现了代表各自美好憧憬的"天堂神话"等。例如，在苏美尔和巴比伦人的神话故事中，天上神界的统治模式和地上人间的统治模式如出一辙，或者说，地上人间的统治模式就是天上神界统治模式的翻版。[①]这样的故事就是为人间的统治者塑造合理、合法存在的依据，让这样的信念为维护生产和生活秩序发挥粘结剂的作用。在英国著名古典哲学家休谟[②]看来，"政府建立在舆论的基础上。这个原理适用于最自由和最得人心的政府，也适用于最暴虐和最好战的政府"[③]。舆论首先是由语言创造的，文字在其产生后也成为了最重要的舆论工具。语言和故事及其所传达的信念，成为连结人们的纽带，也成为人们共同的精神依托和工作动力。理想和信念是人类的特性，也是人类的方法，人类的生产和生活在某种程度上就是靠此和依此才得以前行的。这是人类的智慧，也是人类的秘密。

在文字之前，人类的生活智慧依靠口头故事得到了积累和发展，一位作者也是一位嗜书的读者，给出了这样具有想象力的描绘："语言之前也已有生活——有咕哝声，有痛苦的表情，有眼泪，有欢笑（可是，没有语言，能有

---

① 参见于殿利：《巴比伦与亚述文明》，北京师范大学出版社2013年版，第617—619页。

② 大卫·休谟（David Hume，1711—1776），英国哲学家、经济学家和历史学家。代表作有《人性论》和《人类理解研究》等。

③ 参见［加拿大］哈罗德·伊尼斯：《传播的偏向》（中文修订版），何道宽译，中国传媒大学出版社2015年版，第38页。

多少欢笑呢?),有尖叫,有低吟,还有同情悲悯之心。所有这些都很容易想象得到。可是,空有语言没有书呢?玉米捣碎,水也来担,奶油也搅拌好了,然后干什么呢?让头脑空空如也……没有故事让大脑超脱,空虚也可能就是真正的空虚……好了,总算有讲故事的人出现了,老妇人坐在火塘边,让一家人听得出神入迷。要么是行吟诗人在集市的汲水管旁吟唱着世代传诵的谣曲,妇女们从乡间的烤房回来经过这里,肩上用木板顶着热烘烘的面包。可那只是一种社会经验。有了书籍以后,就没有一同听故事的人了,不再有活生生的说书人,再也没有同类的感觉存在。"①故事与传说给人类留下了很多宝贵的精神财富,它们激励了文字的出现,促进了以文字为主要方式的文明的进步。文字出现之后,其魔力和魅力得到了淋漓尽致的发挥。人类进入了读文字之书的新时代,也因此进入了文明演进的快车道。

二、读文字之书与城市革命

城市的诞生和演进开创了人类文明和社会进步的新模

---

① [美]琳莎·施瓦茨:《读书毁了我》,李斯译,北方文艺出版社2014年版,第29—30页。

式，学者们把这一重要历史性事件称之为"城市革命"。与"城市革命"相伴而生，并极大地促进了"城市革命"的另一更重大事件，是文字的发明。两者相互促进，互为表里，相得益彰。文字活动和城市文明自古产生，人类享用至今，成为人类的依赖，无可替代。

文字的出现、城市的诞生和冶炼技术的发明，是人类进入文明社会的三大标志。城市和文明的渊源，可以从词源学中找到确凿的根据。"文明"（civilization）一词最早见于法语，源自拉丁语的 *civilis*，意思是"市民的""公民的"和"城市的"①。现代城市和文化学者坚定地认为："城市与文明是不可分离的；随着城市的出现和发展，人类最终从原始状态中摆脱出来。进而，城市使人类能建造一种更为复杂、我们相信也是更加令人满意的生活方式。"②现代学者的研究指出："第一批出现的城市是社会共同体的聚居点，其显著的标志是城市四周建立起来的城墙。那些'文明的'人与外部的人由城墙分立开来，后者被称为'野蛮人'。"③城市生活为什么就被看作是文明生活，居住在城市

---

① 参见 John Ayto, *Dictionary of Word Origins*, London: Bloomsbury Publishing Plc., 2001, p.115.

② ［英］诺尔曼·庞兹：《中世纪城市》，刘景华、孙继静译，商务印书馆 2015 年版，第 137 页。

③ ［美］布鲁斯·马兹利什：《文明及其内涵》，汪辉译，商务印书馆 2017 年版，第 6 页。

的人为什么就被称为"文明的"人？这是因为"都市生活要求有相当特殊和熟练的技巧"①，它们包括适应社会分工需要的各种专业技能，适应组织性生产需要的合作精神，以及适应群体生活和交往需要的教养和礼仪等。在"修养"和"教养"的意义层面，"文明"与"文化"又有机地联系甚至混合在了一起。人们适应城市生产、生活需要的种种努力，就是学习和成长的过程，也是人类向着知识和道德进化的过程，就是通常所说的"以文化人"的过程，文字、阅读和学校教育在这一过程中发挥了主导作用，成为这一过程的最重要推动力。所以说，"城市是文明人的自然居住地（the natural habitat of civilized man）。正因如此，它也是一个具有独特文化类型的文化区域"②。

文字对于文明的标志性意义，现代人理解起来并不困难，因为语言和文字表达得是否得体，至今还被人们用来衡量一个人"文明"程度的重要标志，语言文字的内核是知识、文化、思想甚至还有道德情操。文字的出现，顺应了城市生产生活的需要，一套包含知识、思想、道德情操和科技发明在内的文化系统，在城市的经济和社会模式中

<hr>

① ［英］齐格蒙特·鲍曼：《流动的现代性》，欧阳景根译，中国人民大学出版社 2017 年版，第 167 页。

② ［美］罗伯特·E. 帕克等：《城市——有关城市环境中人类行为研究的建议》，杭苏红译，商务印书馆 2016 年版，第 7 页。

得到了迅速的发展，同时又反过来极大地促进了经济和社会的发展。作为"一种经济单位，城市的经济组织以劳动分工为基础。城市人所从事的工作与职业的五花八门是现代生活最引人注目却也最不易被一般人理解的众多景象之一"①。社会劳动分工意味着生产的专门化，生产的专门化则要求知识和技能的专业化。学者们的研究表明："文化与栽培作物的农耕有关。它是人类从自然中得到的东西，进而又是使人类超出自然的东西。在这一进程中，人类进入了城市生活，出现劳动分工，形成祭司阶层，并且'孕育'出了艺术和科学。文字出现了，这是对口头交流这种占支配地位的交流手段的补充。这些是将'文明'人从'野蛮'人突显出来的特征。"②文字是生产活动的产物，也是人类思维的产物，文字的传播和知识的普及，在很大程度上促进了城市的变革和以冶炼为起点的科技的发展，城市又为以文字为核心的知识创造、生产和传播提供了需求动力和组织及制度保障，极大地促进了人类的思维、思想力和创造力。从此，城市就沿着知识和文化创造、积累与传承的轨迹前行。

---

① ［美］罗伯特·E.帕克等：《城市——有关城市环境中人类行为研究的建议》，杭苏红译，商务印书馆 2016 年版，第 6 页。

② ［美］布鲁斯·马兹利什：《文明及其内涵》，汪辉译，商务印书馆 2017 年版，第 12 页。

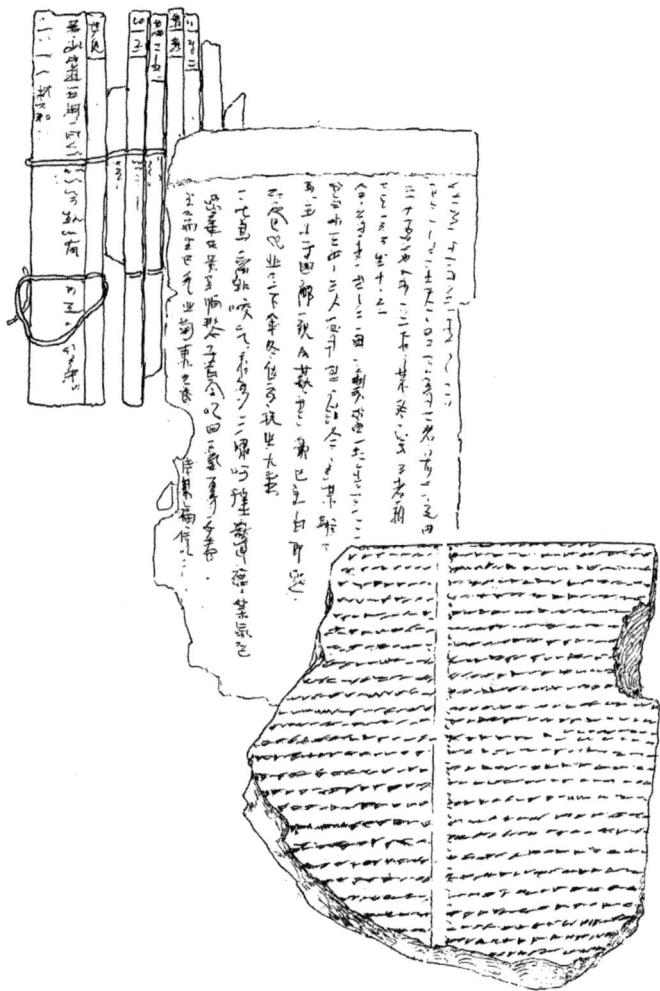

人类发明的各种文字之书，材料、写法各异。

1.文字之光点燃思维之炬

考古发掘表明，位于巴勒斯坦约旦河谷，属于公元前9000年左右的耶利哥（Jericho），已经具有了很多城镇布局的特征。[①]尽管"苏美尔人认为自己建造了世界上第一座城市埃利都，"[②]但现在的史料只能揭示埃利都是乌贝德文化的发源地，在公元前4500—前4300年的欧贝德文化时期，尚无城市形成的明显迹象。[③]公元前3500—前3100年的乌鲁克[④]文化，建筑风格不仅具有了明显的城市布局特征，市民生活方式已经形成。更为重要的是，在乌鲁克文化时期出土了苏美尔人的象形文字，时间约为公元前3300年。[⑤]语言文字史家认为这是世界上最早的文字。[⑥]城市与文字同时出现在一种文化遗址中，不知是巧合，还是揭示

[①] Charles Gates, *Ancient Cities*, Second Edition, London and New York: Routledge, 2011, p.17.

[②] Charles Gates, *Ancient Cities*, p.33.

[③] 参见Georges Roux, *Ancient Iraq*, Third Edition, London: Penguin Group, 1992, p.59−65.

[④] 因乌鲁克城而得名。乌鲁克，即《圣经》中的"以力城"，今瓦尔卡。

[⑤] Georges Roux, *Ancient Iraq*, Third Edition, p.73.

[⑥] ［英］尼古拉斯·奥斯特勒：《语言帝国——世界语言史》，章璐梵非、蒋哲杰、王草倩译，上海人民出版社2016年版，第45页。

了两者的"姻亲"或"孪生"关系。无论如何，学者们一致认为，苏美尔人创造的乌鲁克文化标志着文明的诞生。[①]

一般而言，语言先于文字产生。如同文字一样，语言也是在劳动过程中产生的，是顺应沟通和相互学习的需要产生的。然而，对于生产和生活而言，仅有语言是不够的，继语言之后，文字的出现是必然的、命令式的。"文字是再现具体口说话语的书面标记，""所有语言都首先是口说的语言，只有少数语言才有文字"。[②]人的手脚四肢是很平庸的，平庸到只凭它们人类是无法在地球上获得生存空间的，手脚不足靠脑力来弥补，单个人力量不足，靠群体力量弥补，文字及其所承载的信息便成为了人们趋利避害、发明工具和武器的知识手段，这些知识手段一代代积累和传播，人类的生存能力才得以日益提高。专家学者就有这样评论："文字是人类文化最杰出的成就之一。首先，文字能够超越时空的局限进行交流。口语的说话，只能为近旁的人所知晓，既无法传于远方，也不能留给后世。有了文字，不管多么久远的时间跨度，也无论多么遥远的

① Petr Charvát, *Mesopotamia Before History*, London and New York: Routledge, 2002, p.98.

② ［加拿大］亨利·罗杰斯:《文字系统——语言学的方法》，孙亚楠译，商务印书馆2016年版，第3页。

空间距离，信息与故事都能被记录并传递。"①这便是文字能够积累和传播人类生存技能的奥秘。图书是承载文字最早的具体形式之一，从苏美尔人在泥板上刻写文字，并在学校中教授学生开始，这种学习的古老传统也就随之开始了。上学就是读书，读书就是上学。所谓学生，就是学习生存，自古便如此。在资讯发达的现代社会，不学习更无法生存，无法在社会上立足。"人类没有学，人类不可以生存；人类没有学，人类也无须乎生存！""生即须学，学即为生！""凡生者都应学，就是凡生者都是学生。"②

越来越多的信息对于人类来说，可以用泛滥成灾来形容。不是所有信息对人都有用，只有有用的信息才能称为知识。知识不等于智慧，只有转化成生产力或有助于生产与生活的知识，才能变成智慧。信息、知识和智慧的产生和积累有赖于思维，思维的基础是记忆力，记忆的东西越多，又反过来更大地促进思维的发展。然而，尽管与其他动物相比，人类拥有超长的记忆力，但人的记忆力终归有限，而图书之类的文字记录大大地帮助了人类的记忆，或者说弥补了人类记忆的有限性。语言文字学家指出，"文

---

① ［加拿大］亨利·罗杰斯：《文字系统——语言学的方法》，孙亚楠译，商务印书馆 2016 年版，第 1 页。

② 陈东原：《为什么要学，怎样学》，范寿康编：《我们怎样读书》，当代中国出版社 2013 年版，第 10 页。

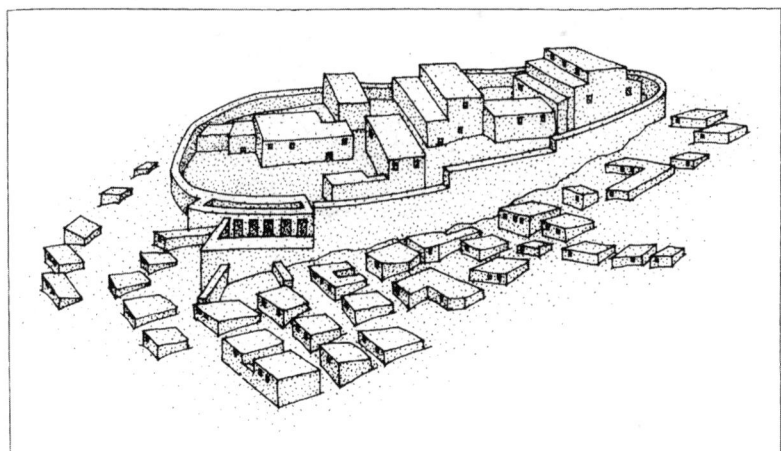

现代学者根据考古发掘资料绘制的乌鲁克城堡图

最早的苏美尔泥板文字，记载的是神庙为工人发放每天的食物，包括啤酒和大麦等。公元前3300—前3100年（乌鲁克文化晚期）。出自乌鲁克。现存英国伦敦大英博物馆。

更为复杂的具有百位数的数字泥板。公元前3300—前3100年（乌鲁克文化晚期）。现存英国伦敦大英博物馆。

字能够弥补人类记忆的不足"，"而且书写的文本比人的记忆更为可靠准确"。①科学家的研究表明，一个人一生对自己大脑的使用，只占其脑容量很少的部分，只能怪人的体力、精力和记忆力跟不上大脑思维力的发达。只有不间断地多读书，才能在一定程度上弥补记忆力的不足，才能更多、更有效地利用或开发思维能力，使大脑中主思维的部分减少浪费，这样人自身才能得到充分和均衡的发展。现代文明发展的成果不断地提示我们，人类拥有无限的思维力，拥有无限的想象力和创造力，文字之书则是推动思维、想象和创造力的引擎和燃料。

对天地、宇宙万物长期的经验和认识积累，人类创造出第一批富有思想和智慧的文字之书。不同的民族、国家和地区以不同的文字形式把自己祖先长期积累的知识和智慧，以自己发明的文字符号记录下来，奠定了其独特的思想和文化根基。我们把这类书称为原典，就是经典中的经典，它们成为后世一切思想的基础和来源，也因此成为一切图书的基础和来源。这些书具有三个突出的特点：其一，它们没有引文注释，它们是绝对的原创，体现的是先民读天地之书的感悟；其二，它们虽有著者名字，但也不意味着就是为一人所做，或为一人之功，它们往往是该民

---

① ［加拿大］亨利·罗杰斯：《文字系统——语言学的方法》，孙亚楠译，商务印书馆2016年版，第1页。

族、国家和地区世世代代知识和智慧的结晶，署名的作者仅仅是最后整理者或集大成者而已。如《诗经》和《春秋》等。其三，整理者或集大成者有时也不是单纯地做文字书写工作，而是通过对话或演讲的方式记录先民的思想和智慧。如《论语》和苏格拉底与柏拉图的各种对话录等。

文字和阅读对人类思维发展和知识的创造和积累，以及物质文明和精神文明的进步，所产生的巨大推动作用，怎么评价都不为过。没有文字，没有阅读，人类还会在黑暗中摸索更长的时间。凭借高级的思维和高度的思想力，人类不仅在科技发明方面几乎每天都会取得难以想象的成果，在文学艺术方面激发出无限的想象力和创造力，还为自身发展进行了难以计数的、堪称精妙的制度设计，包括经济制度、政治制度、教育制度和法律制度，等等，它们为文明发展既提供了动力系统，又提供了控制和约束机制。这些构成了我们今天坐享的所谓的文明果实，可以想象，这些仍在发展中的文明果实还会结出更多、更让人意想不到的果实。果实是甘甜的，有时也是苦涩的，也许这就是人类应该承受的。但保证更多甘甜、减少苦涩的努力，应该是对人类智慧的一种考量。思维能力是人类存在之本，但正确地使用思维能力同样也是人类存在之本。

2.砖石纸墨造就灵魂不朽

德国著名思想家奥斯瓦尔德·斯宾格勒[1]说："所有伟大的文化都是城镇文化。第二时代的高级人类是一种被城镇束缚的动物。在此，世界历史便是市民的历史，这就是'世界历史'的真正尺度……民族、国家、政治、宗教、所有艺术以及所有的科学，全都有赖于一种原初的人类现象，那就是城镇。"[2]关于城镇及文化，他进行了进一步深入的剖析，"所有文化的所有思想家自己都生活在城镇之中"，"真正的奇迹是一个城镇的心灵的诞生"，它"突然地从它的文化的一般精神中产生出来"。[3]城市通过知识、技能和思想的创造与传播发展着文化，同时也发展着人性，因为复杂的城市"是人性的某种表现形式"。[4]与之相伴，城市也为记载人类文明成果的文字之书提供了发展、

---

[1]　奥斯瓦尔德·斯宾格勒（Oswald Arnold Gottfried Spengler，1880—1936），德国著名哲学家和文学家。代表作有《西方的没落》《普鲁士的精神与社会主义》和《人与技术》等。

[2]　［德］奥斯瓦尔德·斯宾格勒：《西方的没落》（第二卷），《世界历史的透视》，吴琼译，上海三联书店2006年版，第79页。

[3]　同上。

[4]　［美］罗伯特·E.帕克等：《城市——有关城市环境中人类行为研究的建议》，杭苏红译，商务印书馆2016年版，第8页。

传播的对象与空间。

知识、技能和思想是人类在生产实践活动中产生的，体现的是人类对宇宙万物和世界的认知，最终转化为人类在生产和生活中的生存手段和工具。有了文字之后，知识、技能和思想得以跨越时间和空间，在更长的时间和更广的空间传播，并积累起来。可以说，认识自然和世界，掌握其发展和运行规律，已经成为人类的生存之道。

不仅如此，正是在这一过程中，人类发现了自己超越生存之道的独特存在方式。这就是思想性和精神性的存在方式，它更深刻而清晰地表明了人从根本上来说是精神性的动物，是一种精神性存在。知识、技能和思想都是认知的结果，一方面，任何事物和现象都是多维的存在，都是由诸多要素综合运动的结果，而根据现象学的学说，任何事物对人而言都只是一种"侧显"，即每次只能显现出一面，所以人的认识必定是有局限的；另一方面，人的认识和知识是不断积累的，始终是处于深化中的，而宇宙万物也无时不处于运动和变化中，所以人的认识和知识必定只在一定的时间范围内有效，或者说只反映当下的认知水平。关于人类认识的有限性，看看笛卡尔[①]是怎么说的。他

---

① 勒内·笛卡尔（Rene Descartes，1596—1650），法国著名哲学家、数学家和物理学家。被称为"近代哲学之父"和"近代科学的始祖"。代表作有《哲学原理》《形而上学的沉思》《谈谈方法》和《论世界》等。

说:"我深信:任何一个人,包括医务人员在内,都不会不承认,医学上已经知道的东西,与尚待研究的东西相比,可以说几乎等于零。"①可以说,知识和真理都是相对的,没有永恒不变的真理,也正因为如此,人类才被激发起无穷的探究力量,在认知的道路上乐此不疲地前行,在取得一个个成就的同时,未知的黑洞却越来越敞开大门,像是在向人类宣战和挑战一样,人类也从不畏惧地在应对宣战和挑战中,变得越来越聪明,智慧越来越得到累积。一个个学科、一门门学问、一种种理论越来越多、越来越深地展现出来。一代代学人笔耕不辍,一辈辈学子矢志不忘。这不仅成为人类的精神追求,而且成为人类精神性存在的标志。这种精神追求和存在标志,成为人类永恒的存在方式。

其实,科学对于人类的意义绝不仅仅在于其转化为生产力部分的实用价值,科学理论及其沿着这条道路不断探索的意义远超出人们所意识到的实际价值。说人类就生活在自己不断建构起来的所谓科学理论之中,一点儿也不为过。或者说,一个个所谓的科学理论,为人类提供了永远都不会完整、永远都不会完善、永远都需要不断得到修补的精神寄托。从有文字记载以来,我们清晰地看到古希腊

---

① [法]笛卡尔:《谈谈方法》,王太庆译,《汉译世界学术名著丛书》(分科本),商务印书馆 2011 年版,第 49-50 页。

亚里士多德①和古埃及托勒密②提出的地心说，16世纪初波兰人哥白尼③以及17世纪初德国人开普勒④和意大利人伽利略提出和证明的日心说，17世纪下半叶英国人牛顿⑤提出的万有引力定律，19世纪英国人麦克斯韦⑥的光传播理论，

---

① 亚里士多德（Aristotle，公元前384—前322），古希腊著名哲学家、思想家、教育家和科学家，百科全书式的人物。代表作品有《政治学》《物理学》和《形而上学》等。

② 托勒密（Claudius Ptolemaeus，约90—168），相传他生于埃及的一个希腊化城市赫勒热斯蒂克。罗马帝国统治下的著名天文学家、地理学家、占星学家和光学家。"地心说"的集大成者。代表作品有《天文学大成》《地理学》《天文集》和《光学》等。

③ 哥白尼（Nikolaj Copernicus，1473—1543），文艺复兴时期波兰伟大的天文学家和数学家。提出的"日心说"打破了长期以来居于宗教统治地位的"地心说"，实现了天文学的根本性革命。代表作品有《天体运行论》等。

④ 约翰尼斯·开普勒（Johannes Kepler，1571—1630），德国杰出天文学家、物理学家和数学家。哥白尼的坚定支持者，发现行星运动三大定律。代表作品有《宇宙的奥秘》《世界的和谐》和《鲁道夫星表》等。

⑤ 艾萨克·牛顿（Isacc Newton，1643—1727），爵士，英国皇家学会会长，英国著名的物理学家，百科全书式的"全才"。其万有引力定律和三大运动定律，以及在理论上对哥白尼"日心说"的支持等，极大地推动了科学革命。代表作品有《自然哲学的数学原理》《光学》和《自然定律》等。

⑥ 詹姆士·克拉克·麦克斯韦（James Clerk Maxwell，1831—1879），英国物理学家。

以及 20 世纪上半叶爱因斯坦①的广义相对论和量子力学理论等等，在不同的历史时期为人类提供了理解宇宙、理解自身的精神框架和方式。宇宙无止境，认识就无止境，理论就更无止境，人类就生活在自己编织的一个个所谓科学理论的神话中。关于科学理论的意义，霍金②给了我们这样的启示，他说："理论只不过是宇宙或它的受限制部分的模型，以及一族把这模型中的量和我们做的观测相联系的规则。它只存在于我们的头脑中，不再具有任何其他（不管在任何意义上）的实在性。"③德国著名古典哲学家康德从哲学家的角度，说得更直接，"人头脑中对世界形成的印象并不是世界在'人脑外'的本来面目。取而代之的是，人的观念是世界给人的表象，是根据人的思维构造力的种种法

---

① 阿尔伯特·爱因斯坦（Albert Einstein，1879—1955），犹太裔物理学家。诺贝尔物理学奖获得者。发表"量子论"，提出光量子假说，创立了狭义相对论、广义相对论等。参加反战和平运动。被美国《时代周刊》评选为"世纪伟人"。代表作品有《非欧几里德几何和物理学》、《统一场论》和《我的世界观》等。

② 斯蒂芬·威廉·霍金（Stephen William Hawking，1942— 2018），英国剑桥大学著名物理学家。现代最伟大的物理学家之一。发现霍金辐射、提出无边界条件猜想等。代表作品有《时间简史》《果壳中的宇宙》《大设计》《我的简史》等。

③ ［英］史蒂芬·霍金:《时间简史》（插图本），许明贤、吴忠超译，湖南科学技术出版社 2009 年版，第 16-17 页。

则形成的"[1]。人类根据自己的法则构建着对宇宙、世界的认识图景，并不断地增加或调整规则，丰富或调整认识的轨迹。康德对数学中的几何图形的解释，为我们提供了具体的剖析。他指出，"几何形状是人思维中的'理想构造'。几何其实是人类思维的创造物，因为不存在一个不具任何其他属性的'纯然的'三角形"[2]。宇宙的无限性和人类认识的局限性，使得人类只能构建一个个有限的模型，编织一个个有限的科学神话。人类正是在自己不断编织的一个个科学神话中，发现了自身存在的价值、存在的依据和存在的方式。

在这方面，还有一件事情能让我们看得更清楚，即人类所谓的科学研究和探索，在很多领域是永远都不会有终极答案或结果的，但人类永远也不会停止探索的脚步。比如关于对宇宙的认识，是永远都不会有统一的理论的。其他诸如宇宙有多大，宇宙有无边际，宇宙有无开端；时间从哪里来，时间有没有尽头；我们是谁，我们从哪里来，我们要到哪里去；我们都见过鸡生蛋，也都见过蛋生鸡，但究竟是先有蛋还是先有鸡，这些也许永远都不会有答案

---

① ［英］彼得·沃森:《德国天才》(1)，张弢、孟钟捷译，商务印书馆 2016 年版，第 221 页。

② ［英］彼得·沃森:《德国天才》(1)，张弢、孟钟捷译，商务印书馆 2016 年版，第 221 页。

的问题，却是人类永远都感兴趣的话题，永远都不会放弃追寻的问题，因为从根本上来说，这是在追寻人类自身。其意义已不在于或已超越了答案，而更在于追寻过程中。霍金说，"自从文明开始以来"，人们"渴望理解世界的根本秩序。今天我们仍然很想知道，我们为何在此？我们从何而来？人类求知的最深切的意愿足以为我们从事的不断探索提供充足的理由"①。探索和追求是人类存在的理由，也是人类存在的标志。

技术和发明同样是激发人类想象力和创造力的引擎，或者说，它们本身就是想象力和创造力的结晶，是思维和思想的果实。人类从使用贝壳盛水，到制造简单的刮削器和石器，从发明远离敌对物的弓箭，到设计把自己发射至宇宙太空的飞船，可以说，人类对技术和发明的兴趣，已经到了痴迷甚至着魔的程度，因为它把人类想象和创造的本性揭露无遗，人类想象和创造的潘多拉盒子一旦打开，其结果就如现在人们享受和遭受的一样。享受和遭受本身就是一体两面的，它体现的既是事物的两面，也是人性的两面。或者可以说，是人性的两面同时发挥着作用，推动着技术与发明朝着人类自身都无法把握的方向前进。一本本文字记述，一个个科学公式，一张张设计图表，既是人

---

① ［英］史蒂芬·霍金：《时间简史》（插图本），许明贤、吴忠超译，湖南科学技术出版社2009年版，第21页。

类聪明才智的传承，同时也深深地刻上了人性的烙印。或者换句话说，人类肆意发展技术和发明，实际上是肆意发挥着人性。

思想是认识的结果或结晶，思想又反过来促进认识的发展，而且还引发实践和社会变革，不断地推动社会进步。这就是文字的力量，确切地说，是文字传播的力量，文字在人的心中播下了某种不安的种子，它以思想的方式一次次打开人类的心门，结出一个个文明或不文明的果实。

自古以来，人类就有一种缺憾，这种缺憾甚至凝聚成了一种心结，即与永生的神灵相比，人最终难免一死。在古代神话和人类的早期历史中，我们总能看到君王们不停地寻求长生不老的秘方，但终归徒劳。其实，人类自古就存在着长生不死或获得永生的方法，它不是肉体的，而是灵魂或精神的，文字之书就是让灵魂和精神不朽的绝佳方式。

出于对人类理性的信仰，笛卡尔相信："我们的灵魂具有一种完全不依赖身体的本性，因而绝不会与身体同死；然后，既然看不到什么别的原因使它毁灭，也就很自然地由此得出结论，断定它是不会死的了。"①中国古代早就有对灵魂或精神不朽的追求，那就是通过著书立说的方式，

---

① ［法］笛卡尔：《谈谈方法》，王太庆译，《汉译世界学术名著丛书》（分科本），商务印书馆 2011 年版，第 47 页。

让思想传之后世。春秋末期完成的史书《左传》中就记载了中国士大夫关于肉体生命实现人生超越的"三不朽"理念。即"'太上有立德，其次有立功，其次有立言'，虽久不废，此之谓三不朽"。其后的司马迁[①]将撰述《史记》直接与成就不朽的功业相联系；曹丕[②]在《典论·论文》中发扬光大了这个理念，他说："盖文章经国之大业，不朽之盛事。年寿有时而尽，荣乐止乎其身，二者必至之常期，未若文章之无穷。是以古之作者，寄身于翰墨，见意于篇籍，不假良史之辞，不托飞驰之势，而声自传于后。"近代张之洞[③]所作的《劝刻书说》更是将出资刊刻古籍作为平凡资质的人追求不朽的可行性途径："凡有力好事之人，若自揣德业、学问不足过人，而欲求不朽者，莫如刊布古书一法。但刻书必须不惜重费，延聘通人，甄择秘籍，详校精雕（刻书不择佳恶，书佳而不雠校，犹糜费也），其书终古不废，则刻书之人终古不泯。如歙之鲍，吴之黄，南海之伍，金山之钱，可决其五百年中必不泯灭，岂不胜于自著

① 司马迁（前145—不详），字子长。西汉史学家和文学家。所著《史记》，开中国纪传体史学先河。

② 曹丕（公元187—226），魏文帝，字子桓。三国时期著名政治家和文学家。曹魏的开国皇帝。

③ 张之洞（1837—1909），字孝达，直隶人。清代洋务派代表人物。政治上主张"中学为体，西学为用"，创办自强学堂等。所著《劝学篇》流传甚广。著有《张文襄公全集》。

书、自刻集者乎（假如就此录中，随举一类，刻成丛书，即亦不恶）。且刻书者，传先哲之精蕴，启后学之困蒙，亦利济之先务，积善之雅谈也。"张之洞所指是，不是所有人都有著书立说的才能，即便没有这等才能的人，也可以追求自己的灵魂和精神不朽，那就是刻先人之书，使之传播久远。后人的名字有可能由于对于先贤思想和文字的传播行为，将自己与不朽的古代圣贤联系在一起，而得以获得不朽的机会。

诗人臧克家在怀念鲁迅的诗中说："有的人活着，他已经死了；有的人死了，他还活着。"古往今来，人类多少伟大的人物虽已离我们远去，其灵魂仍然照耀人类前进的道路，其精神仍然成为我们的指引，其思想仍然成为我们的财富。当一切都被时代的风云吹散，惟思想永恒，精神永驻。文字之书成为凝聚这种永恒的美妙方式。

3.文字与阅读开启城市文明之门

城市生活开启了人类文明的新方式，城市生活作为文明方式，亘古未变，延续至今，而且还将继续下去。在人类历史的长河中，无论是郡县还是行省，都只是出于统治和管理需求而设，也同样可以根据需要而废，惟城市是居住民自由、自愿选择和自然形成的结果，其文化也才鲜明

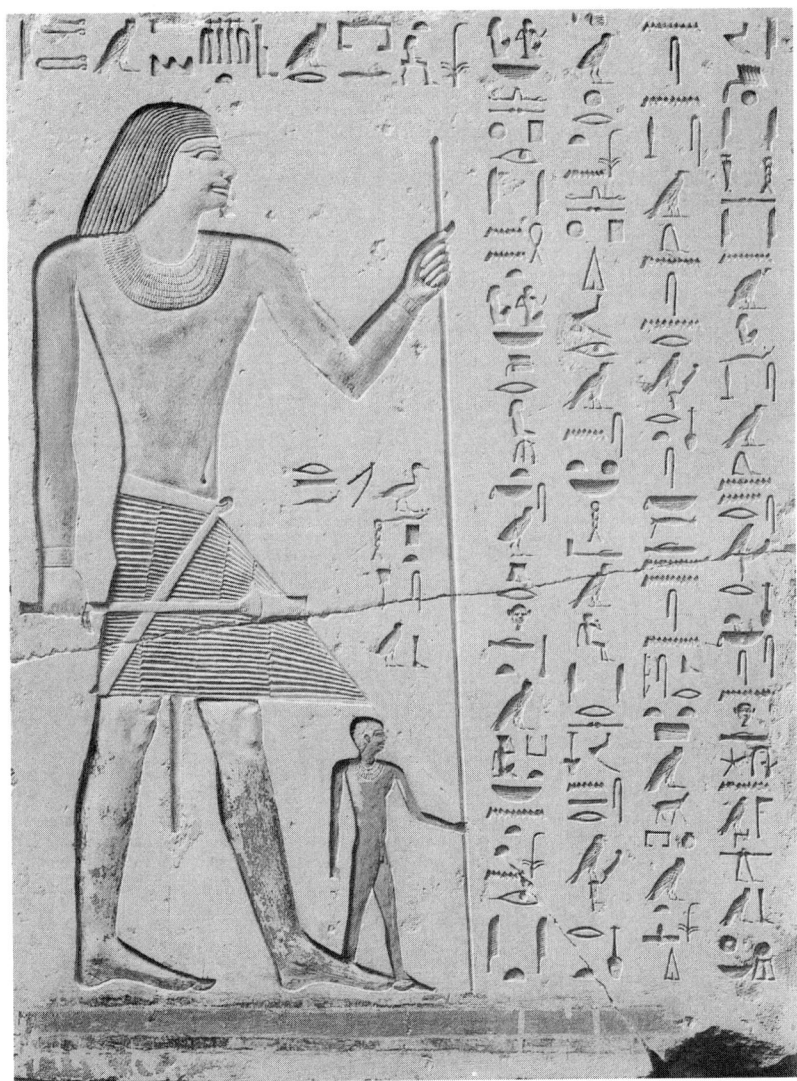

古埃及人与象形文字

和根深蒂固。我们还清晰地记得，2010年上海世博会的主题：城市让生活更美好。文化是城市生活的鲜明特色和主题，文字和文字传播又构成文化的核心。对于文字出现之前的人类社会，专家学者们给出了"蒙昧时代"和"野蛮时代"的界定，只有在文字出现后，人类方进入了文明社会。文字阅读和文化教育亦是城市革命的催化剂。在公元前4千年人类最早的城市——苏美尔人的城市中，即伴随有人类最早的学校，以文字和文字之书传播知识的时代也随之开始了，这一古老的方式同样亘古未变，延续至今。

既然文字和文化教育开启了城市和文明的方式，城市化的核心就绝不是街道的纵横交错和建筑的鳞次栉比，而是农民市民化和市民知识化的进程。市民化和知识化的道路并非一片坦途，也绝无可能一蹴而就，经过几千年的文明进程，城市化和知识化仍然是人类面临的重要课题，因为从一开始由于文字的复杂性和学习掌握文字的难度，当然还有统治阶级出于自身统治的需要，采取愚民政策，加之经济条件和社会地位等因素的限制，文字和知识一直只掌握在少数人手中，文字和知识的普及化或大众化虽然是人类坚定的方向，但迄今仍然是人类努力解决的难题。

从历史考察，"到中世纪末，有10%以上的西欧人口住在城市。在一些受移民青睐的地区如佛兰德，这个比例上升到20%或更多。从农村向城市的迁移在近代有加快的趋势，随着 19 世纪工业的发展，欧洲每个城市中有一半以上的人口是刚刚来到城市生活的"①。欧洲的城市化进程比世界上其他地区要早，水平也相应要高。现如今从全世界范围来看，总体来说，城市化率已经达到百分之五十，即一半的人口生活在城市，一半的人口生活在乡村。而作为世界上最大的发展中国家的中国，正处于向着现代化迈进的过程中，目前城市化的水平还不够高，十三亿中国人中尚有十亿的农民，为改变这种现状，还需要做出更大的努力。我国劳动力人口受教育的平均时间只有 10.5 年，也就是初中多一点儿未满高中的水平；大学毕业生在总人口中所占的比例，以及国民年人均阅读图书的册数即阅读率等，在世界上都处于较低水平。正因为如此，国家已将文化教育和全民阅读推广上升为基本国策，因为这将直接关系到中华民族伟大复兴中国梦的实现，需要全社会的关注和共同努力，文化教育部门和文化企事业单位更要发挥突出的作用。对全民阅读立法，已成为全社会的共同声音。只有让阅读进入各级政府的工作日程表，进入各级财政部门的预算表，进入各级政府的履职考核表，进入中小学的课程表，这样，全民阅读才不会仅止于呼吁，才不会只闻雷声而不见雨点。

---

① ［英］诺尔曼·庞兹:《中世纪城市》，刘景华、孙继静译，商务印书馆 2015 年版，第 137 页。

城市生活的一个重要特征，是其极大地促进了社会分工，社会分工变得越来越细，这在一定程度上标志着生产越来越进步，生活越来越精细。体现在造物方面就是，生产工具和生活用具的质量和品质越来越高。这是物质方面的表现。在精神文化方面的表现，则是生产工具和生活用具体现出的人类思维和思想的演进，体现出人类精益求精、精雕细琢的态度，体现出人类对造物的敬畏之心，对自然、社会和自身的态度。促进社会分工的根本动能是剩余农产品和商品经济的发展模式，剩余农产品使得不必人人都得从事粮食生产才能生活，一部分人腾出时间可以专门从事某项劳动，然后用其劳动成果换取自己生活所需的物品，市场提供了交换的场所和机制。商品经济成为人类物质文明发展的基本道路，需求成为经济和社会发展的根本动力。经济模式、社会模式和生活方式，在一定程度上决定了文化模式。

　　"分工只是从物质劳动和精神劳动分离的时候起才真正成为分工。"[①]城市生活所带来的社会分工，其最大和最具影响者是把社会的劳动者分为了物质生产者和精神生产者，或者说是体力劳动者和脑力劳动者。一开始绝对的体力劳动者占大多数，脑力劳动者占极少数。文字和以文字

---

　　① 《马克思恩格斯选集》（第一卷），中央马克思恩格斯列宁斯大林著作编译局编译，人民出版社1997年版，第82页。

为主要承载工具的知识，被少数人所垄断。在文字之初的人类早期文明中，文字甚至具有某种神秘和神圣的力量，学习、掌握文字和知识成为少数祭司和王公贵族的特权，最早的苏美尔人学校也只有两种形式，即神庙学校和王室学校。在古代美索不达米亚和古埃及社会中，都存在着一个特殊的阶层，即书吏或书记官阶层。在美索不达米亚和埃及等人类早期文明的社会中，有专门培养书吏的学校，书吏学校的毕业生一走出学校的大门，便进入王室或神庙的官僚机构中任职，走上仕途。可以说，美索不达米亚和古埃及社会，都崇尚"学而优则仕"的价值观念。其实这也不奇怪，知识和技能是人类最重要的生存手段，国家是个人和族群的命运共同体，由掌握知识和技能的人来操控和运营国家这台结构复杂的庞大机器，有利于促进公共和更多人的利益。这一重大社会分工造成了一个新的权贵阶层——知识或知识分子阶层的出现，他们不似传统贵族靠血统或财富保有其社会地位，而是靠垄断读书或知识获得地位和权利。从人类不断向着知识方向进化的角度来审视，知识分子代表着某种先进的力量，这就要求知识分子担当起知识传播的重任，用先进知识、技能和思想的创造与传播，推动社会的进步与完善。这同样是图书和阅读最重要的，也是最终的目标所在。

在现代社会，在自由和平等观念下，虽然读书或追求知识被认为是最具平等性的事情，但直到现在它仍然没有实现平等。在被认为最发达的美国社会，19世纪时图书仍然是奢侈品，有条件读书的人仍占少数。在现代社会直至今日，缩小乃至消除脑力劳动和体力劳动之间的差别，仍是人类面临的一个重要课题。即便是教育的普及程度逐渐提高，国民乃至人类的阅读率不断攀升，脑体差别越来越小，以知识生产和传播为职业的知识分子阶层仍然还会继续存在，文字之书的创造和传播模式，仍然会成为继续推动人类文明前行的主流动力。

三、读屏时代与信息革命

阅读进入所谓的读屏时代，是与信息革命，确切地说，是与数字互联网科技革命密不可分的。实际上，数字互联网科技革命不是一夜间突然出现的，它是伴随着人类的信息和知识创造，以及通讯传播技术演进的自然结果。

1. 从城市革命到信息革命

城市文明发展了专门的知识生产者和教育机构，极大地促进了知识的创造、积累和信息的传播，人类文明沿着这条轨迹前行，信息、知识以及在此基础上发展起来的智

读屏时代

慧，成为人类文明演进的主旋律。信息、知识和智慧在人类生产和社会生活中扮演着越来越重要的角色，现代社会从根本上说就是知识社会和信息社会，以致于离开了信息和知识，社会将无法运转，人类将不复存在。回望历史，我们看到，人类的现代化走的是城市化和工业化之路。真正的城市化意味着农民市民化，市民知识化。现代知识和现代社会的起源可以追溯到文艺复兴时期，经历宗教改革、启蒙运动和现代科学的兴起，这一切都与印刷和图书出版密不可分。近代哲学和科学的奠基人之一、英国著名思想家弗朗西斯·培根[①]高度评价了印刷术的历史贡献，把它与火药和指南针并称为影响世界的三大发明，"这三种发明已经在世界范围内把事物的全部面貌和情况都改变了"[②]。早在 13 世纪，欧洲的大学城里，图书贸易就已经很兴旺[③]，自 15 世纪中期以来，贯穿全欧洲的书籍贸易就已经形成了许多共同的特点，书籍成为"国际性的商品交易"，"带

[①] 弗朗西斯·培根（Francis Bacon，1561—1626），英国文艺复兴时期哲学家、思想家、散文家，实验科学的创始人。著有《新工具》《论科学的增进》《学术的伟大复兴》《培根论说文集》和《培根随笔集》等。

[②] ［英］培根：《新工具》，许宝骙译，商务印书馆 2016 年版，第114 页。

[③] 参见［美］伊丽莎白·爱森斯坦：《作为变革动因的印刷机》，何道宽译，北京大学出版社 2010 年版，第 185 页。

来国际性的阅读"。①有学者把活字印刷描绘为"文艺复兴最伟大的发明"②，美国当代著名传播学家伊丽莎白·爱森斯坦指出："16世纪意大利文艺复兴盛期文化的兴旺在很大程度上归功于早期的印刷商——尤其归功于威尼斯的印刷商。"③关于印刷术对于宗教改革的影响，已经为学者们所公认，"到16世纪初，印刷机复制和发行的印数很大的书籍显然超过了抄书房的能力。由于书籍的数量增加、成本降低，印刷术对宗教改革时期的欧洲文明产生了重大的社会、经济和思想影响"④。世界著名传播学大师麦克卢汉⑤说："印刷术的统一性和可重复性构建了17世纪的政治算术和18世纪的享乐主义的微积分。"⑥18世纪在英国、德国

---

① ［美］理查德·B.谢尔：《启蒙与出版：苏格兰作家和18世纪英国、爱尔兰、美国的出版商》，启蒙编译所译，复旦大学出版社2012年版，第4页。

② ［美］伊丽莎白·爱森斯坦：《作为变革动因的印刷机》，何道宽译，北京大学出版社2010年版，第16页。

③ ［美］伊丽莎白·爱森斯坦：《作为变革动因的印刷机》，何道宽译，北京大学出版社2010年版，第185页。

④ ［美］伊丽莎白·爱森斯坦：《作为变革动因的印刷机》，何道宽译，北京大学出版社2010年版，第23页。

⑤ 马歇尔·麦克卢汉（Marshall McLuhan，1911—1980），加拿大也是20世纪世界著名媒介理论家。代表作有《谷登堡星汉璀璨——印刷文明的诞生》《理解媒介》和《机器新娘》等。

⑥ ［加拿大］马歇尔·麦克卢汉：《谷登堡星汉璀璨——印刷文明的诞生》，杨晨光译，北京理工大学出版社2014年版，第323页。

和法国等欧洲各地发生的"印刷大爆发"，直接促进了一场场资产阶级革命，这些革命及其成果奠定了西方现代社会的根基。随后的工业革命更加激发了科技发明与创造，信息通讯技术把世界连通在了一起。20世纪五六十年代，随着广播、电视等电子传播媒介和数字技术的广泛应用，信息论等理论研究的深入，人类一步步向着新型的信息社会迈进，直到今天新的数字互联网技术的无孔不入，可以说，至少一部分人类社会已经率先实现了转型，迈进了信息社会的门槛儿。

实际上，对于数字互联网技术的发明和广泛应用，人们早就称之为是一场新的、比以往任何一次都影响深刻的科技革命。这次科技革命最突出的特点是聚焦信息和信息技术，所以我更愿意把它直观地理解为，这是一场由广播、电视等一路走过来的信息革命，这场科技革命最终是由数字互联网技术实现的，人工智能和量子计算等其他技术还在引领着这场革命向纵深发展。信息革命正在引发全面的产业和社会变革，阅读作为信息传播的接受动作——宽泛地说，任何接受信息的过程都是阅读，自然也不会不受影响。由于在信息时代，接受信息的主要方式是通过各种电子屏幕获取，我们便由此把这种阅读方式称为读屏。

信息社会是由信息技术革命，具体来说就是由电子通讯技术和数字互联网技术引发和最终促成的。因此，信息社会是以信息技术特征为重要标志的。所谓的信息社会，信息应当是核心，"信息爆炸"也确实给人留下了最深刻的印象，但实际上最抢风头的却是技术，是传播技术。尽管现代社会变得越来越复杂，新信息、新知识不断涌现，但同时旧的信息和旧的知识也在消失，所以总体说来，造成"信息爆炸"的原因主要不是信息增多，而是信息传播技术更加发达所致。以往社会结构同样复杂，同样制造很多信息，也同样让人有应接不暇的感觉。例如，早在1621年，牛津学者罗伯特·伯顿拥有的私人图书馆藏书达1700本，他生动地描述了信息过多的感受："我每天都能听到新消息和流言蜚语，关于战争、瘟疫、火灾、洪灾、盗窃、谋杀、屠杀、流星、彗星、鬼魂、神童、异象，关于法国、德国、土耳其、波斯或波兰等地的村镇沦陷、城市遭围、军队集结和每日备战，以及见诸如此动荡时局的频仍战事、生灵涂炭、决斗、船难、海盗、海战、媾和、结盟、谋略和新的警报，诸如此类。誓言、祈求、提议、敕令、请愿、诉讼、呼吁、律条、宣告、抱怨、哀悼，相互混杂，每天不绝于耳。"[1]17世纪的"信息大爆炸"似乎无法与今天的情况同日而语，但通过信息分类，我们可以明显

---

[1] ［美］詹姆斯·格雷克：《信息简史》，高博译，人民邮电出版社2018年版，第396页。

地看出，17世纪人们每天接触的信息与我们今天并无大的差异。最大的差异在于，由于传播技术的局限，17世纪的信息只能在有限的空间传播，生活在某一空间的人群并不知道或很晚时期才知道外面世界发生的事情，而今天的互联网却在同一时间把全世界的信息都聚合起来，瞬间形成轰炸之势。因此，数字互联网技术不仅成为这次科技革命的主要引擎，更成为当下信息社会的科技标识。

经济是社会的中枢神经，是生活的血液命脉，因此社会的主要特征首先必然表现为经济特征。在信息社会，新媒体和新的数字技术革命所带来的产业结构和经济驱动模式，已经使传统的工业经济发展道路转向信息经济发展道路，社会的生产方式正在全面信息化。数字互联网技术正在改变所有的传统产业，也正在消灭一些传统产业，正在重新定义传统产业，为传统产业带来新的价值创造，从而为传统产业提供了新的动力和活力。与此同时，数字互联网技术正在创造和滋生一些新兴产业，尤其是文化产业借助新的数字和互联网技术，正呈现出蓬勃发展之势，在有的国家比如美国，其文化产业已经发展成为国民经济的支柱性产业，我国的文化产业也正向着这个目标努力，我国已经把发展文化和文化产业上升为了国策。新的数字互联网技术还有一个更加深远的影响，那就是它加速了经济的全球化进程，并最终实现了全球经济的互联互通，它把全球有机地连接在了一起。全球市场与全球性的供给，全球需求与全球性的满足，全球的原材料和劳动力提供，全球性的资本市场选择，这些都是以前任何历史时期不曾有过的事情。至于经济全球化给人类社会究竟会带来怎样的影响，哪些是积极的，哪些是消极的，恐怕还要经过很长的历史实践，才能做出些许的判断。但有一点是确定无疑的，即知识、信息和信息技术对人类经济和全球经济一体化的影响会越来越大。

信息和信息技术正渗透到人们生活的方方面面，正在改变着人们的思维方式。"推特"和"脸书"等正在成为西方人所喜欢的最重要的言论和信息发布平台，而同样的事情他们的先辈古希腊人和古罗马人却要在广场上通过高声演讲来进行；中国人开发的微信正在成为全世界人共同喜爱的交流与沟通方式；支付宝也正在成为一种新的消费或金融方式，向全世界蔓延；中国的共享单车，正在引领一种新的所谓的"共享经济"，中国的"小黄车"也已经出现在了外国的街道上。如今，中国人还用信息技术大大地促进了中国的美食消费，他们足不出户，只需通过手机就可以把著名酒楼的招牌菜请到自己家的餐桌上；家长们再也不用为请不到好家教犯愁了，他们通过互联网在家就可以选择来自全世界的名师为自己的孩子上课了。互联网正在引发一场教育革命，这样的革命在不考虑经济因素的情况下，似乎更能帮助社会实现教育平等。这样的事情举不胜举。

信息革命和信息社会给出版和阅读带来了新变化，同时这些新变化必然带给人新的思考。数字技术让接触知识和阅读手段多元化，屏幕阅读成为当下阅读最显著的新特征，学者们已经给出了"读屏时代"这样的概念。所谓的读屏时代，绝不是说读屏已经取代了传统的纸质书阅读，而成为了唯一的阅读方式。恰恰相反，新媒体绝不是在消灭传统媒体过程中产生的，甚至是在对传统媒体的依赖、对传统媒体内容生产的依赖中产生的。正如当代英国著名历史学家、新文化史学的代表人物之一彼得·伯克①在查了媒体的历史之后指出的："一种通信方式替代另一种通信方式的简单总结太过草率，例如电视替代了广播，或者互联网替代了报纸，等等。传统媒体和新媒体交互并存，正如现代早期的欧洲，手稿和印刷体并存。两种媒体有可能会相互竞争，但两者之间通常会产生劳动分工。"②纸书仍然是主要的阅读方式，数字阅读只提供了一种新的阅读方式。

---

① 彼得·伯克（Peter Burke，1937—　），当今英国著名历史学家，剑桥大学文化史荣休教授，当代最著名新文化史学家之一。著作宏富，代表作包括《图像证史》《语言的文化史——近代早期欧洲的语言和共同体》《什么是文化史》和《法国史学革命》等。

② ［英］彼得·伯克：《知识社会史》（下卷），汪一帆、赵博囡译，浙江大学出版社 2016 年版，第 99 页。

就像读文字之书不能取替读天地之书一样，读屏也不能取代纸质书的阅读。因为决定内容承载形式的因素，也就是影响阅读的因素，"不仅是技术方面的；同时也有社会和文化方面的"①。

对于数字化出版和数字化阅读的发展方向，要给出结论性的评说，目前看来为时尚早。正如一位研究者所说："五百多年来，书籍一直都是现代文化的重要特征，是教育和学术所依赖的基础。如果没有以书籍为形式一代代保存、传播、传承下来的资源财富，很难想象西方文化乃至当今世界文明将会是怎样的。但最近几年，却涌现这样的猜想，那就是我们熟知并重视的这个五百多年的文化是否有消失的可能。今天，图书出版业正在经历一场变革，其变化之深刻就如古腾堡开始用传统的螺旋压印机来生产印刷文本那样。这个变革的动因之一是由数字化引起的科技革命，还没有人能准确知道这个革命将会在图书出版领域怎样演绎。"②

其实，早在半个多世纪之前，被誉为"媒体先知"和"媒体预言家与思想家"的20世纪媒体理论宗师马

---

① ［英］约翰·B. 汤普森：《数字时代的图书》，张志强等译，译林出版社2014年版，第339页。

② ［英］约翰·B. 汤普森：《数字时代的图书》，张志强等译，译林出版社2014年版，第2页。

歇尔·麦克卢汉就曾预言："文明赋予了野蛮人一只'眼睛'，让他们用眼睛而不是耳朵去认知，而如今这种视觉世界与电子世界产生了冲突。"①麦克卢汉基于电视和广播这种新技术所做出的判断和预言，在如今数字传播技术时代，得到了充分的显示。他有关新技术对传播效果影响的判断，对时下我们认识数字技术和数字时代，仍具有很强的指导价值。他说："那些体验到新技术第一次冲击的人们，不管是文字还是无线电，都会有着最强烈的反应，因为视觉或听觉的技术膨胀立刻形成了新的感官平衡，在人们面前展现出一个令人惊奇的新世界，在所有感官之中唤起一个有力的新'闭合'，或新颖的互动模式。但随着整个社会工作和交往的各个领域吸收消化了这种新型的感知习惯，最初的震惊逐渐消退。而真正的变革发生在此之后，是所有个人生活和社会生活对这种新技术所形成的新感知模式长期的'调整'阶段。"②

虽然我们目前无法根据数字化出版和阅读出现的短短时间来判断其未来的命运，但现有的发展状况足以引发学术界、出版界的行政管理部门，乃至广大读者关注，引发

---

① ［加拿大］马歇尔·麦克卢汉：《谷登堡星汉璀璨——印刷文明的诞生》，杨晨光译，北京理工大学出版社 2014 年版，第 91 页。

② ［加拿大］马歇尔·麦克卢汉：《谷登堡星汉璀璨——印刷文明的诞生》，杨晨光译，北京理工大学出版社 2014 年版，第 87 页。

人们对阅读本质的深思，对阅读社会和阅读文化的深思，以便在如何认识和对待屏幕阅读方面，形成共识和指导，保证我们的书香社会建设和社会主义文化建设行走在正确的轨道上。

2.音画阅读的轮回与思想力的盈衰

如果说人类的书写和阅读是从读图开始，不断发展，从直观到抽象，从浅近到深远，从稀缺到巨量，从信息闭塞，到知识爆炸，那么，信息时代的阅读似乎又回到读图的原点。读屏时代的阅读特征似乎呈现了初始阅读的特质，直观、简略、浅近，除了更易得、更大量、更具吸引力之外，人类的阅读仿佛走了一个轮回，不能不引发我们的警觉和深思。

有西方学者从社交媒体发展史的角度所做的研究，对我们思考人类的阅读，尤其是由互联网兴起所带来的屏幕阅读，很具有启发意义。社交和传播媒体的快速发展和大受欢迎，有三大原因或动力："一部分是因为在3500万年的进化过程中，猿猴和其他灵长类动物社会性大脑的进化；一部分是因为约10万年前人类有了语言之后流言的传播；还有一部分是因为约5000年前书写的发明。它们构成了三个古老的基石，2000年来一直支撑着分享型的社交媒体，无论是罗马时期使用莎草纸卷，还是今天借助互联网。"①这段分析告诉我们，社会性大脑提出了人的交往性需求，或者说提供了交往的动能，语言和文字则为人的交往提供了根本性的保证，无论是石头、莎草纸卷，还是互联网，都只是手段和工具而已。

人类因阅读而引发的相互之间的信息交流和交往，是从语言和文字开始的，或者说，是通过语言和文字发生的。如果上述研究无误，人类是从10万年前开始有了语言，开始了言语交流和通过语言相互传递信息和传授知识，这个传统一直到五六千年前文字产生之后仍然继续着，以至于神话传说和口头民间故事成为了人类早期文明的重要资源型特征。口头文学甚至成为古希腊古典文明繁荣的重要催化剂，包括苏格拉底②、柏拉图③和亚里士多德等著名哲学家在内的雅典社会，都十分崇尚口头文学，而对文字创作带有偏见。例如，在亚里士多德看来，语言

---

① ［英］汤姆·斯丹迪奇：《从莎草纸到互联网——社交媒体2000年》，林华译，中信出版社2015年版，第13—14页。

② 苏格拉底（Socrates，公元前469—前399），古希腊著名哲学家。柏拉图的老师。代表作有《政治家篇》《智士篇》和《克提拉斯篇》等。

③ 柏拉图（Plato，公元前427—前347），古希腊著名的哲学家，苏格拉底的学生，亚里士多德的老师。创建了著名的柏拉图学园。西方文化史上的伟人之一。代表作品有《理想国》和《对话录》等。

体现着人的思维过程，而文字只是表达语言的符号而已。即便我们相信著名的《荷马史诗》"是以文字书写的形式撰作的"，但"没有证据证明有任何可以称之为'阅读人群'的存在"。①也就是说，可能由于图书制作昂贵难以普及，以及识字人群稀少等原因，图书阅读相较来说十分困难，传播的方法就是朗读或口头传诵。演讲和演说艺术备受古希腊人推崇，涌现出了许多影响至今的著名演说家。读书会或朗诵会也成为古罗马的重要传统，"到公元前1世纪末期，在仍然维持着宴会后朗读文学作品的传统的同时，出现了一种更加正式的宣传新书的办法，称为朗诵会（Recitatio）"②。

亚里士多德不仅是古希腊著名哲学家，他还是另一个时代的标志，即图书和图书馆时代的标志，在他生活和创作的时代，希腊形成了读者群体和阅读图书的习惯，应该还出现了图书馆。③从此，文字创作或写作开始主宰西方文明发展的进程，人类的现代文明也是依靠文字催生的。关于语言和文字对于人类文明演进的不同作用，一位学者给

① ［英］弗雷德里克·G. 凯尼恩:《古希腊罗马的图书与读者》，苏杰译，浙江大学出版社2012年版，第42页。

② ［英］汤姆·斯丹迪奇:《从莎草纸到互联网——社交媒体2000年》，林华译，中信出版社2015年版，第53页。

③ 参见［英］弗雷德里克·G. 凯尼恩:《古希腊罗马的图书与读者》，苏杰译，浙江大学出版社2012年版，第54页。

出了这样的评价："文字比口语更能发挥人的意识潜力，更富有表现力。文字的出现，使得思想成为人类的一种重要专长。口语稍纵即逝，且完全出于本能反应，思想因其滞后而显得无足轻重；文字具有更大的信息承载量，且打破了时间的限制，人的理性由此被激活。从某种程度上讲，书面化的文字绝不仅是一种记忆的提醒物，它重新塑造了一个震撼人心的世界，并赋予思想一个理想的前提，使其能够经受人们严格而持久的审视。文字对'语言的凝固'创造了文化与文明，也催生了无数文学家、数学家、哲学家、历史学家和科学家。"①

由语言而到文字的发展，也经过了漫长的过程。人类最早的文字都是从图画开始的，现代人使用的文字都是由图画逐步简化演变而来的。由图画到图形，由图形到线条，由线条再形成规矩。就连字母文字，也是从图形文字的表音符号发展而来的。即便是抽象的概念，人类的祖先也有足够的智慧，用图形来加以表示。关于这一点，迄今所知最早的文字——苏美尔人的楔形文字为我们提供了很好的证据。②所以，最早的阅读传统，在某种程度上可以

---

① 杜君立：《现代的历程——一部关于机器与人的进化史笔记》，上海三联书店2016年版，第82页。

② 参见于殿利：《巴比伦与亚述文明》，北京师范大学出版社2013年版，第57—64页。

说，就是读图的传统。口耳相传和读图传统的重要优势，前者是面对面交流的情感体验和交流方式具有的故事性，后者是图形的辨识性和易读性，它们使得两者具有便于传播的特性。相隔了几千年之后，它们又以新的形式实现了轮回。传播学大师麦克卢汉在为伊尼斯①的名著《传播的偏向》所作的序中做出了这样的描绘："口头文化在我们的电子时代复活了，它和尚存的书面传统和视觉形态建立了一种非常多产的关系。这和字母表出现时的情况是类似的。在 20 世纪，我们正在'将磁带倒过来放送'。希腊人从口头走向书面，我们从书面走向口头。他们的'结局'是分类数据的荒漠，我们的'结局'是新型的听觉咒语的百科全书。"②希腊人那么崇尚的口头文化，怎么就变成了我们的"新的听觉咒语"了呢？

几千年来，书写的传统取代了口头文化而成为人类文明的最重大的推动力，它是有着深层次的原因的，绝不是偶然的。文字出现以后人类自身进化，以及人类社会发生的日新月异且翻天覆地的变化，其成果是文字出现以前的

---

① 哈罗德·伊尼斯（Harold Adams Innis，1894—1952），加拿大著名经济学家，世界著名传播学大师，麦克卢汉受其思想影响。代表作有《传播的偏向》《帝国与传播》和《加拿大经济史》等。

② ［加拿大］哈罗德·伊尼斯：《传播的偏向》（中文修订版），何道宽译，中国传媒大学出版社 2015 年版，第 26—27 页。

千百万年所无法比拟的。这要归功于书写，归功于阅读。"书写文字是一种全新的语言，它意味着人的觉醒意识的各种关系的彻底改变，……书写文字以一种充分发达的文法为前提，因为书写和阅读的活动比起说话与听话的活动来，要抽象得多。"[①]文字的构造原理、语法的逻辑体系以及书写的结构系统等，都成为思维和思想发展的驱动力。人类在书写和阅读中发展了思维，集聚了思想力，思维和思想力推动了人类自身的进化和人类文明的演化。这就是阅读的本质和阅读的真谛所在。什么是阅读？阅读专家给出过这样的定义："可以促进理解的一系列复杂过程，包括推理、演绎推理、类比、批判性分析、反思和洞察。"[②]阅读是通过接触文字、理解内容而促进思维的过程，接触和理解内容是方式，促进思维是目标。换句话说，阅读的关键是思维或思考。我们评价或考察读屏的意义，也必须本着这一原则和目的，或依此路径来进行。

关于文字如何激发人的思想，以及听说和数字技术如何影响人的思想，对口头传统和书写文字一度产生严重纠结的古希腊先哲们及现代学者的认识，形成了遥远又邻近

　①［德］奥斯瓦尔德·斯宾格勒：《西方的没落》（第二卷），《世界历史的透视》，吴琼译，上海三联书店2006年版，第133页。

　②［美］内奥米·S.巴伦：《读屏时代：数字世界里我们阅读的意义》，庞洋、周凯译，电子工业出版社2016年版，第30页。

的呼应，麦克卢汉引用另一位著名学者的话说："只要我们可以把柏拉图的思想视为古希腊思想的代表，非常清楚的是，文字，无论是在头脑中，还是书写在纸张上，对他们来说，而且从我们的立场来看，仍然在'现实'世界中保持着巨大的力量。尽管最终它本身被视为非行动性的，但它现在不仅被视为是行动的源泉，也是所有发现的根源：它是开启知识和思想的唯一钥匙——无论言语或形象——能够打开理解世界的所有大门。在某种意义上，文字或其他视觉符号的力量变得比以往更加强大了……现在言语和数字思想成为了唯一真理，而整个感官世界都被视为幻觉，除非思想被听到或看到。"①

且不论在传播方面口头文化和书写传统的时空优势与局限，就影响思维和思想力方面两者的区别，更能说明其生命力和人类对其的依赖程度。仅从生理和人体接收信息的方式方面考量，阅读和听书就有很大的区别。阅读是用眼睛看，听书是用耳朵听，用眼睛看时人是专注的，认真看，看进去时也在用心；用耳朵听时，无论多么认真，也无法阻挡其他声音同时钻进耳朵里，这就是视觉和听觉的天然差别。在生理学上，眼睛是连通着心的，过目可以不忘，触目可以惊心；而对于听觉来说，耳朵与心的连接程

① ［加拿大］马歇尔·麦克卢汉:《谷登堡星汉璀璨——印刷文明的诞生》，杨晨光译，北京理工大学出版社 2014 年版，第 93 页。

度就要弱化得多，左耳听右耳冒就是用来形容不走心的听觉状态。另外，人在做任何事时，其注意力都是靠眼睛来维持的，正常人基本不存在手或脚工作，而眼睛四处游离的状况。从我个人的成长经历上说，至今仍刻骨铭心、能够大段大段随口说出的，还是小时候用心阅读甚至背诵的篇章，而几乎没有从广播听来的，听广播只是一时热闹或情感得到暂时的满足，而不能持续很久。国外学者针对有声读物所做的调查研究，为此提供了有力的支持。

"有声读物现在已成为一个学术分析课题。就听书和读书之间进行比较时，其中一些问题会让人想起讨论纸质阅读和电子阅读的利与弊时所提出的问题。通常人们论证有声读物不具有'书本性'时，都会指出倾听是个被动的活动，听书时不像看书时需要那么高度集中精力，而且有声书没有书的样子。"[1]加拿大滑铁卢大学的一项研究结果，更加细致地为此提供了实证的支持。该研究结果显示，读书时要比听书时更容易保持专注。研究人员比较了人们在大声朗读文章，听别人读文章和自己默读文章时的走神儿程度。结果发现，接受调查的大学生在大声朗读时，最不易走神儿，在听别人读时最容易走神儿，默读时的走神儿程度则处于两者之间。在随后进行的记忆测试中，那些大

---

① ［美］内奥米·S. 巴伦:《读屏时代:数字世界里我们阅读的意义》，庞洋、周凯译，电子工业出版社 2016 年版，第 50 页。

声朗读的人记得最牢，紧接着是默读的人，最后是听别人读的人。研究者认为，在听别人读书时，由于在阅读过程中缺少对实物的接触，从而导致注意力不集中、记忆效果不佳。①哈佛大学教育研究院的霍华德·加德纳教授强烈反对有声读物，他十分坚定地指出："对我来说，阅读是用眼睛干的事。"②

美国研究者针对成年人和儿童阅读取向的调查，与加拿大滑铁卢大学关于用不同方式阅读产生不同阅读效果的研究，形成了呼应。针对成年人所做的调查显示，成年人更喜欢纸本阅读；成年人更愿意让自己的孩子阅读纸本，至少在某一年龄段之前，不希望孩子接触电子书。2011年所做的一项调查研究表明，某研究中心"在过去的一整年采访了既读电子书又读纸质书的成年人，81%的人们说道：对于青少年儿童阅读来说，纸质阅读可能更好。来自于一年后的数据表明，父母认为，让孩子自己去阅读纸质书籍，这点非常重要"③。父母不愿意让孩子过早接触电子产品，主要是担心他们的孩子会被这些数字设备所干扰，不

① ［美］内奥米·S. 巴伦：《读屏时代：数字世界里我们阅读的意义》，庞洋、周凯译，电子工业出版社2016年版，第50页。

② ［美］内奥米·S. 巴伦：《读屏时代：数字世界里我们阅读的意义》，庞洋、周凯译，电子工业出版社2016年版，第50页。

③ ［美］内奥米·S. 巴伦：《读屏时代：数字世界里我们阅读的意义》，庞洋、周凯译，电子工业出版社2016年版，第14页。

能集中精力专注于阅读。这种担心不仅存在于一般父母中间，就连IT界的精英们也一样。"硅谷的父母把他们孩子送到半岛沃尔多夫学校，在那里没有数字技术，只有纸，笔及编织品。这里面包括eBay公司首席技术官及谷歌、苹果、雅虎公司的员工父母。这些人都是技术爱好者。但是他们认为使用数字工具应该在合适的时间和地点，而对于早期教育来说使用数字设备并不合适。"①

来自于美国出版产业的调查数据，与研究机构的调查数据形成了呼应。"来自于出版产业的数据证实了家长并没有完全为青少年购买电子书。一项来自于鲍克在2012年秋天的研究发现，69%的家长希望6岁以下的儿童看纸质书籍，61%的家长希望年龄在7—12岁之间的孩子看纸质书籍。当被问到为什么时，父母们说道：除了自己喜欢看纸质书外，纸质书也能够使孩子免受打扰，集中注意力专心阅读。一项由哈里斯互动在2013年春季的调查显示，76%的孩子年龄在8岁以上的父母表示，他们更喜欢自己的小孩阅读纸书。"②最近几年来，美国针对阅读所做的调查显示，纸质书籍阅读又呈现增长的趋势，纸书阅读的"回

---

① ［美］奥米·S. 巴伦：《读屏时代：数字世界里我们阅读的意义》，庞洋、周凯译，电子工业出版社2016年版，第15页。

② ［美］奥米·S. 巴伦：《读屏时代：数字世界里我们阅读的意义》，庞洋、周凯译，电子工业出版社2016年版，第15页。

暖"，也揭示出出版和阅读向"本质"的回归。数字阅读可能更适合作为一种补充，而不是取替原有的纸本阅读。

数字阅读的推广者在强调通过声光电的方法来刺激阅读，来激发人们尤其是孩子们的阅读兴趣时，恰恰是忘却了阅读的本质，忘却了阅读需要平心静气，需要不受干扰地用心体会。记得大哲学家尼采①曾经说过，如果兴趣需要外界的刺激才能产生的话，那这种兴趣不会持续很久。阅读也情同此理。如果孩子们必须通过所谓的"寓教于乐""寓学于乐"才能激发学习和阅读的兴趣的话，那前景不容乐观，自古以来，"苦读书"就是一种规律，是一种学习规律，更是一种人生规律。所以，阅读向着音画的回归，难说是进步还是倒退。也许我们可以这样理解，对于技术本身来说，它无疑是进步的，而对于正确地使用技术来说，它可能是倒退的。还是笛卡尔说得好："单有聪明才智是不够的，主要在于正确地运用才智。"②笛卡尔的这句至理名言，不仅对于个人，而且对于整个人类，都是一种警醒。由此，我们似乎应该得出这样的结论，即不能让读屏

---

① 弗里德里希·威廉·尼采（Friedrich Wilhelm Nietzsche，1844—1900），德国著名哲学家、语言学家和思想家。西方现代哲学的开创者，对后代哲学的发展影响极大。代表作有《权力意志》《悲剧的诞生》和《查拉图斯特拉如是说》等。

② ［法］笛卡尔：《谈谈方法》，王太庆译，商务印书馆2011年版，第3页。

成为数字化时代唯一的阅读方式。不能让读图取代文字阅读，也不能让浏览信息代替思考性阅读；娱乐和游戏不能等同于读书，更不能让娱乐和游戏代替了阅读。当我们尽情享受读屏所带来的易得、海量和视觉刺激时，更应该保持人之所以为人的思想力的训练和教育，若问这种教育和训练的最有效方式，由人类迄今为止的阅读史所显示，阅读纸书依然是最无以替代的答案。

日本学者对日本学生偏爱动漫与游戏的现状，提出了更加令人深思的担忧，即长期读屏会导致阅读能力的下降，以及阅读习惯和阅读兴趣的丧失："说某人阅读能力强，我们用吃东西来打个比方，就像一个人有一副好牙和强壮的下巴颏一样，人处在发育和成长期，吃硬的食物能够锻炼牙齿和下巴颏，然后凭着锻炼出来的牙齿和下巴颏走完自己的人生。如果是光吃些柔软的快餐食品，就会有碍牙齿和下巴颏的正常发育，以致对以后的营养吸收造成负面影响。读书，其实道理也是一样。人们不爱读内容生硬的书，而喜欢动漫和游戏，就像追求不用自己的胃去消化的软食品那样，这种倾向变得越来越明显。少男少女长成了大人，可他们的牙齿和下巴颏并没有得到应有的锻炼，这在日本可以说是相当普遍的现象。也就是说，人到了成年却不具备爱读书的'牙齿'和'下巴颏'。跟相对难啃的书相比，看动漫也就跟喝汤差不多吧，漫画则相当于零食。最近就连字多的漫画也变得人气越来越差。"①在中国，泛娱乐大有兴起之势，甚至有人预测，"未来，互动娱乐思维很可能会融入我们衣、食、住、行、娱乐、购物、教育等方方面面，彻底改变我们的生活方式"②。不错，娱乐是符合人的天性，尤其是孩子的天性，但不是人的所有天性都需要顺应和鼓励，有些天性就必须得到克服和抑制，这是人类进化的根本途径。就教育和阅读而言，必须警惕泛娱乐化的倾向，否则会把孩子们引入歧途。

一代接一代的人类，早就懂得"苦读书"的道理。美国作家琳莎·施瓦茨在谈到在阅读方面习惯于接近摇滚乐阵阵喧嚣的机器设备的当代青年人时说，他们"会嘲笑他们的父辈，可应该受到嘲笑的正好是他们自己，就是说，语言的丢失是一个忧郁的玩笑"③。不认真阅读文字，而只追求感官刺激，是一条歧路。我们不是一味地反对寓教于乐或寓读于乐，只是强调凡事有度。把正确的读书方法告诉我们的孩子，是这个时代赋予我们的职责。

---

① ［日］斋藤孝:《阅读的力量》，武继平译，鹭江出版社 2016 年版，第 50 页。

② 马化腾等:《互联网+——国家战略行动路线图》，中信出版社 2015 年版，第 205 页。

③ ［美］琳莎·施瓦茨:《读书毁了我》，李斯译，北方文艺出版社 2014 年版，第 42 页。

3.信息社会的阅读矛盾

信息社会以及给阅读带来的变化即读屏，创造了很多新价值，这是无疑的，可能还会创造更多的新价值，但同时也带来了很多"负影响"，这些"负影响"构成了潜在的阅读危机，需要引起高度的重视，甚至警醒。

其一，"信息巨人"与"知识侏儒"。

当今世界著名新文化史学的代表人物之一，英国剑桥大学荣休教授彼得·伯克提醒说，"我们正淹没在信息中，但却迫切渴求知识"，"或许我们是'信息巨人'，但可能变成'知识侏儒'"[①]。信息社会和读屏时代，人们接触的信息多了，而积累的知识却少了。大量的信息蜂拥而来，让人应接不暇，它们让人感觉自己知道的很多，实际上它们多数都没有作为知识而积累下来。一来是因为不是所有的信息都能构成知识，不是所有信息都具有价值和意义，"真正重要的讯息会淹没在一大堆不太重要的讯息中而难以识别"[②]。在大量过剩的信息中寻找有用的知识，彼得·伯克做

[①] ［英］彼得·伯克：《知识社会史》（下卷），汪一帆、赵博囡译，浙江大学出版社 2017 年版，第 5 页。

[②] ［美］詹姆斯·格雷克：《信息简史》，高博译，人民邮电出版社 2018 年版，第 399 页。

了这样的比喻:"仿佛干草堆里寻针,或者用更现代的话来说,这是个如何从不相关的'噪音'中区分出真正想要的东西。"①二来因为构成知识的那部分信息,若要积累下来,并成为人们智慧的一部分,需要认真理解、品味,光靠浏览是不够的。一位法国哲学家、控制论史家这样写道:"信息社会中存在这样一个悖论:我们仿佛拥有了关于这个世界越来越多的信息,但这个世界在我们看来却越来越缺乏意义。"②信息因为有意义和价值才成为知识,知识转化成改变世界的工具时,它才成为智慧。不是信息越多越好,信息太多也会给人带来麻烦。法国思想家蒙田说:"初学者的无知在于未学,而学者的无知在于学后。"当代学者评论说,"第一种的无知是连字母都没学过,当然无法阅读。第二种的无知却是读错了许多书"③。在今天互联网"信息爆炸"的时代,人们的无知不是错读了许多书,而是错误地被无意义、无价值的信息包围,而无法静下心来真正地阅读。

真正的阅读是什么,很少有人对此进行学理性的考

① 〔英〕彼得·伯克:《知识社会史》(下卷),汪一帆、赵博囡译,浙江大学出版社2017年版,第162页。

② 〔美〕詹姆斯·格雷克:《信息简史》,高博译,人民邮电出版社2018年版,第413页。

③ 〔美〕莫提默·J.艾德勒、查尔斯·范多伦《如何阅读一本书》,郝明义、朱衣译,商务印书馆2014年版,第18页。

证。所谓的阅读，是阅而读之，从阅开始，落到读上。"读"是什么或怎样算"读"？从字源学考察，《说文·言部》曰："读，诵书也。从言，卖声。""诵，讽也。从言，甬声。""讽，诵也。从言，风声。"文字学家对"诵"和"讽"的注释为："诵之者，抑扬高下其声"；"倍（背）文曰讽，以声节之曰诵"。①《说文·竹部》曰："籀，读书也。"②段玉裁《说文解字注》："盖籀、抽古通用。""抽绎其意蕴至于无穷，是之谓读。"③由此我们可以看出阅读的几层含义：有节奏地朗诵；把文字背诵下来；不断地思考，不断地领会其意蕴。

读屏正在以海量的信息浏览而阻碍人们深入思考，更阻碍人们背诵文本，让优美且意蕴深长的文字融入人的血液里，好像在云端储存的知识就已经属于我们了，不需要记忆了似的，却忘记了人类需要依靠脑子里储存的知识才能够思想。事实上，人们对"信息过载"或"信息过量"已经产生了某种程度的焦虑，正如一位音乐评论家所指出的："焦虑感取代了满足感，渴求与失落循环往复。人们刚

---

① 许慎：《说文解字》，汤可敬译注，《中华经典名著全本全注全译丛书》【一】，中华书局 2018 年版，第 473 页。

② 许慎：《说文解字》，汤可敬译注，《中华经典名著全本全注全译丛书》【二】，中华书局 2018 年版，第 921 页。

③ 许慎：《说文解字》，汤可敬译注，《中华经典名著全本全注全译丛书》【一】，中华书局 2018 年版，第 473 页。

开始一种体验，其他还会有什么的想法就又随即萌生。"①有学者对这种状况给出了如此的评论："这是富足的窘境，无疑也再次提醒了我们，信息不是知识，知识不是智慧。"②其实，关于"信息过载""信息过量""信息疲劳"和"信息焦虑"等现象在历史上早已有之，自从谷登堡发明印刷机以后，印刷图书迅速膨胀，将中世纪的手抄本取而代之，引发了"印刷大爆发"或"印刷革命"，对此麦克卢汉③和爱森斯坦④都有过详细而精辟的论述，造成一时间"书太多，读不过来"，就连像莱布尼茨⑤这样的智者都担心，人类因而会退回到野蛮状态——"对于这种结果，数量骇人且还在持续增加的书籍可能要负很大的责任。因为到了最后，无序状态将变得几乎不可抑制，不计其数的作

①［美］詹姆斯·格雷克:《信息简史》，高博译，人民邮电出版社2018年版，第403页。

②［美］詹姆斯·格雷克:《信息简史》，高博译，人民邮电出版社2018年版，第403页。

③［加拿大］马歇尔·麦克卢汉:《谷登堡星汉璀璨——印刷文明的诞生》，杨晨光译，北京理工大学出版社2014年版，第243-410页。

④［美］伊丽莎白·爱森斯坦:《作为变革动因的印刷机》，何道宽译，北京大学出版社2010年版，第3-25页。

⑤ 戈特弗里德·威廉·莱布尼茨（Gottfried Wilhelm Leibniz，1646—1716），德国著名哲学家、数学家和政治家。与笛卡尔和斯宾诺莎一起被认为是17世纪三位最伟大的理性主义哲学家。与牛顿一道成为两位微积分的发现者。代表作有《神义论》《单子论》和《中国人的自然神学》等。

者将很快遭遇普遍湮没无闻的危险。"①莱布尼茨及后继者们所担忧的由于"信息过载"导致记忆丧失、作者湮没和思想力下降等，并没有发生，因为人们并没有因为书太多而放弃阅读，但读屏时代的情况却有所不同，人们正在用浏览信息取代真正的阅读。

其二，虚假信息与权利边界。

在信息时代，在数字互联网时代，充斥网上的海量信息有的简直连信息都不能算，只能将其视为垃圾，因为它们有的要么是毫无价值和意义的"花边"或"八卦"，要么是耸人听闻、没有任何科学依据的假信息或假知识，要么是质量低劣的胡编乱造。在此基础上生成的所谓大数据，其价值更是令人担忧。这一点也早已引起了国外研究者的重视，"现如今，人类的词汇越来越多地存在于网络上——这样既方便保存（尽管它总是在变化），又方便访问或搜索。同样地，人类的知识也融入了网络，进入了云端。各种网站、博客、搜索引擎和在线百科、对于都市传说的分析以及对于这些分析的驳斥——在上面，真实与虚假错综复杂，难以分辨"②。对于这种危机的真实状况，国外学者

---

① ［美］詹姆斯·格雷克:《信息简史》，高博译，人民邮电出版社2018年版，第397页。

② ［美］詹姆斯·格雷克:《信息简史》，高博译，人民邮电出版社2018年版，第414-415页。

给出了这样的描绘："一直以来，是选择塑造了我们。选出真正的信息需要做功，而后遗忘它们也需要做功。这是伴随全知全能而来的诅咒：借助Google、维基百科、IBMB、YouTube、Epicurious(菜谱网站)、全美DNA数据库或这些服务的模仿者和继承者，任何问题的答案似乎触手可及，但同时我们依然不能确定自己到底知道些什么。"[①]不幸的是，在这样的情况下，我们却成为了拥有大量信息的无知者。面对这种令人堪忧的阅读状况，彼得·伯克深刻地指出："我们所阅读的是'信息洪水'或者说'信息海啸'，它们正'汹涌拍打着文明世界的沙滩'。"[②]

大量垃圾信息、虚假信息、不准确不科学知识在网上肆意传播，至少有两方面的原因值得探究。一方面，互联网为所有人提供了写作和发表的平台，本来这并不是一件坏事，但不设任何门槛、没有任何严把质量关的"守门人"，使这件事情有了变坏的风险。彼得·伯克指出："信息在不同的媒介和语言间传递，更确切地说，是在不同的人之间传递。其中有不少'守门人'，他们可能给自由的

<hr />

①［美］詹姆斯·格雷克:《信息简史》，高博译，人民邮电出版社2018年版，第420页。

②［英］彼得·伯克:《知识社会史》（下卷），汪一帆、赵博囡译，浙江大学出版社2017年版，第280页。

信息流设置障碍。"①不设门槛、没有"守门人"，任由信息随便流动与传播，这严重违背了人类几千年来知识创造与知识传播的规律，或者说，这正在颠覆人类既有的成熟的知识创造与传播秩序。关于这一点，信息史专家这样说："新的信息技术在改造了现有世界景观的同时，也带来了混乱，这就像是新的河道和水坝改变了原来灌溉和航运的水道。信息创造者与消费者（比如作者与读者、说者与听者）之间的平衡已被颠覆。"②不错，人人都有写作和发表的自由和权利，这是理想社会应有的追求，"而现如今，'实时的'信息已被视为现代人一项与生俱来的权利"③，写作和发表这种创造知识和传播知识的活动，也同样被视为现代人一项与生俱来的权利。然而，几千年来的人类文明史揭示出，人类的文化和科学知识远没有普及到人人都可以随意从事研究、写作和发表的水平，自文字出现和城市革命以来，知识生产与传播从来都是专门化的工作。数字互联网的信息时代似乎也同样应该遵循这一规律，至少不能完全放弃这一规律，不能给胡编乱造的信息和虚假知识的制

---

① ［英］彼得·伯克：《知识社会史》（下卷），汪一帆、赵博囡译，浙江大学出版社 2017 年版，第 99 页。

② ［美］詹姆斯·格雷克：《信息简史》，高博译，人民邮电出版社 2018 年版，第 405 页。

③ ［美］詹姆斯·格雷克：《信息简史》，高博译，人民邮电出版社 2018 年版，第 402 页。

造者和传播者以机会，相关的制度建设必须跟上互联网传播实践的脚步。虽然在彼得·伯克看来，"知识的民主化"构成了"一个主要趋势"①，但同时他也承认，"'业余爱好职业化'的代价是精确性的缺乏愈发严重"②。在尊重写作与传播自由的同时，也应该考量一下自由与权利的边界。

另一方面，便是经济原因或市场利益驱动。在互联网经济时代，互联网已经成为了利益角逐的重要战场，角逐的方式和投放的砝码变幻无穷，无所不用其极。"信息可以同时表现得太廉价和太昂贵"，"当信息变得太廉价时，注意力就变得昂贵了"。③大量真真假假的廉价信息甚至免费信息，却隐藏着巨大的商业利益，那就是以牺牲知识和科学为代价换取的广告或其他领域的收益。人们似乎对售卖虚假信息的危害还缺乏足够的认识，廉价和免费信息还大有市场，其实其危害丝毫不亚于售卖假药。不同只在于，假药毒害身体，而假知识则毒害精神；假药的后果可能立竿见影，假知识的后果犹如慢性毒药。

其三，大数据服务与信息依赖和奴役。

---

① ［英］彼得·伯克:《知识社会史》（下卷），汪一帆、赵博囡译，浙江大学出版社 2017 年版，第 303 页。

② ［英］彼得·伯克:《知识社会史》（下卷），汪一帆、赵博囡译，浙江大学出版社 2017 年版，第 308 页。

③ ［美］詹姆斯·格雷克:《信息简史》，高博译，人民邮电出版社 2018 年版，第 404-405 页。

人是社会性动物、群体性动物、世界性动物和交往性动物，人类生存最重要的前提就是人的交往性。民族与民族之间、组织与组织之间、个人和个人之间的交往，相互学习生存技能，通过知识的积累，通过信息的交换，更加增强人类的生存技能，成为人的生存方式。即便是不同的哲学体系，也都承认交往性是人性的重点。马克思在《关于费尔巴哈的提纲》中提出："人的本质不是单个人所固有的抽象物，在其现实性上，它是一切社会关系的总和。"①在《德意志意识形态》中，马克思和恩格斯提及，"个人是什么样的，这取决于他们进行生产的物质条件"，"而生产本身又是以个人彼此之间的交往为前提的"。②所以，交往性是人甚至是社会乃至是整个世界得以能够接续运转和前进的最重要动力，交往是人类文明的发展方式。存在主义哲学家们认为，人是交往性动物，世界历史就是一场统一的运动③，人类的交往是走向统一的重要方式，从克尔凯格尔到雅斯贝尔斯，再到海德格尔，一以贯之。存在主义哲学家们都强调沟通与交往这一人性以及由此推动的文明之

① 《马克思恩格斯选集》（第一卷），中央马克思恩格斯列宁斯大林著作编译局编译，人民出版社 1997 年版，第 56 页。

② 同上书，第 68 页。

③ 参见［德］卡尔·雅斯贝斯：《历史的起源与目标》，魏楚雄、俞新天译，华夏出版社 1989 年版，第 284-305 页。

发展的特征。"彼此沟通始终是各派存在主义哲学中的主要问题之一。不管在克尔凯格尔的哲学中是间接的也好，在雅斯贝尔斯的哲学中是直接的和努力争取的也好，在海德格尔的哲学中是分成'可靠的'和'不可靠的'也好（看来，可靠的领域是留给含有诗意的表达的），在萨特尔的哲学中是粗俗的和令人失望的也好，彼此的沟通总是存在的——至少作为一个问题来说是如此。甚至在缺乏沟通的情况下，这个思想也顽强地继续存在着。"[①]今天我们知道，互联网最重要的特性就是它的交往性，它甚至可以把处于不同空间、不同时间的人通过知识、通过信息各个方面连接在一起。所以互联网能够发展到今天，是人性、是人性的特点促使它走到今天，然后它又放大了人性的这个特点。

互联网在短短的时间里已经对出版、阅读和学术研究产生了深刻的影响，互联网和人工智能等正在把出版从单本的图书阅读，引向知识服务，其中专业数据库和大数据是最重要的服务形式之一，无论是专业的研究者还是普通读者，都在一方面享用着大数据，一方面也在创造着大数据。人们通过搜索引擎获取着应有尽有、跨越时空的信息，应用这些信息从事着科学研究和其他生产和生活活动，节约着时间，提高着效率，因而充满着兴奋感和满足

---

① ［法］让·华尔：《存在主义简史》，商务印书馆1962年版，第7页。

感。但久而久之，人们便对大数据和搜索引擎产生了依赖，仿佛离开了它们自己便无法行动了，尤其是传统的通过阅读查找资料的基本功有丧失的危险。而早在1970年，人文学者、技术哲学家刘易斯·芒福德①就很有先见地指出："不幸的是，'信息提取'，不论有多快，都无法替代借助直接的、个人审视知识进行发现的方式，尽管这种知识的存在本身人们根本无法意识到，并且它是按照自己的步调沿着相关文献深入发展。"②实际上，大数据和搜索引擎不是万能的，不是什么都能搜索得到的。

还有另外一个事实，即当人们开始搜索或试图在网上获取信息时，有关个人的信息就随之被记录了，个人便成为了被计算和运营的大数据本身，计算的结果导引着"大数据"的控制者对个人"投其所好"地发布信息，个人便没有了隐私和安身之处，甚至个人的思想也被有意识地"启发"和导引着，个人被"大数据"运营着，成为任由信息摆布的奴隶。其实，在生产和生活中，我们已经沦为了信息的奴隶。例如，离开了电脑和电子邮件我们无法

①　刘易斯·芒福德（Lewis Mumford，1895—1990），美国著名城市规划学家、历史学家、社会学家和技术哲学家。曾获英帝国勋章和美国自由勋章。代表作有《技术与文明》《历史名城》《机器神话》和《生存的价值》等。

②　［美］詹姆斯·格雷克：《信息简史》，高博译，人民邮电出版社2018年版，第398页。

工作了；不依靠导航系统，我们不会走路了；离开手机我们不仅无法工作了，还会产生孤独感甚至恐惧感，好像自己被世界抛弃了似的，这与存在主义所阐释的人的恐惧感产生了暗合，存在主义认为人被抛到这个世界上，无依无靠，现在人们没有手机也会有无依无靠的感觉。

4.读屏与社会文化的得与失

阅读，其实不止于阅读。阅读是一种文化活动和社会活动，其必然具有文化意义和社会意义。信息时代所带来的阅读的读屏新现象，其影响和意义也必然不仅限于阅读层面，也必将影响到社会文化方面。在这里，我们选取图书的物理特性和读屏的媒体特性两个方面，来谈其中的变化与得失。

在图书的物理特性方面，我们关注的是虚拟阅读与物质文化的得失。

人离不开物，物亦离不开人。人离开物，便无法生存；物离开人便没有生命和寄托。人就是物，物就是人。最高级的人，才升华为物，升华为器物，成大器者，乃为人物。凡世间事物，都是双重性存在，即物质性存在和精神性存在。物质性存在是说其有形、有色，甚至有气、有味；看得见，摸得着，甚至闻得到。精神性存在是说其价值存在，即其存在的意义。无论是物质性存在，还是精神性存在，最终体现的都是人的存在。人既存在于精神中，也存在于物质中。物质也是人的精神体现，是人的意志创造，从而也是人的化身。尼采说："人从自身中投射出了他最确信无疑的三个'内在事实'，即意志、精神和自我，——他首先从自我概念引出了存在概念，他按照他的形象，按照他那作为原因的自我概念，设置了存在者的'物'。之后，他在物中总是仅仅重新找到他已经放置于其中的东西，这有什么奇怪的呢？——物本身，再说一遍，物的概念仅仅是自我即原因这个信念的反映。"①

物品的特性就是其属性，图书的属性是什么？出版的数字化和屏幕阅读，究竟有没有或在多大程度上，改变着出版业的基本属性，学者们曾经各抒己见。书本的核心价值无疑是其所承载的文字内容，具有精神属性，但无疑书本也是一种物质性存在，人也同样会在书本的物质性存在中，找到自身的存在。"印刷书是出版业最有形的产品"②，"文本成为文化文明与商业文明的一部分"③。书籍是承载

① ［德］尼采：《偶像的黄昏——或怎样用锤子从事哲学》，李超杰译，商务印书馆 2013 年版，第 36 页。

② ［英］约翰·B. 汤普森：《数字时代的图书》，张志强等译，译林出版社 2014 年版，第 326 页。

③ ［英］戴维·芬克尔斯坦、阿利斯泰尔·麦克利里：《书史导论》，何朝晖译，商务印书馆 2012 年版，第 24 页。

知识的工具，同时也是美轮美奂的物质文化存在。就这一点而言，人们无法在数字产品和数字阅读中找到这种存在感。研究者指出："纸质书有他自己所独有的特性，即它们作为书、报纸、杂志的实物性。当读到纸质书本的时候，你会感觉到一种文学气息，也会有触感。用文学教授安德鲁·皮特的一句话来说就是，读书不仅是大脑的事，我们身体也要参与其中。假设你买了本纸质书或者是收到的一份礼物，你就拥有了它；你可以给它升值，借给朋友，卖掉它，或者把它传承下去。而你从亚马逊得到的电子书却不是这样的。"①

其实，关于图书物理特性的不可或缺，还体现在出版和阅读过程中的很多方面。我们仅从文化方式方面就很难想象，作者出版了一本书之后，每每示人或进行科研成果统计和展示时必须登录网络的虚拟空间，才能找到文字编排的方式，而拿不到沉甸甸的、自己甚至参与了设计的美感十足的实物，更闻不到墨香，触摸不到自然的纸感；很难想象在读者见面会上，面对排着长队、等待签名的读者，作者只能要求他们登录网络虚拟的空间下载电子版。君不见百余年前某著名作家签名本的图书至今仍在读者之间以收藏的方式流传着，每每在这个时候想起看不见、摸

① ［美］内奥米·S. 巴伦：《读屏时代：数字世界里我们阅读的意义》，庞洋、周凯译，电子工业出版社 2016 年版，第 22 页。

不着的虚拟电子版，会不会感到很滑稽；很难想象出版社自己的荣誉墙上展示的不是琳琅满目、开本各异、色彩迷人的精美图书，而只有一本孤零零的阅读器，或者一台随时需要登录网站、点击各种界面的电脑。

可以说，读屏时代的阅读方式剥夺了人们通过阅读和购买载于书本的知识而产生的物质上拥有的仪式感，而这种拥有和仪式感是人类千百年来形成的情感定势。纸书时代，人们在通过读书和购书获取知识和信息的同时，还获得书这种实物的占有。通过读书、购书和藏书，人们不止获得知识，还得到对书本设计的欣赏和坐拥书城等其他意义上的精神满足。正如国外的一位研究者所说："如今的书籍包装俨然已成一门艺术。在书架上浏览一番，本身就是叫人流连忘返的一件美事，是眼睛的一次大享受。在某种情况下，书皮就是全书最好的一个部分，是全书的精华所在。"①在历史长河中不同时期、不同民族和国家、不同的图书装帧和设计形式，构成了各自不同的文化传统和文化特色。这种审美的感受及其呈现出的文化多样性，是冰冷的机器阅读所无法给予人类的。信息化和大数据仿佛给予了人类更多，给予了人类获得知识的无限的可能，但却剥夺了人们建立在少量拥有上的物欲满足感，以及由物质拥有

①〔美〕琳莎·施瓦茨：《读书毁了我》，李斯译，北方文艺出版社2014年版，第15页。

带来的某种精神满足感。从某种意义上来说，拥有全部就是一无所有。机器阅读带来的这种物质感的缺失，会在很大程度上影响人们对于知识获取和学习的乐趣，以及学习的积极性，值得我们更深入地研究和思考。

纸质图书作为一种物质存在，也是一种文化形态，这种文化形态既有作为文化特质或内容的抽象或无形的一面，也有把内容承载或包装起来的物质形态或有形的一面。正如包括康德在内的西方古典哲学家反复阐释的，任何物质既是艺术或有形的物质存在，也是思想或哲学的精神存在，精神存在于物质之中，或者说，精神必有其所依附的物质，物质就是其表现形式。图书的文化物质形态，还在于其具有超越阅读的文化性，比如作为收藏品和装饰品融入人们的日常生活中，甚至成为一种神圣之物，而具有了庄严的力量。在 2013 年的阿布扎比国际书展上，摆放的大量华丽金箔图书给人以心灵的震撼，图书制作方不无骄傲地说："电子书做不到这些。这是一门艺术。人们想用眼睛看，想用手摸。"[①]另外，图书作为有形文化的特征，在人类的文化传承中，具有独特的价值。图书馆馆员和珍本收藏家能够了解把一本珍贵书籍捧在手里所产生的情感。芝加哥大学特殊收藏研究中心的图书管理员爱丽丝·施赖

---

① ［美］内奥米·S. 巴伦：《读屏时代：数字世界里我们阅读的意义》，庞洋、周凯译，电子工业出版社 2016 年版，第 198 页。

尔说："拿着一本几百年前的古书，就会产生一种对那个年代的亲切感……而谁曾在什么年代接触过这本书，也是这本书历史的一部分。"[①]

图书的物质性，还体现在读者对书所饱含的特殊情感中，这种特殊情感可以用生活方式和文化方式予以解释。学者们早已关注到了这一点，"如果我们想要理解印刷形式与电子形式的内容传递之间的关系正在发生以及即将发生的变化，那我们就不能只关注技术变革，还应关注这些书本内容所植根和被使用的生活及社会实践"[②]。除了阅读之外，图书还具有其他文化涵义。崇拜书籍的大有人在，甚至有人把书籍当作枕头枕着来睡觉。一位读者在买到了自己心爱的新书时，这样写道："我在书架中为这本新书找了个位置，但愿自己会喜欢上它。经过这本书旁边的时候，我会深情地望着它桃红色的书脊，努力想让它觉得是受欢迎的，就像一个继养的孩子一样——不是我自己的骨肉，也不是过继来当自己的养子，而只是为一个陌生人临时找一个家——永远也不让它知道，它温暖的褐红色总让我想起自己的损失——那本令人肃然的黑色封皮的书。我并不

① ［美］内奥米·S.巴伦：《读屏时代：数字世界里我们阅读的意义》，庞洋、周凯译，电子工业出版社 2016 年版，第 199 页。

② ［英］约翰·B.汤普森：《数字时代的图书》，张志强等译，译林出版社 2014 年版，第 327 页。

经常打开它来看，知道我拥有这么一本书就够了。"①

无论什么样的精神，都需要有所寄托，所托之物便因此具有了价值。图书作为以内容为主的精神性价值，同样需要有形的物质作为依托。人就是在这种有形的寄托之中，显示着自己作为内在精神性动物的外在性存在。这种外在性存在，在位读者堪称人生感悟的文字中，令我们为之动容："当我们老去，已然看清一切事物，经历过拥有又失去的伤感，同时还会继续为其束缚时，我们会张开滑稽而热烈的臂膀将那一大堆枯朽的书籍紧拥在我们怀里，这时，我们也许会想起李尔王所说的：'这一切早已发生过，我并没有迷失在人迹罕至的蛮荒里，只不过，在这场伟大浩荡的行进中，轮到我独自前往了。'"②

在读屏的媒体特性方面，我们关注的是在媒体融合环境下，读者身份的转换，即由读者转变成了受众。

数字化和读屏时代给出版和阅读带来的巨大变化，让我们不得不重新审视出版和阅读的本质，重新审视出版业媒介或传播特征的凸显，重新审视读者向受众身份的转变。实际上对于数字出版这种形式，虽然我们从情感上还

①［美］琳莎·施瓦茨：《读书毁了我》，李斯译，北方文艺出版社2014年版，第137页。

②［美］琳莎·施瓦茨：《读书毁了我》，李斯译，北方文艺出版社2014年版，第188页。

沿用出版和阅读的概念，但由于其媒体或媒介和传播的特性被无限放大，所以全社会在谈到所谓的数字出版或全媒体出版之时，都采用了新的概念——媒体融合。因此，阅读也发生了变化，读者的身份也发生了变化，读者更具有了受众的特征。关于这一点，国外学者给出了这样的学术讨论："多媒体和缩放功能引发了一个更大的问题：改变内容的媒介形式是否会改变作品本身。我们针对印刷文本和电子文本讨论过'载体与内容'的问题。但是这个问题其实面临着更加广泛的分歧。仔细想想有声读物。当我们是用耳朵听到而不是用眼睛看到同样的词句，媒介的不同是否改变了阅读的意义?"[1]就阅读而言，更多的媒体或传媒特征，使得人人都可以很方便地参与创作的所谓互联网出版，实际上在某种程度上变成了人人尽言尽欢的舆论场，读者变成了受众，变成了既听且言的参与性很强的受众。在这种情况下，阅读和读者被深深地打上了传媒特性的烙印。

信息化和大数据应用的读屏时代貌似带来了人类社会上前所未有的平等，提供了最低成本的沟通和交流的通道。正如Facebook（脸书）的创始人扎克伯格所说："我们的任务是帮助全世界的人联系在一起，拉近大家的距离"。千百年来受知识精英统治的知识王国和舆论世界前所未有

---

① ［美］内奥米·S. 巴伦:《读屏时代：数字世界里我们阅读的意义》，庞洋、周凯译，电子工业出版社2016年版，第48页。

地呈现出开放和平民化倾向,"网络也被形容为一种民主的力量(数字民主)"①。表面上,从读者寥寥到人人皆是作者,从信息匮乏到知识爆炸,人人都可以更低成本和更低门槛、自由地获得发布信息和传播信息的机会和渠道。但实际上,这种看似的自由和平等是虚幻的,网络已经沦为了政治战场,②给人类带来更大的困扰。在互联网和信息平台上,我们更容易受到裹挟和蒙蔽,更容易遭受芜杂信息的干扰而陷入偏狭。2018年3月17日,英国《观察家报》和《卫报》以及美国《纽约时报》报道了英国战略交流实验室公司(SCL)的美国分支机构剑桥分析公司"窃取"5000万脸书用户的信息,称这些信息有可能用于政治应用。据英国《观察家报》报道的爆料人怀利所述:"我们充分利用脸书用户档案信息,依据对他们的了解建立模型,投放内容迎合他们内心邪恶的一面。"虽然媒体关于信息战和数据战的报道有时真假难辨,但它恰恰显示了大数据和信息操纵已经侵入了整个社会和民众生活的态势。关于技术如何为统治和管理服务,马尔库塞③早就有过精辟的论述。

① [英]彼得·伯克:《知识社会史》(下卷),汪一帆、赵博囡译,浙江大学出版社2017年版,第307页。

② 参见[英]彼得·伯克:《知识社会史》(下卷),汪一帆、赵博囡译,浙江大学出版社2017年版,第307页。

③ 赫伯特·马尔库塞(Herbert Marcuse,1898—1979),美籍犹太裔哲学家和社会学家,法兰克福学派的代表人物之一。

他说:"掌握了科学和技术的工业社会之所以组织起来,是为了更有效地统治人和自然,是为了更有效地利用其资源。"①他还说:"工业化的技术是政治的技术。"②在对发达工业社会的分析中,他犀利地指出:"对现存制度来说,技术成了社会控制和社会团结更新的、更有效的、更令人愉快的形式。"③"在技术的媒介作用中,文化、政治和经济都并入了一种无所不在的制度","这一制度的生产效率和增长潜力稳定了社会,并把技术进步包容在统治的框架内。技术的合理性已经变成政治的合理性。"④新的科技革命也必然带来新的制度革命,新的管理革命,这种新技术的传播或媒介特征,也必然带来宣传和舆论控制方法的新革命。

在现代传播学的视野下,"传播技术的伟大进步,反而加重了人们彼此理解的困难。就连科学、数学和音乐这些西方思想的最后庇护所,也陷入了机械化俗语的控制。商业主义需要造成新的语言垄断和新的理解困难,甚至阶

①〔美〕赫伯特·马尔库塞:《单向度的人——发达工业社会意识形态研究》,刘继译,上海译文出版社 2017 年版,第 15 页。

②〔美〕赫伯特·马尔库塞:《单向度的人——发达工业社会意识形态研究》,刘继译,上海译文出版社 2017 年版,第 15 页。

③〔美〕赫伯特·马尔库塞:《单向度的人——发达工业社会意识形态研究》,刘继译,上海译文出版社 2017 年版,第 6 页。

④〔美〕赫伯特·马尔库塞:《单向度的人——发达工业社会意识形态研究》,刘继译,上海译文出版社 2017 年版,第 7 页。

级斗争和语言族群的斗争也成为语言的垄断。"①无论出于政治目的还是经济目的，现代世界的竞争，最终必将上升为文化的竞争，在全球化的环境下，文化的竞争直接演变成话语权的争夺。为了各自的利益自说自话，自然彼此互不理解，甚至争斗不休。在价值传播过程中，传播媒介、传播方法和传播技术发挥着重要的作用。互联网的新媒介传播，与传统的传播方式相比，体现出了诸多的新特点。现代传播学的代表人物之一哈罗德·伊尼斯指出："根据传播媒介的特征，某种媒介可能更加适合知识在时间上的纵向传播，而不适合知识在空间中的横向传播，尤其是该媒介笨重而耐久，不适合运输的时候；它也可能更加适合知识在空间中的横向传播，而不是适合知识在时间上的纵向传播，尤其该媒介轻巧而又便于运输的时候。所谓媒介或倚重时间或倚重空间，其含义是：对于它所在的文化，它的重要性有这样或那样的偏向。"②现在的互联网已经超越了"轻巧而且便于运输"的条件，突破了原有的物理空间，建立起了无障碍的虚拟的传播空间，因此自然成为竞争的焦点和主战场。在现代的文明社会，赤裸裸的教化已经不

---

① ［加拿大］哈罗德·伊尼斯：《传播的偏向》（中文修订版），何道宽译，中国传媒大学出版社 2015 年版，第 68 页。

② ［加拿大］哈罗德·伊尼斯：《传播的偏向》（中文修订版），何道宽译，中国传媒大学出版社 2015 年版，第 71 页。

能起到很好的效果，制造所谓大数据以此诱导公众，便成为隐性的策略。也难怪，因为这完全符合媒介的特点，符合传媒的规律。回望西方工业社会发展的道路，在伊尼斯看来，每一次技术和媒介的革新，表面上带来的都是新的自由和民主，而实际上这些都只是幻觉。之所以产生这样的幻觉，是因为大众看似自由发表意见，实际上他们是受到了媒介的引导，而自己并不知情，并不知道有人利用媒介来实现自己的目的。

彼得·伯克在分析信息传播过程时指出："信息在不同的媒介和语言间传递，更确切来说，是在不同的人之间传递。其中有不少'守门人'，他们可能给自由的信息流设置障碍。'知识经纪人'则积极地推动知识的传播。无论什么情况，不同的个人或者群体对相同的信息或许会有不同的理解。他们往往有自己的隐藏目的，将知识用于初始传播者无法想象的地方。"[1]信息或知识传播过程中，"守门人"有时是必须的，因为必须保证符合公众利益的信息或知识之传播，直至目前，出版社的编辑一直在充当必不可少的"守门人"的角色。信息化时代，扁平化的信息传播成为可能，传统意义上传播的权威阶层受到挑战。澳大利亚文化学者约翰·哈特利和贾森·波茨在他们的研究著作《文

---

① ［英］彼得·伯克：《知识社会史》（下卷），汪一帆、赵博囡译，浙江大学出版社 2017 年版，第 99 页。

化科学：故事、亚部落、知识与革新的自然历史》中谈到了这种数字化和互联网时代的传播新态势，他们认为"数字媒介和社交网络使讲故事民主化，却不普及对立的'攻击性狭隘主义'——但这种潜在的可能性是存在的；非专业人士可能学会很多故事，胜过少数主导国家政治、电影、新闻和教育的人士"。也因此，"数字媒介和社交网络使建构'我们的'亚部落机制更加有风险、复杂、开放、不确定和多价值，这个势头有增无减。"①认识和利用这种传播特征，一些组织和大型机构应运而生，充当起"知识经纪人"的角色，他们制造和发布信息，并制造大量的跟帖和转发者，引导更多的人发表意见，形成所谓的大数据。所谓的大数据又反过来产生诱导，让人误以为这就是"民意"。这使得现代意义上的传播呈现出更加纷繁复杂的现象。

可以肯定的是，"一种新媒介的长处，将导致一种新文明的产生"②。这种新技术、新媒介和新文明像科学技术和现代社会一样，又一次率先从西方开始，西方对此的认识和

----

① ［澳］约翰·哈特利、贾森·波茨：《文化科学：故事、亚部落、知识与革新的自然历史》，何道宽译，商务印书馆 2017 年版，第 78-79 页。

② ［加拿大］哈罗德·伊尼斯：《传播的偏向》（中文修订版），何道宽译，中国传媒大学出版社 2015 年版，第 72 页。

应用显得更加熟练。看看伊尼斯是怎样说的："在西方文明中，稳定的社会需要这样一种认识：时间观念和空间观念维持恰当的平衡。我们不仅关心对广袤空间的控制能力，而且关心对长时段的控制能力。我们对文明的评价，要看它对地域大小和时间长短的关心。传播媒介的性质往往在文明中产生一种偏向，这种偏向或有利于时间观念，或有利于空间观念。"①网络新媒体具有传播速度快，内容更新快和覆盖面广的特点，因此应该首先具有空间观念，即首先迅速传遍全球，占有先机话语权。例如，谷歌的宣言是"让信息在全世界触手可及"②。与数字阅读或网络屏幕阅读相比，纸质图书的时间偏向更强，因为图书保存和流传的时间更长久，更具有稳定性，因此也是维持社会长期稳定的砝码。但一个个的新媒体对它的稳定性产生了冲击，伊尼斯论述到了比图书出版周期短和传播速度快的期刊和报纸。他说："书籍是思想长期钻研的成果，具有稳定作用。但是，期刊和报纸的增长却破坏了书籍的稳定作用。"③德国的一位军事家曾经说过类似的话："对和平构成危险的，

---

① ［加拿大］哈罗德·伊尼斯：《传播的偏向》（中文修订版），何道宽译，中国传媒大学出版社 2015 年版，第 103 页。

② ［英］彼得·伯克：《知识社会史》（下卷），汪一帆、赵博囡译，浙江大学出版社 2017 年版，第 97 页。

③ ［加拿大］哈罗德·伊尼斯：《传播的偏向》（中文修订版），何道宽译，中国传媒大学出版社 2015 年版，第 116 页。

再也不是王公的野心，而是人民的情绪，是面对国内情况而感到不舒服的人民。"①这样的情绪往往是由媒体引发，并不断推波助澜的。现在轮到了互联网，轮到了以互联网为根基的各种屏幕阅读，它们比期刊和报纸传播速度更快，覆盖面更广，甚至可以即时直播。

这也让我们进一步明确了，图书出版和传统阅读与新媒体出版和以网络为基础的屏幕阅读，具有本质的区别。图书是物体，互联网是媒体；读书的人是读者，网民是受众；图书的价值在于育人，媒体的价值在于影响人。因此，在读屏时代，把握出版和阅读的本质性变化，从而把握思想和价值引领的话语权，显得尤为重要。在报刊等媒体出现时，西方学者就给出了这样的判断："美国思想的领导地位正在从大学转向廉价杂志"，当广播电视出现时，这句话变成了，"美国思想的领导地位已经传递给了广播和电视"②。很显然，在互联网时代，在读屏时代，美国仍然会努力把"美国思想的领导地位"传递给互联网，传递给屏幕。能够引导公众的大数据，便是其理想的通行证。制造和传播大数据，看似是新时代新科技产生出来的顺应民

① ［加拿大］哈罗德·伊尼斯：《传播的偏向》（中文修订版），何道宽译，中国传媒大学出版社 2015 年版，第 116 页。

② ［加拿大］哈罗德·伊尼斯：《传播的偏向》（中文修订版），何道宽译，中国传媒大学出版社 2015 年版，第 119 页。

意，实则是一种新形式的民众引导。

读屏时代给阅读带来了极大的便利，但也同样带来了更多的困惑甚至干扰。信息社会的读屏行为极大地释放和彰显了人性，同时也让人性的弱点经受着不小的考验。我们只能相信，人类有能力和智慧解决文明道路上的一切问题，因为这些问题都是我们自己制造的，我们必须解决。

结语

阅读的三个时代是与人类发生的三场重要社会革命相伴随的，也许是巧合，也许是机缘。农业革命至今仍然是供养人类生命的福音，读天地自然之书，也成为人类至今不能放弃的永恒事业；城市革命至今指引着人类文明演进的轨迹，读文字之书，也成为人类最为倚重的思维和思想汇集与拓新之路；信息革命为人类带来了"建设性"与"破坏性"并存的新思维、新发明和新创造，它还将制造什么，没有人能确切知道。

严格说，阅读的三个时代这种说法并不严密、科学，因为这不是三个泾渭分明、彼此分割的时代。我们愿意这样说，是因为在不同时期存在着不同的鲜明特征。读天地之书是人类知识和智慧之源，是个人思想和悟性之源，是人类和个人永远的必修课，是在文字时代和读屏时代也不能忽略，更不能放弃的必修课。非常注重阅读世界之书的伽利略曾经对只知道死啃书本的人给予了这样的批评："唯一反对这个观点的人，是捍卫哲学上的细枝末节的少数死硬派。就我所知，这些人从他们接受教育的那一刻起，就喝这样一种意见的奶长大，也即哲学是、并且只能是对亚里士多德著作的持续研究，一旦碰到什么问题，就立即从不同来源大量汇集这些著作，然后凑合起来解决那问题。他们从未想过让目光离开这些书页，仿佛那本伟大的世界之书不是大自然写来给大家看的，而只是写给亚里士多德看，仿佛亚里士多德的眼睛可以替代他的所有后代看。"[①]

文字之书是人性的创造物，也是人性的彰显和接续，知识的创造、思想的生发以及两者的传承，是人性突出的表现形式，读文字之书已经成为人类生命中不可替代的一部分，读屏也不能代替手捧书香的感受。日本作家斋藤孝指出："随着网络的兴盛和普及，那种将一切作为信息看待的观点将会更加流行。在最短的时间内截取自己所需的信息并进行综合，在将来的社会这将是一种不可或缺的能力。然而，如果仅有针对具体事项的处理和整合信息碎片的能力，人性不可能得到充分的培养。人，往往通过与社会精英的对话而获得总体性的进步。然而，社会精英未必

---

① ［意］伊塔洛·卡尔维诺：《为什么读经典》，黄灿然、李桂蜜译，译林出版社 2015 年版，第 96 页。

就一定在你的身边。所以我们只要有书，就能跟社会精英对话，哪怕这些精英已经不在人世。与社会精英的邂逅，会刺激你的上进心，提升你的人性。"①

读屏时代给阅读带来了极大的便利，给人生带来了多彩的体验，但也给人带来了更多的困惑甚至干扰。霍金说："我们称之为智慧和科学发现的东西给我们带来了存活的好处。这种情况是否仍会如此没有这么清楚：我们的科学发现可以轻易地毁灭我们的一切。"②对于数字化的互联网时代，我们套用狄更斯③的一段话来说：这是一个最好的时代，这是一个最坏的时代；这是一个智慧的时代，这是一个愚蠢的时代；这是一个诚信的时代，这是一个欺骗的时代；这是一个光明的季节，这是一个黑暗的季节；这是一个希望的春天，这是一个绝望的春天；人们面前应有尽有，人们面前一无所有；每个人都走向天堂，每个人都堕入地狱。

以退为进，退步就是进步；盲目前进，进步就是退

---

① ［日］斋藤孝：《阅读的力量》，武继平译，鹭江出版社 2016 年版，第 10-11 页。

② ［英］史蒂芬·霍金：《时间简史》（插图本），许明贤、吴忠超译，湖南科学技术出版社 2009 年版，第 21 页。

③ 查尔斯·狄更斯（Charles John Huffam Dickens，1812—1870），英国著名文学家。代表作有《大卫·科波菲尔》《雾都孤儿》和《双城记》等。

步。历史在螺旋中上升，文明有时也走回头路。真真假假，是是非非，曲曲折折，退退进进。这就是历史，这就是文明。我们说，在互联网时代，人性的优点和弱点，同时得到了最大的释放。无论是最好的，还是最坏的，都离不开阅读。出版人的期盼和信念在于，最好的需要用阅读日日滋养，最坏的需要靠阅读渐渐消弭。也许，这就是我们应该具有的文明观。

阅读是一种责任

　　近年来，全民阅读不仅不止一次地写进政府工作报告，而且已经上升为了基本国策，阅读从来没有像时下这样受到社会的广泛关注，这是中国百余年来现代化进程所取得的最重要的成果之一，它标志着中国已告别吃饭穿衣的生存时代，而进入了文化的新时代。文化的新时代提出了更高的要求，而现实离要求差距依然很大。一方面中国在经济高速发展的同时，社会却出现了令人担忧的文化发展滞后、道德诚信滑坡、理想信念缺失等现象；另一方面，与一些发达国家相比，国人的阅读量明显偏低，[①]提高国民阅读水平和整体素质的任务很紧迫，也很艰巨。

　　政府机构、媒体、企业和专家学者都行动起来，投入到全民阅读的浪潮中，这是令包括出版人在内的关心文化

---

　　① 据 2014 年的相关报告，中国人年均读书 4.77 本，韩国人年均 11 本，日本人年均 40 本，俄罗斯人年均 55 本，以色列人年均 64 本。2017 年抽样调查的数据显示，虽然中国人年均读书量有所提高，但仍然明显偏低。

教育事业发展的人们由衷欣喜的一种态势，意味着国家与社会近些年来孜孜不倦的全民阅读推广工作已初显成效。关于阅读本身也成了热议话题，其中不乏真知灼见，比如知名青少年阅读推广人朱永新先生最知名的观点："一个人的精神发育史就是他的阅读史，一个民族的精神境界很大程度上取决于这个民族的阅读水平。"

但总体来说，关于阅读文化的学术探讨和理论研究相对滞后，对全民阅读这一新生事物的理解和准备都明显不足，急需学理上的深入思考与阐释，更需要将学术成果转化为国民阅读的动力。

毋庸置疑，人类数千年所创造和积累的物质和精神财富，主要是以书籍的形式保存和传承下来的，因此，继承和发扬人类的物质和精神世界，阅读是其中不二法门。从这个意义上来说，阅读可谓是一种责任和担当，一种关系到个人自身成长，关系到社会进步，关系到民族和国家繁盛，甚至关系到人类繁衍生息和人类文明发展的重大责任。

一、阅读让人成为人

人是社会性动物、思想性动物和道德性动物，这是人性的基本方面。阅读能够帮助人完成这种社会性的过程，可以让人成为社会中的人，成为组织中的人，成为有文化、有理性的社会和组织中的人；成为有思想的人；成为有道德观念的人。阅读滋养人性，让人成为人。

人出生时只不过就是一个生命或一个生物，至于他或她会长成什么样的人，完全取决于日后的习得和训练。所以，人不是一生下来就是人的，他是随着教育过程而逐渐成为人的，这也是人与动物在本能方面的区别。正如黑格尔①所精辟地指出的："人所首先直接是的东西，仅仅是他变得有理性和有自由的可能性，仅仅是规定，仅仅是应当；只有通过管教、教育与陶冶，他才会成为他应当是的人，成为有理性的人。人只不过是他出生以后成为人的可能性。动物则在出生以后很快就成熟了；它的成长多半是一种增强过程。动物在本能上也同样有它需求的一切。人们必定不会把这看作大自然对动物的一种特别善举，以为它很快就结束了它的培育过程；其实那仅仅是一种量的增强过程。人则必须自己学会一切，必须把自己培养成为自己应当成为的人，否则，就会仅仅是他过去的那种可能性，而这恰恰是因为人是一种精神的东西；他必须摆脱那

---

① 黑格尔（Georg Wilhelm Friedrich Hegel，1770—1831），德国著名哲学家，19世纪唯心论哲学的代表人物之一。一生著述丰厚，代表作有《美学》《逻辑学》和《精神现象学》等。

自然的东西。因此，精神是他自身的结果。"①人只有学习和读书才能成为人，因此，海德格尔②说："人是万物中的继承者和学习者。"③

1. 社会的人和组织的人

阅读让人成为群体中的一员，组织中的一员，社会中的一员，并因此享受群体、组织和社会的权利与荣光，担当起作为群体、组织和社会成员的责任和义务。这首先是由人的本性和阅读的特性，即人是群体性动物，阅读是一种社交方式决定的。

人是群体性、社会性和组织性动物，这是人性的最重要特点。人类之所以形成社会，之所以形成社会的各层级组织，包括从家庭到企业和非营利性组织，再到城市（最早的国家形态）和国家，从根本上说是因为单个的人只依靠一己之力无法在地球上生存，人必须以群居的方式，必

---

① ［德］黑格尔：《世界史哲学讲演录》，刘立群等译，《黑格尔全集》第 27 卷第 1 分册，商务印书馆 2014 年版，第 34—35 页。

② 马丁·海德格尔（Martin Heidegger，1889—1976），德国著名哲学家，20 世纪存在主义哲学的创始人和主要代表人物之一。一生著述丰厚，代表作有《存在与时间》《林中路》和《荷尔德林诗的阐释》等。

③ ［德］海德格尔：《荷尔德林诗的阐释》，孙周兴译，《海德格尔文集》，商务印书馆 2014 年版，第 38 页。

须以结社成会的方式团结起来，取长补短，以群体的力量和智慧为自己赢得生存的机会。不要说与豺狼虎豹这样的猛兽相比，人的体格和力量差距有多大，就算是与所谓鳞介虫豸这样的"弱小"动物相比，人的耐力和抵抗力也得自叹弗如。人类能够逐步走到食物链的顶端，靠的决不是强壮的体格，而是不断进化的头脑、不断改良的工具、分工合作和经验传承。

人类自远古以来就是群居的动物，人们只有靠群居才能获得更多的食物和抵御其他掠食者的进攻，人只有组织在一起才能战胜各种威胁，才能生存下去。群体性和社会性是人性的重要特点，19世纪意大利著名思想家、革命家朱塞佩·马志尼①对意大利工人的一番话颇具代表性。他说："人是有理性的和合群的动物，只有通过联合才能取得一种谁也无法限量的进步；这就是我们今天所知道的赋予人类的生活法则的内容。这些特点构成那种使你们同周围其他生物有别的人性。"②"正如许多人团结起来齐心协力盖起一幢供天下人居住的广宇的工作比你们各为自己搭个孤

---

① 朱塞佩·马志尼（Giuseppe Mazzini，1805—1872），意大利革命家、作家，民族解放运动领袖，意大利建国三杰之一。代表作《论人的责任》。

② ［意］马志尼：《论人的责任》，吕志士译，商务印书馆1995年版，第75页。

阅读中寻找自我

零零的茅舍，仅仅靠相互交换一些石头、砖块和灰浆所取得的成就崇高得多一样。"[1]人类是强大的，但人是弱小的，人类的强大就来自于弱小的个人之间的联合，国家就是这种联合的最高级形式，因此他说，"一个国家是自由和平等的人们友好和谐地团结在一起为一个共同的目标而奋斗的社团"。

国家是目前为止人类最大的组织，公民及其权利的存在体现在国家之中，"没有国家，你们就没有名称、象征、声音，也没有权利。……那时你们就是私生子"。[2]"只有你们的国家，即从阿尔卑斯山一直延伸到西西里岛尽头的辽阔而富饶的意大利，才能实现这些希望。只有听从责任的号令，你们才能得到权利，先要具备得到权利的资格，然后你们才会得到权利。"[3]人类之所以能够表现出高出其他动物的智慧、技能和文化，是因为人从群体中传承和学习了大量知识和经验，一旦脱离群体，便得不到传承。普通人不能够离开组织社会而作为一个单独的个体而存活存在，所以人的生存具有群体性和社会性，进而一切活动都无法

---

[1]〔意〕马志尼:《论人的责任》，吕志士译，商务印书馆1995年版，第84页。

[2]〔意〕马志尼:《论人的责任》，吕志士译，商务印书馆1995年版，第86页。

[3]〔意〕马志尼:《论人的责任》，吕志士译，商务印书馆1995年版，第87页。

脱离其社会性。

人性中的群体性和社会性特点，还决定于人的自然属性即动物性。人和动物一样会把自身利益放在第一位，并且相比之下人类的残酷和残忍高过任何一种动物。像"大屠杀""杀千刀""同类相食""虐囚""屠猫狂欢"这些无尺度极端行为，都是人类无法回避的历史上曾经出现或正在上演的暴行。如果不能够正视人性弱点，不对人性加以规范、限制、约束，人类将会在自己创造的各种灾难中挣扎，人间将成地狱，人们生不如死。马志尼说："如果没有国家，就没有你们可以向其求助的协调一致；一切由追求私利的利己主义所统治，谁占上风，谁就有统治权，因为没有共同的防卫措施来维护大家的利益。"①

国家作为最大的社会群体或组织，其组织功能包括两个方面，一是把多个单人的力量整合起来，做单个人干不了的事情；二是把单个人的弱点甚至缺陷屏蔽，甚至化有为无。黑格尔说："国家以它至高无上的意志、伦理精神把整个民族凝聚为一个有机的统一体。国家先于并高于家庭、市民社会，是它们存在的前提，是决定的力量，是人类生活的最高形式。它是自我与他人、个人与社会、特殊利益与普遍利益的统一。个人只是国家的一些环节，生活

---

① ［意］马志尼:《论人的责任》，吕志士译，商务印书馆 1995 年版，第 86 页。

在国家中，才能获得个人的人格、自由和价值。"黑格尔对德国古典哲学中整体国家观的倾向给予充分发挥，表明了他对古希腊以伦理和整体为特征的城邦国家观的崇尚。

人是群体性、社会性或组织性动物，人的一切活动都具有群体性、社会性或组织性，读书或阅读自然也不例外。这是由图书和阅读的特点，以及读书或阅读已经成为人类的生活方式等因素决定的。

图书这种产品的使用价值在于其内容，而内容的核心在于思想、观点和方法，思想、观点和方法则是由语言文字构成的，或者说是通过语言文字得以表现或表达出来的。语言文字是人类文明最伟大的成果，也是人类最伟大的发明，是人类其他文明成果和伟大发明的基础。语言文字本身就具有鲜明的社会性，它是顺应人与人之间的交流之需而产生的，如果人与人之间不需要交流，语言文字断然没有出现的必要和可能，交流之需决定了语言成为人类的社交工具，以文字为主要内容的图书因此也就具有了社交性和社会性。孔子云：诵诗读书，与古人居；读书诵诗，与古人谋。也就是说，在孔子看来，诵读古人的诗书，就犹如与古人生活在一起，与古人共同商量交流。

像德国的荷尔德林①和海德格尔这样的语言和哲学大师甚至都认为，人本身就是一种对话，荷尔德林就有这样的诗句："人已体验很多。自我们是一种对话，而且能彼此倾听，众多天神得以命名。"②海德格尔阐释说："自从时间是它'所是的时间'以来，我们就是一种对话。……两者——一种对话存在和历史性存在——是同样古老的，是共属一体的，是同一个东西。"③因此，阅读也就不是纯粹一个人与世隔绝的私属活动，而是通过文字和图书与他人交流思想、分享知识的活动，书写的文本是一种在纸上的对话。

日本作家斋藤孝在谈到阅读时指出："读书看似一个人的行为，实则不然。阅读的时间也就是读者跟作者见面的时间。由于书的作者不在读者眼前，故对读者来说不会形成不必要的精神压力。然而，作者会静静地、充满深情地向读者娓娓道来。在这样的一段时间里，读者可以独自尽情享受那些精湛而洗练的语言；在这个时间里，读者的成长不可估量。爱好阅读的人一定会懂得一个人读书的时间

---

① 弗里德里希·荷尔德林（Johann Christian Friedrich Holderlin，1770—1843），德国著名诗人，古典浪漫派诗歌的先驱。代表作有《自由颂歌》、《人类颂歌》和《致德国人》等。

② ［德］海德格尔：《荷尔德林诗的阐释》，孙周兴译，商务印书馆2014年版，第40页。

③ ［德］海德格尔：《荷尔德林诗的阐释》，孙周兴译，商务印书馆2014年版，第42页。

有多么难能可贵。"①在阅读过程中，读者和作者之间不仅形成了对话和交流，读者还被作者投入了社会之中，不仅投入到书中所描绘的社会之中，还投入到同时阅读这本书的读者圈即阅读社会之中。

古罗马著名神学家和哲学家圣奥古斯丁认为，字母"之发明，使我们甚至得以和不在现场的人对话"。②读书或阅读能够超越一般的社交活动，可以使读者超越时空与自己素不相识的古代先哲、现代名人以及异域作者展开心灵对话。在一定的时空范围内，人与人的交流是有限的，而超越时空的心灵交流则是无限的，这是读书或阅读这种社交方式之超越性的一种重要体现。16—17世纪西方近代哲学的创始人之一、法国著名哲学家勒内·笛卡尔在谈到自己在学校的学习体会时讲道："遍读好书，有如走访著名的古代前贤，同他们促膝谈心，而且是一种精湛的交谈，古人向我们谈出的只是他们最精粹的思想。"他接着意犹未尽地进一步指出："同古人交谈有如旅行异域。"③

读书或阅读是通过词语与宇宙万物进行对话，认识、

---

① ［日］斋藤孝：《阅读的力量》，武继平译，鹭江出版社2016年版，第10页。

② ［加拿大］阿尔维托·曼古埃尔：《阅读史》，吴昌杰译，商务印书馆2014年版，第55页。

③ ［法］笛卡尔：《谈谈方法》，王太庆译，商务印书馆2013年版，第6-7页。

了解万物，与万物结下友谊。德国存在主义大师海德格尔在谈论语言的本质时说道："在我们思想的道路上，我们开始时所获悉的在词语上的诗意经验将伴随着我们。我们已经与这种诗意经验一起进入一种对话之中。"古罗马著名演说家、哲学家和政论家西塞罗有一句名言说："词语是事物的符号。"19世纪末20世纪初德国著名诗人斯蒂芬·格奥尔格的诗《词语》，反复被哲学家和语言学家所引用、研究，其中被称为诗眼的名句"词语破碎处，无物可存在"[①]，更是阐明了词语不仅是语言，它代表着宇宙万物。因此，我们可以说，阅读词语就是在熟知万物，领略宇宙万物之妙之美。海德格尔对《词语》这首诗给出了这样的评论："倘若没有如此这般的词语，那么物之整体，亦即'世界'，便会沉入一片暗冥之中，包括'我'，即那个把他所遇到的奇迹和梦想带到他的疆域边缘、带向名称之源泉的'我'，也会沉入一片暗冥之中。"[②]哲学家推此认为，人们只有在认识宇宙万物之中，或者说通过宇宙万物，才能发现自我。

有鉴于此，我们可以说，在知识的海洋中畅游，在书

---

① 参见［德］海德格尔：《在通向语言的途中》，孙周兴译，商务印书馆2010年版，第149—150页。

② ［德］海德格尔：《在通向语言的途中》，孙周兴译，商务印书馆2010年版，第167页。

中与宇宙万物结识，通过文字与古今中外的作者进行思想交流，这就是阅读的妙处。所以，读书或阅读这种社交活动并不会给人以丝毫的孤独感，阿根廷裔加拿大作家阿尔维托·曼古埃尔在谈到自己儿时阅读的感受时说："我不记得曾经感到孤独；事实上，在寥寥几次和其他小孩碰面的场合中，我发觉他们的游戏及谈话远不及我所读之书中的冒险和对白有趣。"①好书如同好朋友一样，不仅令人终生受益，而且难以割舍，阿尔维托·曼古埃尔同样为此提供了很好的例证，他对自己在图书馆的偷书行为给出了这样的解释："一旦我念过了一本书，我就无法承受与它分离之苦。"②现代社会出现了"宅男""宅女"一族，顾名思义，所谓的"宅男"和"宅女"一般都是长时间待在家里，可以一个月甚至更长的时间不出门不下楼，但这并不意味着他/她们与世隔绝，而是由于他/她们可以通过互联网畅游世界，与人交流、交往，或者读书、看电影，如果没有这些关在屋里就可以与世界交往的条件，人们很难独处很长时间，这也是由人性之社会性特点决定的。

人在走出校门参加工作或生产实践之前，主要是通

---

① ［加拿大］阿尔维托·曼古埃尔：《阅读史》，吴昌杰译，商务印书馆 2014 年版，第 11 页。

② ［加拿大］阿尔维托·曼古埃尔：《阅读史》，吴昌杰译，商务印书馆 2014 年版，第 17 页。

过读书进入社会、了解社会、参与到社会之中，而成为社会的一员的。走出校门步入生产实践领域之后，阅读仍然是其参与社会的主要方式，而且有的人还不仅是读者，同时也成为作者，开始以写作的方式与他人交流与对话，从而进入了新的阅读社会中。套用当下最时髦的词汇"刷存在感"来说，读书和写书是最具社会"存在感"的活动了。"我读故我在"，就不用借助于其他方式去"刷"存在感了。

2.贵于思想，尚未成人

迄今为止的一部人类文明史就是一部思想史，是一种种的思想转化成一个个具体的社会实践，推动着一个又一个社会变革，使人类的文明从一个台阶向着更高的台阶迈进。思想虽然看起来是抽象的，但它存在于一个个具体的人的头脑中。人的思想也是人存在的标志，法国思想家笛卡尔有句名言：我思故我在。因此，思想是人自身存在对人的要求；是文明进步对人的要求；也是人类这个物种自身进化对人的要求。因此，思想也必然是人和人类的最高需求。

很多人都知道美国著名心理学家马斯洛①的五种需求方式理论。在马斯洛说的五种需求方式中，人的最高需求是赢得社会的评价和自我价值的实现，社会评价就是赢得社会的尊重。怎么来赢得社会的尊重？我们稍微引申一下思考。要想赢得社会尊重，在这个社会上赢得一席之地，达到自我价值实现，就只有通过思想的贡献与传播。思想是人赢得社会尊重、在社会上赢得一席之地的最根本性的要素，思想体现的是一个人对他人、集体、组织和社会的智慧贡献，而智慧是任何集体、组织和社会发展的重要推动力。每个人若要证明自己是个有用的人，对他人、集体、组织和社会有用的人，就要不停地贡献自己的智慧。教师在任何社会中都享有崇高的地位，其根本原因正在于此。所以，传播思想便成为人的最重要需求之一，思想一旦得到传播和接受，它不仅体现一个人的贡献，还为其在社会上找到了属于自己的位置。在任何一个群体里面，哪怕最小的组织里面，在企业里面，甚至在企业的小部门里面，在家庭里面，一个人的地位就是靠其思想、见解或主张的价值来支撑的。如果一个人在任何一个组织里面，在讨论任何问题时都一问三不知，都无言以对，慢慢地，这个人在这个组织当中就失去了话语权，就失

① 亚伯拉罕·马斯洛（Abraham Harold Maslow，1908—1970），美国著名社会心理学家，第三代心理学的开创者，提出了人本主义心理学和需求层次理论。代表作有《动机与人格》和《人性能到达的境界》等。

去了地位，就没有了存在的价值和依据，就成了一个可有可无的人。由此可见，思想、见解或主张是赢得独立人格的重要条件。

人说到底是思想性动物，思想是对人最基本也是最高的要求。人的思想是通过言语和文字得到体现的。赫尔德①指出："语言是一座人类思想的宝库，藏有每一个人以自身的方式做出的贡献；它也是一切人类心灵持续活动的总和。"②人每天说的话和写出的文字就在传递着其思想，这是所谓"文如其人"的最重要方面之一，言语和文字体现出人在诸多方面的水准。被誉为20世纪世界三大哲学家之一的奥地利哲学家维特根斯坦③说，"语言自身就是思想的载体"，"思想似乎就是言语的伴随物"。④他还说："我的语言的界限意味我的世界的界限。"⑤思想是每个人在世界

---

① J.G.赫尔德（J.G.Herder，1744—1803），德国伟大的哲学家、语言学家、历史学家和人类学家。德国18世纪文艺复兴的代表人物之一，在"狂飙与突进"时代扮演重要角色；被认为是德国浪漫主义的先驱；其史学思想影响巨大。代表作有《论语言的起源》等。

② ［德］J.G.赫尔德：《论语言的起源》，姚小平译，商务印书馆2014年版，第119页。

③ 路德维希·维特根斯坦（Ludwig Josef Johann Wittgenstein，1889—1951），奥地利著名哲学家、作家，20世纪最有影响的哲学家之一。代表作有《哲学研究》和《逻辑哲学论》等。

④ ［奥］维特根斯坦：《哲学研究》，商务印书馆2010年版，第160页。

⑤ ［奥］维特根斯坦：《逻辑哲学论》，商务印书馆2015年版，第85页。

上立足，并获得独立人格的重要保证，这里说的思想不只是让一般人望而却步的高深莫测的，只属于圣人或伟人的东西，更多的包括一般人都会有的对自然和社会事物的看法、见解和主张。人都有表达自己思想的愿望，都有使自己的意见或主张在一定范围内被认可和采纳的愿望，进而都有让自己的思想在更大范围内，乃至在全人类范围内产生影响的愿望。古往今来有那么多伟大的，能够影响到全人类的思想家，包括国外的苏格拉底、柏拉图、亚里士多德等，以及中国的孔子、孟子、老子等，他们是圣人，圣人不可追，我们不要求每个人都把他们当作追寻目标。但是我们在任何一个场合，任何一个话题，任何一个组织里面做一个能有发言权的人，这个事情是最基础的，是可以做得到的。当一个人在任何地方都没话可说的时候，可能就意味着在任何地方都没有位置了，对任何人来说这都是很危险的事。所以传播自己的思想是人最高的需求，这是一个方面。

由此必然产生人的另一方面的需求，即读书和学习的需求。人不读书，包括读天地和宇宙万物之书，是不会凭空产生思想的，也不会有思想可传播。早在 18 世纪中期，德国著名哲学家和语言学家J.G.赫尔德就指出："没有一个思想是自然的直接产品，正因为此，思想才可以由人自己来生成。"①毛泽东同志的一个著名论断说，人的正确思想是从哪里来的？不是从天上掉下来的，也不是人头脑里所固有的，人的正确思想只能从生产实践中来。常识告诉我们，人的知识和思想来自于直接经验和间接经验。所谓的直接经验就是自己亲自参加生产实践，直接阅读天地这本大书而获得的感悟；间接经验就是别人得自生产实践和对宇宙万物观察的收获。人的知识和思想绝大多数来自于学习，来自于学习别人的经验和思想，任何人通过直接的经历所获得的知识都是有限的，绝大多数都是学习他人的。所以，思想性需求的另一个方面就是，人都有吸取他人思想的需求，而读书是向他人学习、吸收他人思想的最主要方式。也就是说，人的思想性的需求来自于传播自己的思想和学习吸收别人的思想，是两方面的需求。因此，阅读对于人来说，就是命令式。换句话说，人们要实现传播思想的愿望，却要沿着相反的方向，即学习和吸收别人的思想的方向前进。任何人都不是生而知之，就像人不是一来到这个世界上就会说话一样，思想也不是天生的，都必须通过读书、学习而积累知识，在积累知识的同时发展思维能力及思想。所有读书人或学习者都是在吸收和借鉴间接经验的同时萌发和形成自己的思想，再把自己的思想传播

---

① ［德］J.G.赫尔德：《论语言的起源》，姚小平译，商务印书馆2014年版，第26页。

出去的。图书是最重要的知识和思想载体，是可以世世代代流传下去的载体。人就是在不断的学习中，在不断的思考中，才形成、发展和完善自己的世界观、价值观和人生观，而这些世界观、价值观和人生观则构成了人的思想基础。

3.人之根，德为本

道德是人把自己从动物世界中脱离出来的最后和最高标志，知识和思想是人和动物的最重要区别，但人只停留在知识和思想层面还不够，因为在这个层面上，人如果仍然按照丛林法则过着弱肉强食的生活，人在本质上就仍然停留在动物世界里。知书的目的是达礼，达礼就是树立道德观念，进而依礼行事，即按照道德观念和道德标准行事，知行一体，人才成为真正的人。所以，道德性是对人的最基本要求，也是最高要求。说是最基本要求，是因为它是使人最终成为人的决定性因素，脱离了或者说达不到这个要求，不管知识多么渊博，人都还只停留在动物层面；说是最高要求，是因为人天生就是有缺陷或者说是有弱点的生物，人永远也无法达到至善至美，却又永远不能停止向着至善至美的方向努力，努力的道路是崎岖不平的。

必须承认人性具有两面性，既有让人引以为傲的优点——表现为善的社会互助性，也有必须努力克服的弱点——表现为欲望的自私自利性，以及过度发展的贪婪性。无论是人性的优点还是人性的弱点，都源自人类生存需求的本能。来自自然属性的需求或生存的压力，让人发展了自己独特的生存本能，即群居的生活方式和大脑所带来的记忆能力和思维能力，以及由此发展起来的发明和创造工具的能力，还有团结协作和互助的品质。然而，这种社会性和思想性的特性或本能一旦发动起来，便一发而不可收拾，以至于它们不止于满足生存层面的需求，进入到"获得"的或第二性的需求。这种在满足生存的第一性需求或原始需求基础上发展起来的"获得"的第二性需求，也可以称为占有性需求或占有欲。美国近现代实用主义哲学家、教育家约翰·杜威有过这样的评论："承认人们可以由于长期习惯而墨守成规，这就意味着相信第二性的或获得的本性比较原有的本性更为强烈些。"[①]这种获得的本性或欲望无论在物质需求方面还是在精神需求方面，无论在深度还是广度方面，都超过了最原始的生存的本能需求，包括所谓得失的过分看重，以及对权利和虚荣等过分的追逐等。这时人性的弱点得到了无限的放大，人的正常需求没有了边界，人类不知不觉地进入了贪欲的范围。17 世纪德国著名政治哲学家塞缪尔·普芬道夫说，在自然状态

---

① ［美］约翰·杜威：《自由与文化》，傅统先译，商务印书馆 2014 年版，第 5 页。

下，人处于三种关系中：人与造物者上帝的关系；人与他人之间的关系；人与自己的关系。在人与上帝的关系中，由于"人被造物者上帝放在了比其他动物更为优越的位置之上"，因此人应该敬畏上帝①。然而，正如康德所说，人们"永远无法理性地证明上帝的存在"，因此，"上帝是一种信念，人的信念"，"上帝只能设想为世界的道德秩序"。②人向上帝靠近，就是向道德秩序靠近和追求。在人与他人及人与自身的关系中，人是依靠他人和大家组织在一起才得以生存的，所以不能伤害他人，要促进他人的利益；但由于"人是把自己及自身利益放在第一位的动物"，③这又要求人要"修养身心"，在"促进自己利益"的同时，"促进他人的利益"④。由此，普芬道夫把处理好三种关系指向了同一个目标，即善或道德的目标。也就是说，人是道德的动物，如果没有道德规范，人就把自己降为一般动物了。

道德是人类社会健康发展的基础，在道德的基础上法

① 〔德〕塞缪尔·普芬道夫：《人和公民的自然法义务》，鞠成伟译，商务印书馆 2010 年版，第 169 页。
② 〔英〕彼得·沃森：《德国天才》(1)，张弢、孟钟捷译，商务印书馆 2016 年版，第 224 页。
③ 〔德〕塞缪尔·普芬道夫：《人和公民的自然法义务》，鞠成伟译，商务印书馆 2010 年版，第 187 页。
④ 〔德〕塞缪尔·普芬道夫：《人和公民的自然法义务》，鞠成伟译，商务印书馆 2010 年版，第 169-170 页。

律才会起作用。因此，培养人向善的方向和强化社会的道德观念成为全社会共同努力的目标。修身养性成为每个人一生不能片刻放松的必修课。知识以及由此生成的思想和文化，对人树立正确的得失观和名利观等，具有天然的养护作用。读书养德，向圣贤学习，同时痛斥人类的恶行，并从中汲取教训，成为人类的基本共识。同时，人的道德完善无止境，动物性总在某种程度上残存着，因此，阅读也无止境。这也对出版工作者提出了基本要求，即必须时刻保持清醒的认识，并时刻保持高度的警惕性，保证出版图书符合人性需求的道德准则，不能只顾经济利益而出版不符合社会道德风尚的劣质书。

二、"没有缺乏阅读而存在的社会"

社会是一种精神或文化共同体，但物质财富仍是其存在的基础，因为没有物质财富的供养，人就无法生存，没有人便没有社会。无论是物质财富的创造，还是精神文化的养成，都离不开读书与教育，读书和教育就不仅仅成为个人成长的必要条件，也成为社会存在的必要条件。教育和阅读的根本目标在于立德树人，由此，立德树人便成为社会的基础。英国著名哲学家罗素说："没有公民道德，社会将灭亡。"①当代美国著名哲学家和教育家杜威也有过类似的论断。他说："道德力量乃是一切人类社会兴亡的最后决定因素。"②读书与学习是塑造自我、完善自我并进而完善社会的最重要方式，也是人类道德进化的最重要方式。

1. 塑造自我、塑造社会

每个人从出生开始就一直在消耗社会资源和财富，所以每个人都应该把努力创造比自己所耗更多的财富，作为自己一生的追求目标。如果一个正常人消耗的财富比创造的财富多的话，那么在这个社会中他就是"负数"；如果每个人消耗的财富都比创造的财富多的话，则社会必将难以支撑和正常运转，国家就将无法延续，民族也将无法繁衍。

作为社会的人，其一生可以明显地划分为三个阶段：学习、工作和退休。学习期就是成长期和积累本领的时期，从另一方面讲，也是纯粹的消耗期，在这一时期可以说不创造任何价值；工作期就是回报期和创造价值的时期，虽然为了更好的回报和创造价值还要继续学习；退休

---

① ［英］罗素：《权威与个人》，储智勇译，商务印书馆2014年版，第89页。

② ［美］杜威：《自由与文化》，傅统先译，商务印书馆2014年版，第9页。

阅读点亮自我，光照他人。

期就是享受期，享受自己和他人共同创造的价值，也可以说是社会对曾经创造价值之人的回报期。这种制度设计值得人类骄傲，体现了人这种动物最值得称道的优点之一。在生命的三个阶段上，有两个阶段处于消耗期，而只有一个阶段是创造期，所以对人的创造性便提出了更高的要求。一个人若要具备创造更多社会价值的能力，就必须读书，必须通过读书和受教育掌握先进的科学知识和技能，具有先进的思想，有理想有信念，只有这样才能成为低耗能、高效率、高素质的合格的生产力。

受教育是每个人必要的成长经历，是每个人对社会应尽的义务。"当我来到这个世界的时候，就加入了教育的行列。"[1]每个人，世世代代都如此，也必将永远如此。在校享受的是学校教育，走上社会、走上工作岗位就是接受社会和实践的教育。而无论走到哪里，迄今为止，图书都是最好的教材，也是一生离不开的教材，书中所涵盖的社会就是一本巨大的人生教科书。阅读文字、阅读自然和阅读社会，都是人生的必修课。所以，对于一个健全的社会而言，全民阅读是其存在的基本依据，诚如阿尔维托·曼古

---

① ［德］J. G.赫尔德:《论语言的起源》，姚小平译，商务印书馆2014年版，第118页。

埃尔所说:"没有社会可以缺乏阅读而存在。"[①]我们至今仍习惯地把上学称作读书,把老师称作"教书先生",学生称作"读书郎",即可证明这一点。

读书可以塑造人、完善人,这是古往今来许多名家都反复强调的。"读书即是为了塑造自我,完善自我,同时也是因为立志社会变革,使社会向更好的方向发展。"[②]这是日本作家斋藤孝最为看重的读书的目的和效用之一。所谓的塑造自我与完善自我,就是让人发展人性的方面,而消减动物性的方面。

人是有理性的动物,这是人与动物的根本区别。但是,也必须承认,人还不能也没有完全摆脱动物性,其中利己就是这种动物性鲜明的标志之一。从最初的生存压力,到后来的竞争压力,都决定了人身上还不可避免地残留着这种动物性。人类生活的群体性特点又必须对人性给予更高的规定,即利他主义和群体主义精神,因为每个人都只有在利他主义和群体主义中才能实现利己的目的,目前人类最大的群体就是国家,因此,国家利益至上就成为当今人类所普遍亦即不得不遵循的法则。

---

① [加拿大]阿尔维托·曼古埃尔:《阅读史》,吴昌杰译,商务印书馆 2002 年版,第 7 页。

② [日]斋藤孝:《阅读的力量》,鹭江出版社 2016 年版,武继平译,第 8 页。

关于利他主义与利己主义的关系，18 世纪中至 19 世纪初的德国著名哲学家费希特①有过深入的剖析："我们终究会看到至少在我们之外有一种结合，在这种结合中，谁也不能不为其他所有人工作，而只为自己工作，或者说，谁也不能只为别人工作，而同时不为自己工作，因为一个成员的成就就是所有成员的成就，一个成员的损失就是所有成员的损失；这种景象通过我们在复杂纷纭的现象中发现的和谐，就会给我们带来由衷的喜悦，使我们的精神大为振奋。"②可以说，人由于自身的特性，天然地就处于个人利益与群体利益、个人权利与公权利博弈的漩涡中。

人的一生注定是在不断地跟自己的斗争中度过的，是在自己的人性跟动物性的斗争中度过的，斗争的过程就是不断塑造自我的过程。斗争是艰巨的，甚至是痛苦的，因为人自私自利的思想是很顽固的，有的人甚至为一己私利而损害他人和共同体的利益乃至生命。17 世纪德国著名政治哲学家塞缪尔·普芬道夫甚至说："没有哪种动物比人更残忍、更残酷、更倾向于犯破坏社会和平的滔天大罪。因

---

① 约翰·戈特利布·费希特（Johann Gottlieb Fichte，1762—1814），德国著名哲学家，古典主义哲学的主要代表人物之一。代表作有《全部知识学的基础》和《自然法权基础》等。

② ［德］费希特：《论学者的使命　人的使命》，梁志学、沈真译，商务印书馆 2011 年版，第 34 页。

为除了食欲和性欲这些兽类也受其控制的欲望之外，人还受许多兽类所没有的邪恶欲望的驱使。"①因此，人还需要法律和道德的规范，必须"知书"而后"达礼"。黑格尔说："人是知识的这种特定存在和自为存在。"②知书达礼的人，是有教养之人，"有教养的人是这样一种人，这种人对他所做、所说和所思的一切都知道要盖上普遍性的印记，这种人放弃了自己的特殊性，而按照普遍原理行事"③。好在我们"已经有了一种认识自己和在自身之内进行反思的普遍精神"④，个人只有在国家这样的群体中才能得到自由和独立的人格，"国家是已经希求到和认识到的统一，因为国家不是以爱的形式、感觉的形式出现的精神，而是以对普遍东西的希求和认识的形式出现的精神"⑤。

人是需要有所畏惧的，古人云，无知者无畏。孔子说：人有三畏，畏天命，畏大人，畏圣人言。若要畏圣人

---

① ［德］塞缪尔·普芬道夫：《人和公民的自然法义务》，鞠成伟译，商务印书馆 2010 年版，第 188 页。

② ［德］黑格尔：《世界史哲学讲演录》，刘立群等译，商务印书馆 2014 年版，第 82 页。

③ ［德］黑格尔：《世界史哲学讲演录》，刘立群等译，商务印书馆 2014 年版，第 43 页。

④ ［德］黑格尔：《世界史哲学讲演录》，刘立群等译，商务印书馆 2014 年版，第 82 页。

⑤ ［德］黑格尔：《世界史哲学讲演录》，刘立群等译，商务印书馆 2014 年版，第 72 页。

言，首先就要读圣贤书。读书可以滋养人，读书可以培养人性，读书可以塑造人，并通过个人塑造社会。

孟子曰："人皆知粪其田，莫知粪其心；粪田莫过利苗得粟，粪心易行而得其所欲。何谓粪心？博学多闻。何谓易行？一性止淫。"①孟子告诉我们，人不仅要给庄稼施肥增加其生长所需要的养料，人自身的成长也需要不断地吸收营养，人的营养在于养心，养心在于多读多看多学。人一辈子也不可能达成完善，因为人天生就是有缺陷的，但经过人性的增强和动物性的减弱，人性对动物性的不断胜利，人却可以无限地接近人格的完善。费希特说："完善就是人不能达到的最高目标；但无限完善是人的使命。"② 每个人不断地向着完善的方向塑造自己，为之付出努力，社会就能越来越接近和谐与秩序。

2.阅读普及与社会平等

健全的社会是人类的理想和追求，什么样的社会才算健全的社会，费希特说，"一切社会的最终目的"就是"一

---

① （汉）刘向:《说苑》，程翔评注，商务印书馆2018年版，第119页。

② ［德］费希特:《论学者的使命　人的使命》，梁志学、沈真译，商务印书馆2011年版，第12页。

切社会成员都完全平等"①。然而，"所有属于人类的个体都是互相有别的；只有在一点上他们完全相同，这就是他们的最终目标——完善。完善只决定于一种方式，即它完全自相等同"②。

据此判断，从某种意义上说，人的完善是实现社会平等的最可行的方式，但个人的完善不是目的，不是真正的完善，通过个人的完善而达到社会的完善，通过社会的完善进一步达到人类的完善，才是最终目的和真正的完善。道理很简单，"没有任何一个人是为自身而存在的，他是整个人类的一分子，人类发展的链带延续不断，个人只不过是其中的一个节点"③。因此，费希特得出结论："共同的完善过程就是我们的社会使命，这个过程一方面是别人自由地作用于我们，造成自我完善的过程；另一方面是我们把他们作为自由生物，反作用于他们，造成别人完善的过程。"④因此，自我完善并通过自我完善促进他人和整个社会的完善，是每个人的责任和使命。

---

① ［德］费希特:《论学者的使命 人的使命》，梁志学、沈真译，商务印书馆 2011 年版，第 28 页。

② ［德］费希特:《论学者的使命 人的使命》，梁志学、沈真译，商务印书馆 2011 年版，第 22 页。

③ ［德］J. G.赫尔德:《论语言的起源》，姚小平译，商务印书馆 2014 年版，第 100 页。

④ ［德］费希特:《论学者的使命 人的使命》，梁志学、沈真译，商务印书馆 2011 年版，第 23 页。

自我完善和促进他人与社会完善有大致的路径可循。自我完善包括知识、思想的完善和道德、人格的完善，亲身实践对此的贡献占极小的一部分，绝大部分的贡献来自于向他人学习，读书是向他人学习的最重要方式。读书是个人成长营养的源泉，而阅读世界这部大书的实践活动对于任何人来说终究是有限的，宇宙世界有如一部浩瀚无边的巨著，每个人倾其一生也只能阅读有限的篇章。阅读他人的著作是最重要的获取间接经验的手段，人通过读书从他人那里获得自己未曾经历的经验，通过著述向他人传递自己的经验和学习心得。

自我完善是从作为或成为一个人、一个真正的人开始的，读书或阅读就是人作为人而存在的证明。笛卡尔有句家喻户晓的名言，叫作"我思故我在"。我引申而说：我读故我在。因为有所读才能有所思，才能有所想，读书是思想之源。在《荷尔德林诗的阐释》一书中，海德格尔提出："语言乃是人的所有物。人支配语言，用以传达各种经验、决定和情绪。语言被用作理解的工具。作为适用于理解的工具，语言是一种'财富'。""唯语言才提供出一种置身于存在者之敞开状态中间的可能性。唯有语言处，才有世界。"[1]那么，阅读或读书就是在获取财富，埋头读书无异

---

① ［德］海德格尔：《荷尔德林诗的阐释》，孙周兴译，商务印书馆2014年版，第39页。

于闷头发财，阅读量越大，词语就越丰富，财富的积累也就越多；阅读的面越宽，心中的世界也就越宽，心中的世界越宽，越能证明一个人的真实存在，因为在海德格尔看来，"语言足以担保——也就是说，语言保证了——人作为历史性的人而存在的可能性"，语言"是那种拥有人之存在的最高可能性的本有事件"。①"语言是人类此在的最高事件。"②所以，阅读语言，创作语言，表明人之最高真实性存在。

人作为有理性的动物，其理性依靠的是思维和思想活动，人的思想不是天生就有的，它来自于后天的经验即习得，获取后天经验的过程就是习得或自身接受教育的过程。自我完善是遵循双方向或沿着双轨道展开的，一是向别人学习，一是向别人传授。因为每个人所知道的都是有限的，又有"先知先觉"和"后知后觉"之别，每个"先知先觉"的人都有向未知者传输的责任。人类就是靠着互教互学，靠着共同创造的智慧，以及世世代代的积累才达到现在的文明高度。赫尔德说："不管是我还是人类的任何一个成员，其行为和思想或多或少都会影响到整个人类

①［德］海德格尔：《荷尔德林诗的阐释》，孙周兴译，商务印书馆2014年版，第40页。

②［德］海德格尔：《荷尔德林诗的阐释》，孙周兴译，商务印书馆2014年版，第43页。

及其全部连续的发展。每个行为都引起一圈或大或小的波纹，每个思想都改变着个别心灵的状态，同时也改变了所有心灵状态的总和。而且，一个人的心灵状态会对其他人的心灵状态产生影响，导致其发生变化。总之，第一颗人类心灵的第一个思想与最后一颗人类心灵的最后一个思想维系在一起。"①

费希特在《论学者的使命　人的使命》中谈到，人作为自由理性的生物相互之间有两个意向："首先是传授文化的意向，即用我们受到良好的教育的方面来教育某个人的意向，尽可能使任何别人同我们自己、同我们之内更好的自我拉平的意向；其次是接受文化的意向，即从每个人身上用他受到良好教育，而我们却很欠缺修养的方面来教育我们的意向。"②如果不借助于他人的智慧，每个所知甚少的心灵都是黑暗多于光明的，人类就是通过相互帮助，共同积累智慧，才能点亮自己和他人的心灵之光。赫尔德在畅想编写一部古代语言的词源词典时，充满激情地这样写道："我们的心灵要掌握多少知识，要达到多么灵活的程度，才能彻底了解那种野性的智慧、大胆的幻想和异时异

① ［德］J. G.赫尔德:《论语言的起源》，姚小平译，商务印书馆2014年版，第 118 页。

② ［德］费希特:《论学者的使命　人的使命》，梁志学、沈真译，商务印书馆 2011 年版，第 28 页。

地的民族感情，并用我们现代人的现代语言把这一切表达出来！然而，正是这样一项工作，不仅可以使我们熟悉一个国家的历史、文学和思维方式，而且将会照亮人类心灵中朦胧昏暗的领域。"①

19世纪意大利思想家、资产阶级革命家朱塞佩·马志尼在致意大利工人书中写道："上帝的旨意是，他给予世界的至善和博爱的思想应在不断增长的荣耀中显示出来，永远格外受人崇拜和格外完美地体现出来。你们个人的尘世生活受其狭隘的时间和能力的限制，只能残缺不全地和忽隐忽现地体现上帝的思想。只有人类通过世代相传，普遍受其成员中各个人的才智的哺育，才能够逐渐显示出那种神圣的思想，并加以运用或赞美。于是上帝就赋予你们生命，使你们可以用它来为人类造福，可以用个人的才智去促进你们同胞的才智，可以用你们自己的工作部分地帮助改善集体工作，并帮助世世代代缓慢地从事的发现真理的工作。你们必须教育自己和教育别人，使自己完善，也使别人完善。"②

---

① ［德］J. G.赫尔德:《论语言的起源》，姚小平译，商务印书馆2014年版，第66页。

② ［意］马志尼:《论人的责任》，吕志士译，商务印书馆1995年版，第75页。

"正如上个世纪①一位思想家所说的，人类是个永远学习求知的人。许多个人会死亡，但是他们所揭示的大部分真理，他们所做的大部分善行不会随着他们的死亡而消失；人类会把它珍藏起来，那些在他们的墓地上徘徊的人会从中得到教益。如今我们每个人都降生在以往整个人类所阐述的各种思想和信仰的环境中，并且我们每个人甚至不知不觉地给未来人类的生活增加比较重要的因素。人类教育的发展就像东方的金字塔那样，由每个过路的人在上面增添一块石头而使它们巍然屹立。"②

　　没有完善的个人，也没有完善的社会，完善意味着终止，意味着死亡。因此，也不可能有绝对的平等。绝对的平等意味着新的不平等，适度的差异化，有时候反而衬托出平等的倾向。然而，我们不能停止向着完善和平等努力的脚步，这是每个社会中的人的责任，只有这样我们和我们的社会才会无限地接近完善。读书和阅读就是这种努力的表现，个人良好阅读习惯的培养可以创造书香社会，书香社会的形成就是向完善的社会迈出的重要一步。

---

　　① 指 18 世纪。

　　② ［意］马志尼：《论人的责任》，吕志士译，商务印书馆 1995 年版，第 71 页。

3.国民阅读与国民性之养成

社会健康发展，物质文明和精神文明的建设，国家和民族竞争力和影响力的提升，都离不开良好的社会风尚作为保证。良好社会风尚的形成则要求有全社会共同尊崇的价值观，要求有全社会共同奉行的道德准则。

国民阅读在良好社会风尚的形成方面，发挥着不可替代的作用。无论是教育家从教育的角度，还是哲学家从道德的角度，都得出了教育具有培养公民和社会道德的功能的结论。人类最早的文字苏美尔人的楔形文字文献显示，作为人类最早学校的苏美尔人的学校就把培养人性设立为办学的根本宗旨。①在德国古典哲学家康德看来，人与动物最重要的区别是，人具有能力"去设定自己的目标和方向，还能去培养天性中不成熟的潜力……教育的背后隐藏着完善人性的巨大奥秘"②。现代教育最重要或最依赖的手段就是教材或称教科书，因此与其他出版物相比，教科书具有更加特殊的地位。但教科书之外，还必须有丰富的课外

①　参见于殿利:《巴比伦与亚述文明》，北京师范大学出版社 2013 年版，第 585-587 页。

②　［意］彼得·沃森:《德国天才》（1），张弢、孟钟捷译，商务印书馆 2016 年版，第 225 页。

阅读，因为教科书教授固定的、基础的和普遍的知识，其他图书则能给人更多。图书固然教授学生以知识、思想和技能，但更重要的是培养学生的道德品质。依据教科书进行教学的教师被誉为人类灵魂的工程师，那么出版社的编辑应该也无愧于这一称号。畅销书往往追崇和引导的是最前沿、最具时尚潮流的社会热点，它们更可能代表最新的时代风尚和最新的价值取向。大众文化因其受众广和影响范围大，甚至可以被认为是社会的主流文化，而大众的阅读兴趣和阅读取向在一定程度上影响甚至决定着大众文化的走向。另外，图书等文化产品还有一个重要的特性，也是其他一般产品所不具备的，就是其道德性。图书产品的道德性源自于其对个人心智的影响，甚至于对个人灵魂的塑造，并进而通过影响和塑造个人产生影响和塑造社会的效果。

图书的影响力具有持久性。这个持久性包括两个方面，一是出版物具有持久的生命力，一是对人的影响具有持久性。自有文字以来的文明史，在很大程度上可以说就是一部著述史和出版传播史，从目前所知最古老的苏美尔楔形文字文献和埃及的象形文字文献，到古希腊和古罗马文明繁盛时期的古典希腊、拉丁文献，到独特的中国传统文化古文献等人类文明的优秀文化遗产，今天坐享高度发达文明成果的现代人，无时不在它们当中汲取着营养。甚至可以说，时间越是久远，我们越能感受到古人智慧的深邃。另一方面，一个人从小读的书会让他终身受益，甚至还会影响或传给下一代，下下一代。在这方面，人所接触的任何其他物品，都无法与图书出版物相比。

图书出版物的影响还有由个人向群体再向社会延伸的特性。如果从某种意义上说，读书是一件私属的事情，那么图书出版物的影响也必然从读者个体开始，这是不言自明的。但一方面从本质上说读书本身就是一种交流，在读书过程中始终保持着交流活动；另一方面同时会有很多人读同一本书，从而在社会上形成一个读书群体，他们会不时地将自己的读书心得或价值判断以各种形式向外发布和传播，从而在社会上产生影响。诚如梁启超所说："历史之一大秘密，乃在一个人之个性何以能扩充为一时代一集团之共性？与夫一时代一集团之共性何以能奇现于一个人之个性？"①在少数人的思想变为群体思想，群体思想再变成社会思想的过程中，阅读扮演了关键的角色。当某种知识、科学与技术、思想和观念受到多数人追捧之时，它便具有了推动或改变社会的力量。这也是出版经济作为影响力经济的最高级形式。在这方面，最鲜活的案例是出版活动或

---

① 梁启超：《中国历史研究法》，上海古籍出版社 1998 年版，第 123 页。

出版物重构了美国的历史。清代龚自珍①说："灭人之国，必先去其史；隳人之枋，败人之纲纪，必先去其史；绝人之材，湮塞人之教，必先去其史；夷人之祖宗，必先去其史。"②美国人给我们提供的案例则是，若要立其国，必先著其史。对于北美殖民地和建国初期的美国而言，其在欧洲人眼里或观念里，仅仅是作为欧洲人领土扩张的地位而被提及，而不是作为独立存在的大西洋两岸平等交流的一部分而受到关注。欧洲移民的出版传统，最早是由苏格兰的启蒙运动输入到美国，从而带动了美国出版业的发展，美国人用出版或书籍重构了自己的历史，重构了作为独立国家发展的历史。"美国的早期历史具有广泛的历史形态，包含了移民、文化传播、货币兑换、占用和兼并等内容，从物质方面到智力方面，书籍出版的历史代表了重构大西洋世界的概念的一种途径。"③

文化是民族存在的标志和符号，语言文字不仅是书写文化的工具，它构成了文化的内核，代表着人性和国民性

---

① 龚自珍（1792—1841），近代著名文学家、诗人。代表作有《定庵文集》和《己亥杂诗》等。

② 《定庵续集》《古史钩沉二》（又题《尊史二》；或题《尊史》。）篇，参见《龚自珍全集》第一辑，上海人民出版社1975年版，第22页。

③ ［美］理查德·B.谢尔：《启蒙与出版：苏格兰作家和18世纪英国、爱尔兰、美国的出版商》（上册），启蒙编译所译，复旦大学出版社2012年版，第21页。

的基本方面。18世纪法国著名哲学家和语言学家孔狄亚克说："各种语言都表现着操这种语言的民族的性格。"[1]18世纪中至19世纪初德国著名哲学家、语言学家J.G.赫尔德有一个著名的论断，即语言标识出了一个民族[2]。法国当代著名文学理论家和符号学家、后现代批评的主要代表人物之一的罗兰·巴尔特指出："除了一个人的阶级以外，是主要的字词在标志着、充分确定着和表现着人及其全部历史的。人是由其语言呈现和托出的。"[3]我们完全可以把罗兰·巴尔特针对个人的这个论断，延而推及至民族和国家，即一个民族和国家的特性、形象和精神是由其语言文字性成果呈现和托出的。换句话说，一个民族和国家的语言文字性成果塑造和反映着其国民特性、国家形象和民族精神。孔狄亚克明确指出："语言就是每一民族的性格和特点的一幅真实写照。在这幅写照里，人们可以看到想象是怎样按照偏见和热情把观念结合起来的；在这幅写照里，人们也可以看到，在每一民族中，自然形成一种各不相同

---

[1] ［法］孔狄亚克:《人类知识起源论》，洪洁求、洪丕柱译，商务印书馆2010年版，第259页。

[2] ［英］彼得·沃森:《德国天才》（1），张弢、孟钟捷译，商务印书馆2010年版，第196页。

[3] ［法］罗兰·巴尔特:《写作的零度》，李幼蒸译，见王潮选编:《后现代主义的突破——外国后现代主义理论》，敦煌文艺出版社1996年版，第240页。

的精神，这种精神的差异随着民族与民族之间的交往接触的愈少而相应地愈多。"①图书出版说到底就是处理语言文字的活动，是一门处理语言文字的科学，处理语言文字的艺术，阅读就是让语言文字入脑、入心的过程。如果说一个国家和民族的语言文字状况和成就在某种程度上塑造和反映了其国民性、国家与民族形象和民族精神的总体面貌的话，那么图书和阅读在其间发挥了无可替代的作用。

在某种程度上，一国或民族的语言是通过作家创作的作品而得到固化的，"当那些著名的作家们一旦把语言的规则固定下来的时候，语言也就会反过来影响风俗习惯，并且会把它的特点在每一民族中长久地保存下去"②。一个国家和民族的历史，归根结蒂是一部民族与国家的成长史，物质文明的创造史和精神文明的进化史，一个民族和国家的历史，就是其过去与现在的精神性存在；文学与艺术远不是单纯的文艺创作，它犹如一面镜子，塑造并折射出社会生活、国民性和民族精神的方方面面。罗兰·巴尔特指出："在写作深处具有一种语言之外的'环境'，似乎有一种

---

① ［法］孔狄亚克:《人类知识起源论》，洪洁求、洪丕柱译，商务印书馆 2010 年版，第 272 页。

② ［法］孔狄亚克:《人类知识起源论》，洪洁求、洪丕柱译，商务印书馆 2010 年版，第 272 页。

意图的目光存在着，它已不再是语言的目光了。"① "写作是存于创造性与社会之间的那种关系；写作是被其社会性目标所转变了的文学语言。"②回溯世界文化史，我们会看到那么多伟大的作家与不朽的作品，包括神话、诗歌、小说和戏剧，以及哲学、史学和科学等巨著，是如何塑造和反映出各自国家的国民性和民族精神的。例如，最早开启现代社会之门的苏格兰人，通过他们的出版活动和出版物向世人阐释了"苏格兰文化中蕴含的平等主义和民主精神"③，它们构成了苏格兰民族和国家的标签，"具有深刻而久远的影响"④。对此，研究出版史的当代学者给出了这样的评价："通过出版学术和文学书籍，18 世纪苏格兰的文人群体自觉地尝试去促成苏格兰民族的进步，为他们的国家争光。即使是居住在伦敦的苏格兰作者和出版者，他们也经常由民族的纽带联系在一起，充满了作为苏格兰人的身份认同

---

① ［法］罗兰·巴尔特：《写作的零度》，李幼蒸译，见王潮选编：《后现代主义的突破——外国后现代主义理论》，敦煌文艺出版社 1996年版，第 206 页。

② ［法］罗兰·巴尔特：《写作的零度》，李幼蒸译，见王潮选编：《后现代主义的突破——外国后现代主义理论》，敦煌文艺出版社 1996年版，第 202 页。

③ ［美］阿瑟·赫尔曼：《苏格兰——现代世界文明的起点》，启蒙编译所译，上海社会科学院出版社 2016 年版，第 21 页。

④ ［美］阿瑟·赫尔曼：《苏格兰——现代世界文明的起点》，启蒙编译所译，上海社会科学院出版社 2016 年版，第 21 页。

和民族自豪感。"①在这方面我们还能看到牛顿、莎士比亚和培根等及其作品之于英国，巴尔扎克、雨果和伏尔泰等及其作品之于法兰西民族，歌德、席勒、海涅、康德、费希特和黑格尔等及其作品之于德意志民族，《常识》、《联邦党人文集》、美国宪法以及《汤姆叔叔的小屋》等之于美国，普希金、奥斯特洛夫斯基、托尔斯泰和高尔基等及其作品之于俄罗斯和苏联，等等，无不塑造了各自独特的国民性和民族性格，展现了不同的民族精神。

三、国民阅读与国家盛衰

19—20世纪德国著名存在主义哲学家卡尔·雅斯贝斯②在20世纪中叶发明了一种被称为"轴心期文明"的历史哲学理论，集中反映在其著作《历史的起源与目标》一书中，他反复强调，世界历史的发展就是一场在多样性基

---

① ［美］理查德·B. 谢尔:《启蒙与出版：苏格兰作家和18世纪英国、爱尔兰、美国的出版商》，启蒙编译所译，复旦大学出版社2012年版，第19页。

② 卡尔·雅斯贝斯（Karl Theodor Jaspers，1883—1969），德国著名哲学家，现代存在主义哲学的主要奠基人之一。代表作有《世界观的心理学》和《历史的起源与目标》等。

础上的"统一运动"①，类似的思想几乎通篇贯穿在黑格尔19世纪早期的著名著作《世界史哲学讲演录》(旧译《历史哲学》)中，例如书中就有"从整体上看，世界史中存在的是同一个进程"②的论述。此后一个多世纪的世界历史发展脉络正在验证两位大师的思想，世界历史的这种"统一运动"正以不可逆转的"全球化"趋势呈现在世人面前，而且这种"全球化"趋势不再需要大师或专家学者们来阐述，就是乡野村夫也会洞察无遗，因为就连他们也身不由己地被卷入到"全球化"的浪潮中。

然而，让先哲们始料未及的是，"全球化"的"统一运动"并没有为人类创造出比以往历史阶段更多的"和谐"，相反却加剧了各国家、各民族利益竞争的激烈性，从低端的赤裸裸的资源和能源争夺，到隐蔽的人才、科技和信息情报争夺，最后演变成以各种借口作为遮羞布的战争。在这样的世界上生存，无论是国家、民族亦或个人，都只能奋发图强。真正的强者是智力强大者、思想强大者和文化强大者。因此，科技、教育和文化乃国之根本，一个不读书的民族注定要沦为智力、思想和文化方面的侏儒，不会

---

① ［德］卡尔·雅斯贝斯:《历史的起源与目标》，华夏出版社1989年版。

② 《黑格尔全集》第27卷第I分册，刘立群等译，《世界史哲学讲演录》，商务印书馆2014年版，第78页。

有任何竞争力，更不会为人类文明的发展做出自己引以为傲的贡献。

作为公民来说，读书是为增强自身的力量，更是为国家培育在世界上有竞争力的生产力，每个人都应该有这样的自觉性，无论是孩子还是成年人，阅读都是终生的事业。

1.个人阅读关乎国力

自现代社会形成以来，各个国家的有识之士都在恰当的历史时期，针对各自国家发展的现实和需要，提出过教育兴国、科技兴国和文化强国等战略性口号。这些涉及教育、科技和文化等充满智慧的判断和论断，有一个共同的指向，那就是人。人是生产力要素的核心，是最重要的或第一生产力。人决定生产，决定一切。没有人，没有掌握先进知识、技能、思想观念和道德理想的人，一切都是空话，国亦将不国。

马克思在《资本论》中指出："劳动生产力，即由于生产条件发展程度不同，等量的劳动在同样时间内会提供较多或较少的产品量。"生产力的主要内容包括劳动者、生产工具和生产对象。决定生产力高低的主要因素是劳动者，而生产工具则是其中的最重要因素，掌握先进知识和技能的人，才能发明和创造出更为先进的生产工具。掌握了知识和文化的个人才能成为推动国家和社会进步的重要力量，阅读则是掌握先进知识和技能的最重要途径。

劳动力素质在很大程度上取决于受教育的程度，教育从根本上说就是读书，先生教书，学生读书。读书在很大程度上，决定着劳动力的优劣，决定着生产力的高下。在这方面，日本近代资产阶级思想家福泽谕吉有过详细的论述。他说："'天不生人上之人，也不生人下之人'，这就是说天生的人一律平等，不是生来就有贵贱上下之别的。人类作为万物之灵，本应依凭身心的活动，取得天地间一切物资，以满足衣食住的需要，大家自由自在、互不妨害地安乐度日。但环顾今日的人间世界，就会看到有贤人又有愚人，有穷人又有富人，有贵人又有贱人，他们之间似乎有天壤之别。这究竟是怎么一回事呢？理由很明显。《实语教》说：'人不学无智，无智者愚人。'所以贤愚之别是由于学与不学所造成的。加之，世间有困难的工作，也有容易的工作，做困难工作的叫做身份高的人，做容易工作的叫做身份低的人。大凡从事操心劳神和冒风险的工作是困难的，使用手足从事劳力的工作是容易的。"然而，"追根溯源，就可以知道这只是其人有无学问所造成的差别，并不是天命注定的。俗语说：'天不给人富贵，人们须凭勤劳来获得富贵'。所以如上所述，人们生来并无富贵贫贱之别，唯有勤于学问、知识丰富的人才能富有，没有学问的人就成为贫贱"①。虽然我们并不赞成福泽谕吉把人分成贤与愚、富与穷，把工作分成高贵与贫贱等狭隘的等级思想，但他所揭示出的劳动者读书与不读书的差距，其道理是可信的。实际上，读书与否不仅造成个人之间的差距，一国国民读书和受教育程度还会造成一国劳动力与他国劳动力之间的差距。在全球市场条件下，劳动力总体素质的高低，必然体现出其国际竞争力的高低。

劳动力的素质直接影响到产品质量、劳动效率、资源使用效率和生产创新能力等多方面，直接影响到生产力的水平。在国民经济范围内，劳动力素质直接影响着优势产业和劣势产业的形成，影响着各产业之间的协调和平衡，影响着总体经济布局。在全球化和信息社会的态势下，在国际经济范围内，劳动力素质直接体现为一国的核心竞争力，因而直接影响到一国参与国际竞争的状况，即一国能否创造具有国际竞争力的产业，能够培育出什么样的产业参与国际竞争。实际上，国际竞争在某种程度上也表现为高端劳动力的竞争，即高科技人才的竞争。竞争导致各个国家一方面加大本国总体劳动力素质和高端科技人才的培养，另一方面在直接展开激烈情报战的同时，还直接展开对高科技人才的争夺。因此无论是资源禀赋好的国家、资

---

① ［日］福泽谕吉：《劝学篇》，群力译，《汉译世界学术名著丛书》，商务印书馆 2016 年版，第 2 页。

源禀赋一般的国家，还是资源禀赋较差的国家，都更加重视总体劳动力素质和高端科技人才培养，直接表现为重视文化教育。由于学校教育和国民阅读是提升国民素质的两大重要要素，因而成为强国战略的重要手段和内容。强国从根本上来说，强的就是人。实际上，劳动力素质和资源禀赋决定着生产力水平的同时，也就决定了国际经济格局，以及各国在其中所处的地位。在全球市场竞争环境下，自从主要发达国家采取"离岸"和"外包"策略，发展中国家便成了廉价劳动力提供国、廉价原材料供应国和简单的生产加工国。若想从根本上扭转这种格局和态势，发展教育和提倡阅读就成为必由之路。

为了培养高素质、高技能和高效率的生产力或劳动力，各国都非常注重国民阅读，有的甚至将之置于立国兴邦之本的地位。在培养和创造高水平生产力的过程中，实施两手抓，两手都要硬的策略，既注重总体劳动力素质的培养，更注重高端科技人才的培养。在明治维新之后走上现代化道路的日本，十分注重阅读和国民教育，十分注重高端科技人才的培养，有识之士纷纷为读书和教育鼓与呼。为此，日本近代著名思想家福泽谕吉专门著作《劝学篇》，他劝导国民读书，读书才能成为优秀人才，才能从事研究和发明之事，研究和发明之事才能促进文明发展，才能使日本经济强大而保有独立地位。他说："一国的文明，既不可由上面的政府发起，又不能自下面的一般人民产生，而必须由居于二者之间的人来兴办，一面向人民群众指出方向，一面与政府共同协力，才能期望其成功。考察西洋各国历史，经营工商业的办法没有一件是政府创造的。它的基本技术，都是居社会中等地位的学者们研究出来的。例如，蒸汽机是瓦特发明的，铁道是史蒂芬荪研制的，首论经济规律和改变经商方法是亚当·斯密的功劳。这些大专家（即所谓的'中产阶级'）既不是国家的执政者，也不是干体力活的小民，而是居于国内的中等地位，用智力来领导社会的人们。他们的研究发明，先是一个人在心里有所领悟，然后公开发表，在实际施行中广结私人同志，使其日益发展壮大，把造福人民的事业留传万世。"他继续说："这样一国人民就能把增进文明引为己任，相互比赛竞争，相互羡慕夸耀。国内有一件好事，全国人民都拍手称快，唯恐别国捷足先登，所以文明的事业就都成为增长人民志气的工具，一事一物无不有助于国家独立的。"①

明治维新甚至此前就已拥有的读书传统，养成了日本国民阅读的高度自觉性，"明治维新以后，对日本人来说，广泛阅读对应的是实现现代化这一时代需求。如果不能迅速吸收信息和思想，日本就将面临政治、经济、文化全面

　　① ［日］福泽谕吉：《劝学篇》，群力译，《汉译世界学术名著丛书》，商务印书馆2016年版，第30-31页。

崩溃的危险。在这个大环境里，日本人成功地培养起了一种新的传统，即立身出世主义与注重人文修养的因素相互参合的一种基于读书的对知识的渴求"①。这种国民阅读的自觉性，使得每一个人把自己的成长与造就国家所需的合格的生产力直接地联系起来，读书成为一种义务。世界书籍史研究专家指出，"日本的读者读书量很大"，其中一个重要的原因，"是在日本有一种共识，即有义务去阅读，除了通过读书获取信息知识外，人的培养也是通过书本文化的陶冶来实现的"②。在日本人看来，"像日本这样缺乏资源的国家，教育就是一种资源。大学生不具备阅读能力，意味着日本综合实力的下降"③。把教育和阅读视为国家的一种资源，用来弥补自然资源的不足，这样的理解和认识不可谓不深刻。这也从一个侧面让我们明白，日本的国民教育和国民阅读为什么一直处于世界前列，日本这样一个自然资源相对贫瘠的国家，为什么长期处于发达国家的前列。即便如此，日本的有识之士还时刻不忘提醒和促进日本的国民阅读，尤其关注大学生群体的阅读状况。因为"在日本

---

① ［日］斋藤孝:《阅读的力量》，序二，武继平译，鹭江出版社 2016 年版，第 61 页。

② 参见［日］斋藤孝:《阅读的力量》，序二，武继平译，鹭江出版社 2016 年版，第 60 页。

③ ［日］斋藤孝:《阅读的力量》，武继平译，鹭江出版社 2016 年版，第 9 页。

这个国家，大学及其他学校的威信带有某种绝对的性质"①。

　　说到大学生群体及其阅读，就不能不说美国了。美国也是高度重视国民阅读和国民教育的国家，重视基础教育、高等教育和大学生阅读的国家，因此美国在科技和发明等很多方面都居于世界领先地位，美国也是世界上最具创新力的国家。美国非常重视大学毕业生占国民总人口比例这样一个数据，因为它体现的是美国劳动力素质的基本状况，以及美国国家基本的生产力状况，不断改善和提高这一比例，意味着不断改善和提高劳动力素质和生产力水平，不断改善和提高美国的国际竞争力。根据经济合作与发展组织的统计数据，在全球高等教育拥有比例排名中，2013 年和 2016 年排在前三位的都是加拿大、以色列和日本，而美国分别排在第四和第六位。奥巴马上任以后，宣称任期的一个重要目标就是把美国在这项排名中的位置，提升到第一位。美国独一无二的创新能力举世公认，这不是偶然的，重视国民教育和国民阅读，吸纳全世界的英才，是其中最重要的因素之一。在创新能力和竞争力国家排名中，美国长期居于第一位；在全球企业创新能力排名中，拥有劳动力素质和高科技人才优势的美国企业，长期处于领先地位。例如，在 2017 年福布斯全球最具创新力企

---

　　① ［日］斋藤孝：《阅读的力量》，序二，武继平译，鹭江出版社2016 年版，第 60 页。

业排行榜中，前十位美国企业占据半壁江山，前三十位美国企业仍然占据半壁江山。美国凭借人才等优势，不仅长期占据世界第一大经济体的位置，还拥有保持自己核心竞争力的产业和企业，从而形成对世界经济和科技的影响乃至掌控。在新一轮的数字科技革命中，在信息技术领域，美国拥有绝对领先的优势，美国掌握着绝大多数的核心技术专利，其应用软件和网络系统甚至成为全世界依赖的对象。文化产业作为国家软实力的体现和保证，始终处于优先发展的地位，这一方面使得美国的文化产业发展成为其国民经济的两大最重要支柱性产业之一，占比高达25%；另一方面使得美国的文化产业在全球文化产业发展中占据垄断地位，美国文化产业的产值在全球文化产值的占比，更是高达50%，具有引领风潮或风向标的作用。值得关注的是，在最近几年关于美国大学生阅读倾向的调查中，传统的纸质图书阅读重新回归了正常秩序，不断呈上升趋势，而与之相对的则是，电子阅读大有在喧嚣中退去之势。

实际上，国民阅读率高的国家，其生产力或劳动力的素质也就相应地高，其高端科技人才出现的比率也相对地高。另一个科技创新能力强和充满活力的国家——以色列，同样给我们以启示，引发我们对全民阅读的重视和思考。以色列也一直位居全球高等教育拥有比例排名前三位，依靠对知识和文化的重视，人口稀少、资源也不优厚、面临国际环境复杂的以色列，却成为世界科技强国之一。无论是基础科学，还是创新技术，以色列都有自己的发展之道，并形成了自己的优势。目前，凭借在遗传学、计算机科学、化学等领域的深耕，已有多达 10 名以色列人和以色列裔人获得过诺贝尔奖；而在纳斯达克的上市公司中，来自以色列的企业数量也位居世界第三。这一切与以色列人的读书传统和国民阅读率，有着很大的关系。联合国教科文组织一项统计显示，以色列人均年读书 64 本，居世界第一。

犹太社会拥有很深远的阅读传统，小孩子开始学习识字、读书时，要举行隆重的仪式，这个传统可以追溯到中世纪。"在中世纪的犹太社会中，学习阅读是以公开的仪式来加以庆祝。在五旬节——这是摩西从上帝之手接受《托拉》(torah)的日子——正准备开始受教的男孩戴上了有穗饰的长方形披巾，并由父亲带着走向老师。老师引领男孩坐在他的大腿上，并展示一块石板给他看，上面写着希伯来文的字母、《圣经》上的一段引文，及'但愿《托拉》成为你的终身职志'。老师宣读每一个字，小孩跟着念。然后，石板上沾满蜂蜜，小孩去添它，代表身体将圣言同化。同时，《圣经》的诗歌也被写在煮熟剥壳的蛋上和蜜蜂蛋糕上，小孩在向老师大声朗读这些诗歌之后将其吃下。"①在犹太人家庭的日常生活中，家长也非常注重培养孩子爱书、读书的习惯。中国传统家庭中有孩子"抓周"的习俗，如果孩子无意中抓到了笔或书本，家长会格外开心，但犹太家庭的习俗却是主动引导孩子爱书。母亲通常把蜂蜜滴在书本上让孩子舔食，目的是让他从小就知道，书是甜的，从而建立起对书的喜爱之情。犹太人还用书来祭奠死者，他们把书奉献给死者以示尊重和敬畏，在他们看来，灵魂也是会读书的。在安息日，各种经营性的公共场所都要歇业关门，甚至公交也停运，只有书店被允许照常营业。阅读已经成为犹太人的一种美德，已成为犹太文化的重要组成部分。

近代以来，中国社会一直处于积贫积弱、凋敝落后的状态。究其根本原因，就在于文化教育和国民阅读落后，劳动力素质和生产力水平低下。中华人民共和国建立尤其是改革开放以来，我国的文化教育和国民阅读取得了长足的进步，极大地促进了经济和科技的发展。当前我国虽然已经跃居世界第二大经济体，并成为世界制造大国，但我们必须清醒地认识到，我们还不是制造强国，实际上我们在很多领域都只是大而不强。要实现从"中国制造"向"中国创造"的质的转变，把我国发展成科技强国、文化

① ［加拿大］阿尔维托·曼古埃尔：《阅读史》，吴昌杰译，商务印书馆 2014 年版，第 89 页。

强国和创新型国家，我们还有很大的差距，还有很长的路要走。

仅从国民教育和国民阅读角度来审视，努力快速提高全民族的教育水平和全民阅读率，就是当务之急。根据2018年的政府工作报告，我国劳动力的平均受教育时间为10.5年，居于初中和高中之间。根据中国新闻出版研究院2017年发布的第十四次全国国民阅读调查报告数据显示，2016年中国0—17岁未成年人的人均图书阅读量为7.19本，其中0—8岁为6.34本。相比之下，在美国最大的童书出版社学乐出版社（Scholastic）针对全美儿童与家庭所做的关于阅读的年度调查报告中显示，美国6—17岁儿童的平均阅读量为23本，是中国同龄者的3倍。中华民族伟大复兴的中国梦要靠一代一代的人来实现，要靠掌握先进的知识、思想和科学技术，具有社会主义崇高理想的人来实现。为此，每个人都要有高度的责任意识和自觉意识，努力提高自身的文化教育水平和阅读能力，让自身的文化水平和阅读能力转化成国家的劳动力素质、生产力和竞争力。

2.国民阅读推动社会变革

迄今为止的一部人类文明史，就是一部思想史，一部思想推动社会进步的历史。只有思想传播至广大民众，进入广大民众的心里，被广大民众所理解和拥有，并变成民众自身的力量，推动社会变革才有可能，变革的现实才可能发生。日本作家斋藤孝指出："读书既是为了塑造自我、完善自我，同时也是因为立志社会变革，使社会向更好的方向发展。"①社会变革不仅是社会发展的需要，更是人性成长的需要。个人阅读不仅关乎个体人性的成长与完善，个人阅读形成的阅读社会更能使个体的人性成长转化成群体的进步力量，从而成为推动社会变革的力量。人类现代社会的形成，为我们提供了这方面清晰的轨迹。

现代社会的兴起与现代科学的发展密切相关。"现代科学的兴起是与文艺复兴、宗教改革和资本主义的兴起同步发生的。"②文艺复兴、宗教改革和资产阶级的启蒙运动，其核心和实质就是新知识、新思想和新文化的运动。随着新知识、新思想和新文化的传播，社会变革的力量在不断地积聚，并最终酿成了一浪高过一浪的资产阶级革命和无产阶级革命，旧社会被摧毁，先进的新社会制度得以确立。自15世纪起，传播新知识、新思想和新文化的图书出版，在欧洲就已经形成了国际的市场，苏格兰、英国、尼德兰

---

① ［日］斋藤孝:《阅读的力量》，武继平译，鹭江出版社2016年版，第8页。

② ［英］李约瑟:《文明的滴定》，张卜天译，商务印书馆2016年版，第178页。

和法国等成为活跃的出版中心。1566—1609 年爆发了人类历史上第一次成功的资产阶级革命——尼德兰资产阶级革命，在欧洲还普遍处于封建专制统治的时期，荷兰率先建立资产阶级共和国，开了先河，树立了典范。1640 年的英国资产阶级革命，具有更加重要的意义，在人类历史上产生了更大的影响。1789 年的法国大革命影响至今，关于图书出版和阅读传播对大革命所产生的推动作用，学术界有着深入的研究。

说起新知识和新科学的兴起和传播，法国自然是重中之重的核心之一。而说到法国在新知识、新科学创造与传播中的贡献，人们自然会联想到启蒙运动时期一部规模巨大、耗时很长，堪称奇迹的百科全书的出版。百科全书是18 世纪法国启蒙思想家狄德罗、达朗贝尔和伏尔泰等发起、规划、编撰和出版的，它是启蒙运动的象征和标志，是向旧制度宣战的知识武器，是"有史以来最伟大的《百科全书》，人类所知晓的一切事情的概要、曾经有过的最有用的著作以及一部自身就是一座图书馆的书"①。百科全书不仅提供了关于万物的全新的详细知识，还明确指出："知识来自理性，而不是来自罗马教廷或《启示录》。伟大的秩

---

① ［美］罗伯特·达恩顿：《启蒙运动的生意——〈百科全书〉出版史》（1775—1800），叶桐、顾杭译，生活·读书·新知三联书店 2005 年版，第 448 页。

序化力量是理性，它和记忆、想象等共同发挥作用。"也就是说，百科知识的编撰者"重新安排了认知的世界，重新确定了人类的位置，并把上帝拒之门外"。①《百科全书》"试图在理性并只在理性的支配下勾勒出知识世界新图景的新边界"，"用理性的标准衡量一切人类活动，并以此为思考世界提供一个基本原则"。②《百科全书》可以被看作是法国资产阶级的知识宣言书，尽管有的学者因为编撰者成分复杂，有的甚至难以确定身份等原因持有不同看法，但权威学者坚持认为，"必须把《百科全书》编撰者看成一个独特的群体，一个有一定组织结构的'百科全书团体'"，"他们也可以被定义为资产阶级"，"能够把《百科全书》编撰者确认为同一个群体的，不是他们的社会身份，而是他们对某一理想的信奉"，"这部书象征着一种'主义'的出现"。③

就像 1789 年爆发的法国大革命影响了全人类一样，《百科全书》的影响也不仅在法国，"《百科全书》卖遍了

---

① 参见［美］罗伯特·达恩顿：《启蒙运动的生意》，叶桐、顾杭译，生活·读书·新知三联书店 2005 年版，第 6 页。

② ［美］罗伯特·达恩顿：《启蒙运动的生意》，叶桐、顾杭译，生活·读书·新知三联书店 2005 年版，第 9 页。

③ ［美］罗伯特·达恩顿：《启蒙运动的生意》，叶桐、顾杭译，生活·读书·新知三联书店 2005 年版，第 14—15 页。

'欧洲的两端'，有一些甚至还远销到非洲和美洲"[1]。对于《百科全书》的具体影响及其意义和价值，学者们也进行了深入的研究。1789 年以后，《百科全书》的出版者和销售者更加明确地"把它当作一部表现了国家在对知识的理解力和领悟力方面的卓越性的书来销售。在新的三色旗的外衣下，《百科全书》和大革命正在强加给学术界的新形态以及百科全书编纂者职业生涯中的新规范是一致的"[2]。"《百科全书》展示了一种文化制度是如何被打碎的。大革命摧毁了旧制度的根本原则——特权，又根据自由和平等的原则建立了一种新秩序"，"《百科全书》的历史展现了它们是如何以印刷物的方式被表达出来、如何在社会体制中传播、如何具体体现在制度中以及如何与一种关于世界的新见解结合在一起的"。[3]

通过现代出版活动广泛传播现代思想和观念，进而孕育现代社会的过程，在英国、法国和德国等其他欧洲国家以及美国都有比较清晰的轨迹可寻，这条清晰的轨迹还与启蒙运动时期的出版，或者换一种说法即出版活动对启

---

[1] ［美］罗伯特·达恩顿：《启蒙运动的生意》，叶桐、顾杭译，生活·读书·新知三联书店 2005 年版，第 516 页。

[2] ［美］罗伯特·达恩顿：《启蒙运动的生意》，叶桐、顾杭译，生活·读书·新知三联书店 2005 年版，第 532 页。

[3] ［美］罗伯特·达恩顿：《启蒙运动的生意》，叶桐、顾杭译，生活·读书·新知三联书店 2005 年版，第 532 页。

智慧之灯塔

蒙运动的推动作用密切相关。如果说瓦特发明蒸汽机推动了英国工业革命的进程,亚当·斯密的《国富论》奠定现代经济学理论和大卫·休谟的《人性论》和亚当·斯密的《道德情操论》等奠定了资本主义的伦理,成为苏格兰人对现代社会的最大贡献,开创了现代社会的起点的话,那么英国的培根、洛克和牛顿,法国的笛卡尔、伏尔泰、孟德斯鸠和卢梭等,德国的康德和席勒,以及美国的托马斯·潘恩、富兰克林、杰斐逊等的著述和思想之传播则把现代社会延展开来。现代思想的传播是与出版业的大发展相伴而生的,出版业的发展和图书的普及是这些著述和思想得以向深度和广度快速传播的重要依靠,"印刷是传播开明思想和价值观的巨大发动机"①,当时的出版业更多地被称为印刷业。18世纪思想广泛传播的时代,是"印刷业大爆发""印刷业大繁荣""印刷资本主义"大发展的时代,"英国发现它被印刷物淹没了"。②英国涌现出了大量的出版社,伦敦成为英语书籍贸易的首都。"在18世纪后半叶,法国和德国也经历了相同的'18世纪印刷业大爆

---

① [美]理查德·B.谢尔:《启蒙与出版:苏格兰作家和18世纪英国、爱尔兰、美国的出版商》,启蒙编译所译,复旦大学出版社2012年版,第2页。

② 参见[美]理查德·B.谢尔:《启蒙与出版:苏格兰作家和18世纪英国、爱尔兰、美国的出版商》,启蒙编译所译,复旦大学出版社2012年版,第2–3页。

发'"，以致于现代学者们宣称，"出版业的扩张和阅读群体的成长……成了推动18世纪文化发展的主要动力"①。这些涉及政治、经济、科技和社会伦理等构成现代社会主要因素的思想，代表着新兴资产阶级的利益和主张，滋养和孕育了现代社会。毫无疑问，影响世界历史进程的1789年法国大革命的爆发，是深受思想启蒙影响的，学者们咸信，当时全新的出版产业是"对大革命生死攸关的产业"②。

另一场在北美大陆发生的革命——美国独立战争催生了一个新国家，而对北美十三州打赢这场战争起到关键作用的是托马斯·潘恩的一本小书《常识》。当时，面对与英国争取独立的战争，北美十三州远没有形成共识，很多人要么犹豫不决，要么坚决反对战争，幻想以殖民地的身份和地位与英国达成和解。《常识》改变或扭转了这种局势，诚如英国媒体报道的，"很多读过这本书的人改变了态度，哪怕是一小时之前，他还是一个强烈反对独立思想的人"。潘恩在《常识》中首先分析了英国所实行的君主政体和君权世袭的不合理性，指出"君主政体意味着我们自

---

① ［美］理查德·B.谢尔：《启蒙与出版：苏格兰作家和18世纪英国、爱尔兰、美国的出版商》，启蒙编译所译，复旦大学出版社2012年版，第3页。

② ［美］罗伯特·达恩顿：《启蒙运动的生意——〈百科全书〉出版史（1775—1800）》，叶桐、顾杭译，生活·读书·新知三联书店2005年版，第488页。

身的堕落和失事""国王享有世袭权是荒谬的"①,"君主政体和世袭制度不仅使某个王室而且使整个世界陷于血泊和瓦砾之中"②。接着有理有据地分析了和解的弊端和争取独立的好处,"认为一个大陆可以永远受一个岛屿的统治,那就不免有些荒谬。在自然界从来没有使卫星大于它的主星的先例;既然英国和北美在彼此的关系上违反自然的一般规律,那么显而易见它们是属于不同的体系的。英国属于欧洲,北美属于它本身"③。如果接受和解而善罢甘休,"结果是北美大陆的毁灭"④,"和解与毁灭是密切相关的"⑤。关于独立的好处,潘恩是把它与对未来国家的建议式治理构想连在一起论述的,在北美将建成没有国王只有宪章的自由国家,"在专制政府中国王便是法律,同样地,在自由国家中

① [美]托马斯·潘恩:《常识》,马清槐译,商务印书馆2015年版,第12页。

② [美]托马斯·潘恩:《常识》,马清槐译,商务印书馆2015年版,第16页。

③ [美]托马斯·潘恩:《常识》,马清槐译,商务印书馆2015年版,第27-28页。

④ [美]托马斯·潘恩:《常识》,马清槐译,商务印书馆2015年版,第29页。

⑤ [美]托马斯·潘恩:《常识》,马清槐译,商务印书馆2015年版,第31页。

法律便应该成为国王"①，"组织我们自己的政府，乃是我们自然的权利"②。最后，潘恩用鞭辟入里的分析打消了人们心中能否打赢战争的疑虑，他指出现在是北美打赢战争的最好时机，"时间已经找到了我们"，"我们伟大的力量在于团结一致，而不在于人数的多寡。然而我们现在的人数是足以抵抗全世界的武力的。北美大陆目前拥有的武装齐备而训练有素的队伍，比世界上其他任何国家为大，而且恰巧在力量上达到这样的地步，那就是，单独一个殖民地无法独立自存，但联合起来的整体却什么都能办到"③。潘恩还进一步分析，美国临海的天然条件，不仅能使美国成为世界上海军最强大的国家，还能使美国成为世界上经济最强大的国家。《常识》被视为美国独立运动的教科书和重要思想武器，美国重要开国元勋之一，《独立宣言》的主要起草者托马斯·杰斐逊就深受《常识》的影响，并以此为荣。美国国父、率领军队打赢战争的华盛顿将军称这本书在"很多人心里，包括他自己在内，引起了一种巨大的变化"。接任华盛顿的美国第二任总统、被誉为"美国独立的巨人"、

---

① ［美］托马斯·潘恩:《常识》，马清槐译，商务印书馆2015年版，第34页。

② ［美］托马斯·潘恩:《常识》，马清槐译，商务印书馆2015年版，第35页。

③ ［美］托马斯·潘恩:《常识》，马清槐译，商务印书馆2015年版，第37页。

最重要的开国元勋之一的约翰·亚当斯更是在 1805 年的一次演讲中说："如果没有《常识》作者手中的笔，华盛顿手中的剑也是没用的。"①

　　在中国现代社会的形成中，也同样能够看到出版引领思想进步，推动社会进程的清晰轨迹。中国现代出版也的确是以此为使命而萌生的。其中，作为中国现代出版诞生的标志性企业商务印书馆，创立之初便以"昌明教育开启民智"为己任，在戊戌变法失败的高压形势下，商务印书馆依然出版了"戊戌六君子"之一谭嗣同反抗封建制度的名篇《仁学》以及其他具有进步思想意义的启蒙著作。《天演论》和《茶花女》等西方思想和文学名著的出版，更是极大地激荡了中国社会。根据胡适的自述即可一窥这种影响的巨大与深广。胡适这样描述道："《天演论》出版之后，不上几年，便风行到全国，竟做了中学生的读物了。读这书的人，很少能了解赫胥黎在科学史和思想史上的贡献。他们能了解的只是那'优胜劣败'的公式在国际政治上的意义。在中国屡次战败之后，在庚子辛丑大耻辱之后，这个'优胜劣败，适者生存'的公式确是一种当头棒喝，给了无数人一种绝大的刺激。几年之中，这种思想像野火一样，延烧着许多少年人的心和血。'天演'、'物

　　①　The Sharpened Quill, *The New Yorker*, Accessed November 6, 2010.

竞'、'淘汰'、'天择'等等术语，都渐渐成了报纸文章的熟语，渐渐成了一班爱国志士的'口头禅'。还有许多人爱用这种名词做自己或儿女的名字。陈炯明不是号竞存吗？我有两个同学，一个叫做孙竞存，一个叫做杨天择。我自己的名字也是这种风气底下的纪念品。我在学堂里的名字是胡洪骍。有一天的早晨，我请我二哥代我想一个表字，二哥一面洗脸，一面说：'就用"物竞天择，适者生存"的"适"字，好不好'我很高兴，就用'适之'二字（二哥字绍之，三哥字振之）。后来我发表文字，偶然用'胡适'作笔名，直到考试留美官费时（1910）我才正式用胡适的名字。"[①]

《茶花女》等以平民为主人公的小说，将现代民主思想潜移默化地在中国大众读者中传播，对颠覆旧的封建文化同样起到了重要作用。当时的出版活动以其对现代知识和思想观念的传播，成为了孙中山所领导的资产阶级革命的启路者。诚如维新人士蒋智由《卢骚》一诗所说："力填平等路，血灌自由花；文字收功日，全球革命潮。"孙中山也盛赞 1903 年上海大同书局印行的邹容《革命军》所起到的革命宣传作用"功效真不可胜量"。直到 1917—1919 年期间，孙中山在《建国方略》中仍再次提到："《革命军》

---

① 《胡适文集》（1），欧阳哲生编，北京大学出版社 2016 年版，第 64-65 页。

一书，为排满最激烈之言论，华侨极为欢迎；其开导华侨风气，为力者大。"①

但是，孙中山领导的资产阶级民主革命并没有真正为现代中国解决出路问题。另一种在中国生根、开花、结果的现代思想即马克思主义思想理论，最终促成了中国社会翻天覆地的变革，即以马克思主义为指导的中国共产党，领导中国人民建立了新型的社会主义制度。在中国现代出版人传播人类进步思想的早期，马克思主义经典思想作为文明进步的思想武器被引入中国，并对处于探索强国之途、进步之路的现代中国人起到了思想启蒙的重大作用。五四新文化运动的先驱陈独秀主编《新青年》，李大钊等主编《少年中国》《新社会》，他们都是最早利用书报刊提倡民主与科学、传播马克思主义思想的集革命家和出版家为一身的进步思想先锋。早年的毛泽东也充分认识到出版对于社会变革的重要性，在他创办的《湘江评论》创刊宣言中阐述说："浩浩荡荡的新思潮业已奔腾澎湃于湘江两岸了！顺他的生，逆他的死。如何承受他？如何传播他？如何研究他？如何施行他？这是我们全体湘人最切最要的大问题，即是'湘江'出世最切最要的大任务。"周恩来也曾创办《天津学生联合会日刊》。1921 年李达创办于上海的

---

① 《复某友人函》，《孙中山全集》第 1 卷，中华书局 1985 年版，第 228 页。

人民出版社是中国共产党最早的出版机构。出版了一系列如《共产党宣言》《俄国共产党党纲》《列宁传》《资本论入门》等有关马克思主义的丛书。

在马克思主义传入中国和中国共产党创建过程中，商务印书馆作为当时最有影响力的文化出版机构也做出了积极的贡献。在20世纪初，商务印书馆主办的《东方杂志》很早就有翻译和介绍社会主义和共产主义的文章，并连载日本幸德秋水所写的《社会主义神髓》等著作。1919年至1922年间，中国共产党筹建和创建初期，商务印书馆出版传播马克思主义的书籍达到20余种，这些书籍包括马克思的《价值价格及利润》，陈溥贤翻译的《马克思经济学说》，瞿秋白的《新俄国游记》等。1929年出版了恩格斯《从空想到科学社会主义》；1934年出版了马克思《资本论》第一卷第一分册（吴半农译）；1943年出版了陈瘦石翻译的《共产党宣言》完整本，除陈望道较早的译本外，这是1949年以前《共产党宣言》6个版本中唯一由非共产党人翻译、在国统区出版发行的版本。中国共产党的早期领导人陈独秀、李达等都是商务印书馆的外聘编辑。中国共产党最早的党员之一沈雁冰，也就是作家茅盾，于1916年至1926年在商务印书馆工作，从普通编辑到《小说月报》杂志主编一共工作了10年。一大批进步文化名人如鲁迅、郑振铎、叶圣陶、冰心、巴金、老舍、丁玲都和《小说月报》保持着密切关系，并在《小说月报》上发表作品。这一时期，与商务印书馆的出版相辉映，亚东图书馆在1922年出版了宣扬革命的《独秀文存》，泰东书局、光华书局、现代书局、湖风书局、北新书局等也都成为当时左翼进步思想借以传播的工具。在五卅惨案发生后，胡愈之、郑振铎在《东方杂志》和《小说月报》辟出专刊，并创办《公理日报》，揭露帝国主义罪行，张元济、高梦旦、王云五等各捐出一百元作为其办报经费，甚至引发了租界当局对《东方杂志》主办者商务印书馆的起诉。

孙中山在《致海外国民党同志函》中高度评价了中国现代出版在促进中国现代社会变革和推动中国思想文化进步方面的作用，他说"新文化运动，在我国今日，诚思想界空前之大变动。推其原始，不过由于出版之一二觉悟者从事提倡，遂至舆论放大异彩，学潮弥漫全国，人皆激发天良，誓死为爱国之运动。"[①]

在中国现代化社会的形成过程中，出版人以其卓越的实践活动传播思想、传承文化、教育民众，奠基学术，推动了古老中国融入现代世界的主航道的进程，保证了她在行进过程中对自身优秀文化传统的延续和继承，更以其所传播的先进思想不断促进中国社会的变革，并最终促成了

---

① 《孙中山全集》第5卷，中华书局1985年版，第210页。

中国独特的社会发展道路。

3.阅读决定国之兴衰

老一辈无产阶级革命家周恩来同志，在青年时期便发出了"为中华之崛起而读书"的呐喊，这句著名的呐喊不止是他个人理想的呼唤，还道出了读书或阅读的真谛，即为什么要读书，或者读书是为了什么。读书或阅读不是想读就读，不想读就不读的私人爱好，读书是人类为了生存和培养竞争能力必须为之的事业，这是由宇宙环境、人性的特点和阅读的性质决定的，是不以人的意志为转移的"规定"。这种生存和竞争能力不仅关乎自己的命运，更关乎每一个人赖以生存的社会和国家的命运。

一部人类现代文明史揭示出，现代社会的形成和第一批现代化强国的出现，无不与阅读和文化教育密切相关，甚至在某种程度上可以说，是图书出版所带来的新知识和新思想，以及所推动的阅读社会的形成，托出了第一批现代化强国。相反，阅读以及与之相关的文化教育的贫弱，必然带来国家的衰败。16—17世纪的英国思想家、弗朗西斯·培根在现代社会形成之际，就发出了"知识就是力量"的断言。知识不仅是个人的力量，更是民族国家的力量，是推动国家这架庞大、复杂机器健康、持久运转的力量。

以曾经建立起"日不落"帝国，至今仍享受"帝国余晖"的英国为例。现代社会起源于15世纪的文艺复兴。自15世纪中期以来，图书贸易已经贯穿于全欧洲，书籍已经成为"国际性的商品交易"，并且"带来国际性的阅读"①。苏格兰和英国是书籍普及和学校教育普及最早的国家，所以它们成为现代世界文明的起点。16世纪，苏格兰的首席人文主义者乔治·布坎南就率先提出了"天赋人权"的思想。17世纪，英国著名政治思想家约翰·洛克分别于1680年和1690年出版两篇《政府论》②，系统地批判了"君权神授"说，阐释了"天赋人权"的思想，以及"自由"、"平等"和"私有财产神圣不可侵犯"等思想，成为资产阶级统治和资本主义制度的思想基石。18世纪在英国发生了印刷业革命或称"出版社革命"、"出版物革命"，英国除了涌现出大量的出版社外，还出现了其他诸多现象，如"读者群体的数量扩张、读者类型多样化，出现了各种为人们提供阅读便利的机构，比如书店、不同类型的图书馆（例

---

① ［美］理查德·B.谢尔：《启蒙与出版：苏格兰作家和18世纪英国、爱尔兰、美国的出版商》，启蒙编译所译，复旦大学出版社2012年版，第9页。

② 参见［英］洛克《政府论》（上篇）、《政府论》（下篇），商务印书馆2012年版。

如会员图书馆、流通租借图书馆、教会图书馆、咖啡屋图书馆）、阅读俱乐部的成立和个人藏书的盛行"，"到处都可以看到书籍"。①"在物质消费和商业文明发展的初期，书籍在英国人社会生活中的地位远远超过了其他国家"②，"阅读成为这个民族大部分人的第二天性"③。

苏格兰成为当时世界出版的中心之一，图书使苏格兰成为"欧洲第一个现代意义上的文明社会"，"在18世纪末，苏格兰人的识字率领先全球"，"在苏格兰的穷乡僻壤——总的来看，最贫穷的人也会识字念书"。"即便在苏格兰乡村，从小培养读写能力也成了社会习惯"。在苏格兰，"知识爆炸随即展开。亚当·斯密和大卫·休谟这类作者的著作涵盖的读者群扩及一般大众，而不仅限于知识分子"④。"在苏格兰，即使不算富裕的中等阶层也拥有自己的

---

① ［美］理查德·B. 谢尔:《启蒙与出版：苏格兰作家和18世纪英国、爱尔兰和美国的出版商》，启蒙编译所译，复旦大学出版社2012年版，第3页。

② ［美］理查德·B. 谢尔:《启蒙与出版：苏格兰作家和18世纪英国、爱尔兰和美国的出版商》，启蒙编译所译，复旦大学出版社2012年版，第5页。

③ ［美］理查德·B. 谢尔:《启蒙与出版：苏格兰作家和18世纪英国、爱尔兰和美国的出版商》，启蒙编译所译，复旦大学出版社2012年版，第3页。

④ ［美］阿瑟·赫尔曼:《苏格兰——现代世界文明的起点》，启蒙编译所译，上海社会科学院出版社2016年版，第22页。

藏书，如果想阅读昂贵的书籍，还能从当地图书馆借阅。1750年，所有城镇都有图书馆。位于珀斯郡和克里夫的因内佩弗里就是很好的例子。那里的图书馆保存了从1747年至1800年间的借阅记录。记录显示借阅者形形色色，包括当地的面包师傅、铁匠、箍桶工人、染匠和染坊学徒、农夫、石匠、采矿工人、裁缝以及佣人。藏书以宗教书籍为主，但被借阅的书一多半都是世俗主题，作者包括约翰·洛克、法国启蒙运动的博物学家乔治-路易·勒克莱尔·德·布丰、苏格兰本土历史学家威廉·罗伯逊。阅读的风气开创了文化的多重面向，在苏格兰培育了大量读者群。他们的品味形形色色，主题包罗万象。"[1]苏格兰人如此对新知识的渴求和对图书的需要，自然极大地促进了出版经济及相关产业的发展。以爱丁堡为例，"书籍贸易在爱丁堡当地的经济中有着重要地位。1763年，这个城市的人口仅有6万，却拥有6家出版公司，1790年增至16家。造纸业是民族经济的支柱产业。"[2]出版业的从业人员数量和占比也相当可观，仅以造纸业为例，"苏格兰本土的制造业中，从业人员数量超过造纸业的，只有羊毛、制麻、铸铁

---

① ［美］阿瑟·赫尔曼：《苏格兰——现代世界文明的起点》，2016年版，启蒙编译所译，上海社会科学院出版社2016年版，第22-23页。

② ［美］阿瑟·赫尔曼：《苏格兰——现代世界文明的起点》，2016年版，启蒙编译所译，上海社会科学院出版社2016年版，第23页。

和酿酒业"。"1795 年的官方调查显示，苏格兰总人口 150 万，其中将近两万人依靠写作或出版谋生，10500 人从事教育。"①

苏格兰、英国和欧洲大陆成为最新知识或新科学以及现代大学的发源地，这使它们最早迈入了现代社会，最早确立了新的资本主义的生产方式，并把这种生产方式自然地转化成民族国家的经济发展方式，以及国家治理方式。它们的移民还将这种生产方式、经济发展方式带到了美洲大陆，并在那里创立了更新的国家治理方式，创立了与欧洲既有相似性又完全不同的全新的国家形态。

东亚的日本在明治维新之后，走上了现代化强国之路，其基本国策就是读书和教育，日本的成功经验被总结为，"日本乃读书立国之邦"②，日本除了经济发展得到举世认可之外，还有另一种共识，"即将日本实力雄厚的阅读能力视为日本这个国家的一种软实力资本"③。就读书能力而言，日本人引以为傲的是，它曾经达到世界最高水平，至今仍维持在世界高水平之列。"众所众知，江户时代日本的

① ［美］阿瑟·赫尔曼：《苏格兰——现代世界文明的起点》，2016 年版，启蒙编译所译，上海社会科学院出版社 2016 年版，第 24 页。

② ［日］斋藤孝：《阅读的力量》，序二，武继平译，鹭江出版社 2016 年版，第 55 页。

③ ［日］斋藤孝：《阅读的力量》，序二，武继平译，鹭江出版社 2016 年版，第 59 页。

识字率远远高过当时世界识字率水平，就连农民和小市民识字率都非常高。"①俄罗斯著名生物学家梅契尼科夫②曾于明治七年（1874）到翌年年底到访日本，根据他的回忆录《记忆中的明治维新》记载，"跟当时的俄国以及西欧拉丁系诸国比较，日本人的识字率相当高，就连人力车夫和青楼女子也是一有闲暇便读书"③。日本近代著名资产阶级思想家福泽谕吉撰写的《劝学篇》不仅成为当时红极一时的畅销书，更成为流传至今的世界经典。福泽谕吉在《劝学篇》中劝诫日本人要读书自强，指出："环顾世界各国，有的因为文明开化，文事武备都很昌盛，成为富强的国家；有的因为蒙昧还没有开化，文事武备都落后，成为贫弱的国家。""贫富强弱并非天定，而决定于人的努力与否。今天的愚人可以在明天变成智者，从前富强之国可以在现在沦于贫弱，古今这样的例子是不少的。如果我们日本人从此立志求学，充实力量，先谋个人的独立，再求一国之富强，则西洋人的势力又何足惧？"④他坚信，读书是个人自立

① ［日］斋藤孝：《阅读的力量》，序二，武继平译，鹭江出版社2016年版，第55页。

② 梅契尼科夫（Elie Metchnikoff，1845—1916），俄罗斯著名生物学家，获得1908年诺贝尔生理学和医学奖。

③ ［日］斋藤孝：《阅读的力量》，序二，武继平译，第55页。

④ ［日］福泽谕吉：《劝学篇》，群力译，《汉译世界学术名著丛书》，商务印书馆2016年版，第14页。

的基础和保障，人人自立，国家才能自立，自立才能自强。

　　一直到 20 世纪初，中国仍然处于半殖民地半封建社会的水深火热之中，其根本原因就在于落后——知识落后、思想观念落后和科学技术落后等，这些落后都应归结为文化教育落后。把出版事业当作实现富国强民梦想的张元济①，是 20 世纪初中国智识之士的代表。他在 1901 年写给盛宣怀②的信中说："中国号称四万万人，其受教育者度不过四十万人，是才得千分之一耳。且此四十万人者，亦不过能背诵四书五经，能写几句八股八韵而已，于今世界所应知之事，茫然无所知也。"③在世界现代化的潮流下，当时的中国积贫积弱，有亡国之虞，为改变这种状况，以张元济为代表的中国出版人，以救亡图存的精神，聚积为一股强大的文化力量，努力书林，为中国现代文化和教育事业，做出了突出贡献。

　　当今中国所取得的巨大进步和发展，无一不与重视教育和文化发展，尤其是改革开放后的教育的疾速发展息息相关。新中国建立之初，文盲率高达 80%。经过政府组织

---

　　① 张元济（1867—1959），字菊生，中国近现代出版家、教育家和爱国实业家。曾长期担任商务印书馆掌门人。

　　② 盛宣怀（1844—1916），字杏荪，清末大臣。创办南洋公学，任用张元济为译书院负责人。

　　③ 张元济：《张元济全集》（第 3 卷），商务印书馆 2007 年版，第204 页。

推进的扫盲运动，在 10 余年的时间里，1 亿多人摘掉了文盲的帽子。改革开放之后，中国加速了教育的发展力度。1983 年 10 月 1 日，邓小平应北京景山学校请求，作了重要的题词："教育要面向现代化，面向世界，面向未来"。题词对教育工作提出了新的更高的要求，给我国教育事业发展指明了新的方向。1986 年我国颁布了《中华人民共和国义务教育法》。这是我国首次把义务教育用法律的形式固定下来，也就是说适龄的"儿童和少年"必须依法接受 9 年的义务教育。通过十多年的不懈努力，在 2000 年，我国总体上实现了"基本普及九年义务教育，基本扫除青壮年文盲"的奋斗目标。实践证明，改革开放的 40 年来，中国的市场经济取得的巨大成功以及中国经济发展的显著成果，都有赖于整个教育制度的建设和发展。在全球化和知识经济的今天，教育和科技更加至关重要，而发展科技的关键就是人才的培养。

虽然如此，我们仍然要清醒地认识到，我们在阅读、学术和文化的诸多方面，在世界上仍然处于追赶的地位，国民的阅读率仍然处于很低的水平，文化教育发展也还不够均衡。在发达的城市地区，读书也远没有形成风气，甚至在最应该读书的大学生群体，阅读率也并不乐观。在偏远欠发达的地区，图书仍然是奢侈品，无书可读的现象仍然存在。我们还需要树立牢固的自觉意识，全民阅读的推广工作还需要落到实处，持久贯彻。这是每个人的责任，是时代赋予我们的神圣职责。

四、阅读是人类的生存之道

阅读不仅关乎个人命运，关乎社会存在，关乎民族国家的软实力和竞争力，还关乎人类这个物种的生存与繁衍及种属的活力和优越性。可以说，阅读是人类亘古未变的生存之道。

1.阅读为人类赢得生存的机会

生存压力和竞争压力是人类永恒不变的主题，因为上天虽然赋予人以"万物之灵"的高贵，却没有赋予人得享高贵的自然本领，相反，与其他动物相比，人是最没有自然本领的动物，人必须依靠后天的习得培养和练就本领，甚至必须依靠群居的生活方式，才能为自己赢得生存的机会，才能在与自然灾害的斗争中，在与动物对生存空间等的争夺中，占据有利的位置。

单个的人是很弱小的，其面临的生存和竞争压力数不胜数，而来自所有方面的威胁，几乎都要靠读书获取知识来破解，包括读天地之书和读文字之书。这就不难理解阿根廷裔加拿大作家阿尔维托·曼古埃尔在其代表作之一的《阅读史》中，用一整页的篇幅，以"最后一页"的名义，只抄录了福楼拜的一句话：阅读是为了活着。[①]而且，这"最后一页"却置于卷首的醒目位置，其警示意义不言自明。

18 世纪中至 19 世纪初的德国著名语言学家和哲学家赫尔德在研究语言的起源时，揭示了这样一个道理，他指出，宇宙中的万物尤其是动物都至少有一种足以让其生存下来的能力，他把它称作本能，例如蜘蛛的织网能力、蜜蜂的筑巢能力、鸟的飞翔能力、鱼的潜水能力、各种野兽所独有的凶猛、力量、速度以及牙齿、爪子、眼睛、耳朵甚至鼻子和舌头等特殊能力等，唯独人在各方面的能力都很平庸，"就本能的强大和可靠而言，人远远比不上动物"[②]，"人赤裸裸地来到世上，他是一种缺乏本能的动物。就此看来，人可以说是世界上最可怜的生物"[③]。

人无法依靠在各方面都显平庸的本能，征服变化莫测的自然灾害和对付豺狼猛兽的侵犯。赫尔德接着分析道：

---

① ［加拿大］阿尔维托·曼古埃尔:《阅读史》，吴昌杰译，商务印书馆 2014 年版，第 1 页。

② ［德］J. G.赫尔德:《论语言的起源》，姚小平译，商务印书馆 2014 年版，第 20 页。

③ ［德］J. G.赫尔德:《论语言的起源》，姚小平译，商务印书馆 2014 年版，第 83 页。

"这种缺陷决不可能是人的种属特征，除非大自然对他就像最残酷无情的继母一样不公，要知道，自然对于每一种昆虫都是一位最最慈爱的母亲。她给予每一种昆虫它正好需要的东西。""那么，根据自然的类推"，它就应该也赋予"人所独有的东西"，这种"人所独有的东西""是人类种属的特征"，"它对于人就像本能对于动物那样重要"。"人所独有的东西"产生于大脑，就是思维和思想，作为哲学家的赫尔德称之为"理性"。[①]"人的所谓理性，就是一切人类力量的总和形式，就是人的感性本质和认知本质、认知本质和意愿本质的结合形式，或更确切地说，是与某种机体组织相联系的唯一积极作用的思维力量。"[②]人类就是凭借着思维或思想的独特力量，一方面利用记忆力、综合、分析和判断力熟悉动物的习性，了解植物的特征，掌握自然的规律，以规避自身的风险，另一方面通过发明语言和生产工具提高自身的实践能力，语言和工具又反过来促进思想或理性的不断提高。以火的使用和冶炼技术的发明为起点，人类又开始了科学发现和技术发明的脚步，至今已发展到上天入地的科学技术能力和境界。

---

① ［德］J. G.赫尔德:《论语言的起源》，姚小平译，商务印书馆2014年版，第25页。

② ［德］J. G.赫尔德:《论语言的起源》，姚小平译，商务印书馆2014年版，第27页。

人类经验和知识的获得光靠一个人、一群人、一代人都还远远不够，处处是凶险，认识无止境，人类必须把难得的经验、知识和技术代代相传，不断积累得愈益丰富，人类的生存能力才愈益强大，这是人性的天职。对此，人类的先贤们早有领悟，例如赫尔德就曾指出："如果每个人只为自己从事发明，无谓的重复劳动就会永无止境地延续下去，进行发明的知性便被剥夺了最宝贵的特质，即生长。"[①]以语言记录为核心的图书和读书就是人类最重要的传播知识和传承技能的手段，因为所有的知识和技能只有通过语言文字才能得到可靠、持久的传播和传承。

关于人类相互学习、相互交流以获得更多生存技能和条件的状况，英国当代著名历史学家彼得·弗兰科潘在其新著《丝绸之路——一部全新的世界史》中，仅从经济贸易角度做出的描绘，就给我们提供了具体、真实的案例。他说："早在20多个世纪之前，我们的祖先就曾尽力搜集各国的信息，并派遣出各种特使和代表，探索哪里是世界上最佳的市场，探索如何抵达沙漠、山脉另一端的国度和城镇。无论探索后写就的报告成书于哪个年代，它们都是试图给罗马和巴格达、洛阳和北京、吉特拉和高知、福斯塔特和非斯、基辅和莫斯科、伦敦和塞维尔的统治者们提

---

① 〔德〕J. G.赫尔德：《论语言的起源》，姚小平译，商务印书馆2014年版，第118页。

供信息和智慧，都带回了其他民族生活和劳作的相关景象，汇报了贸易交流的情况，告知人们可能遇到的风险和可能收获的利益。"[1]

实际上，人类也正是由于知识积累的逐渐增多，生存的能力才变得越来越强。这表现在几个方面：一是地球上的人口越来越多；二是人口的平均寿命越来越长；三是大体上越发达的国家和地区人口的平均寿命越长，甚至进入老龄化社会。这是一个逐渐演变的过程，是一个长期演变的过程。举例来说，在 18 世纪末，欧洲仍然生活在不稳定的状态中，"如果粮食等欠收，人们仍然会受到大规模饥荒的威胁（例如法国大革命前夕的饥荒），人均寿命仅约 40 岁，婴儿死亡率依旧高居不下。"[2]这更加充分地证明，人类生存能力的强大与知识的传播和阅读的普及同步，且极大地依赖阅读和知识。

中国现代著名学者胡适在谈到为什么要读书时，也谈到了读书对于人类积累知识、传递知识和把知识发扬光大的重要性。他深有感触地说："我们不能够再像古人那样重新去经历各种事情。如果我们还是要像古人那样一

① ［英］彼得·弗兰科潘：《丝绸之路——一部全新的世界史》，邵旭东、孙芳译，"中文版序言"，浙江大学出版社 2017 年版，XI。

② ［英］玛丽·伊万丝：《现代社会的形成：1500 年以来的社会变迁》，向俊译，中信出版集团 2017 年版，第 71 页。

事一事去经历、试探，而后知道、明白，那我们的智识便不能进步，一切文物制度便要有退无进了。因为我们一生所能经历而得到的智识，绝不能及到古人所集积的那么多。因此，我们要在极短的时期中，把古人的遗产，全部接受过来，那末，非读书不可。因为，古人经历数千年来之学问、智识、经验，完全刊载在书本中，我们要知道古人数千年来之这一部分学问，便去读刊载着这一部分学问的书本；我们要知道古人数千年来之那一部分智识，便去读刊载着那一部分智识的书本，我们要知道古人数千年来之另一部分经验，便去读刊载着另一部分经验的书本。我们只要在很短的时期中，就能读完这些书本；就能把古人经历数千年来之一切学问、智识、经验，人类的遗产，全部接收过来。既接收了人类的全部遗产后，再去发挥而光大之，则人类的学问愈能深造，人类的智识愈能充足，人类的经验愈能丰富了！为保存古人所遗下的学问智识、经验，果然要读书；为要发挥而光大古人的学问、智识、经验，更加要读书。"①

一代伟人毛泽东关于"活到老，学到老"的思想，也蕴涵着这样深刻的道理。1938 年他在中央党校的讲话中说过："你学到一百岁，人家替你做寿，你还是不可能说'我

① 胡适：《为什么读书》，胡适等：《怎样读书》，生活·读书·新知三联书店 2016 年版，第 14 页。

已经学完了'，因为你再活一天，就能再学一天。你死了，你还是没有学完，而由你的儿子、孙子、孙子的儿子、孙子的孙子再学下去。照这样说，人类已经学了多少年呢？据说五十万年（当时科学界的说法，现在又有新说法了），……以后还要学多少年呢？那可长哉长哉，不知有多少儿孙，一代一代学下去。"[1]

实际上，一直到科技和文明高度发达的今天，人类仍然没有完全摆脱"靠天吃饭"的命运，面对重大自然灾害和疾病灾害，人类仍然缺乏有效的办法，这些都是人类认识的盲区，人类认识的盲区和个人知识的不足或不客气地说"无知"，每时每刻都在造成人口的意外或非正常死亡。往远处说，稍有点儿历史知识的人，都会记得，"1348—1349 年的黑死病，夺走了欧洲三分之一人口的性命"，那个时期"成千上万人的命运取决于每年收成的好坏"，"他们仍然没有摆脱自然界的威胁。"[2]黑死病不仅夺走了众多的生命，还对人类的精神造成了重大创伤。往近了说，就在几年前，一场"非典"的重大灾祸在中国肆虐，它不仅造成了严重的人口死亡，其来无影去无踪的

---

[1] 参见龚育之、逄先知、石仲泉：《毛泽东的读书生活》，生活·读书·新知三联书店 2014 年版，第 20 页。

[2] ［英］玛丽·伊万丝：《现代社会的形成：1500 年以来的社会变迁》，向俊译，第 7 页。

状况至今仍令人胆寒。科学是与人的生存和生命密不可分的，"科学的态度就是研究人类和动物生存的自然条件，因此也要研究为了确保生存，我们对自然可以做什么和必须不做什么。从这个意义上讲，科学就是探究与理性一致的生活的可能的边界条件。超越这些边界条件，就是未曾意识到的自我毁灭"。[1]人类对知识的探究永无止境，对自然和世界的认识永无止境，阅读永无止境。

阅读对于人而言，就像吸氧一样重要，吸氧维系的是人作为生物体的存在，读书或阅读则既是维系人作为生物体存在的需要，更是维系人作为社会生命体存在的需要。阿尔维托·曼古埃尔在谈到阅读的体会时写道："我们每个人都阅读自身及周遭的世界，俾以稍得了解自身和处所。我们阅读以求了解或是开窍。我们不得不阅读。阅读，几乎就如同呼吸一般，是我们的基本功能。"[2]

2.知识与文化是连接人类的天然纽带

从人类最根本的生存需求出发，知识是人类最重要

---

① ［芬兰］冯·赖特：《知识之树》，陈波编选，陈波、胡泽洪、周祯祥译，生活·读书·新知三联书店2003年版，第24页。

② ［加拿大］阿尔维托·曼古埃尔：《阅读史》，吴昌杰译，商务印书馆2014年版，第7页。

188

的生存手段，是全人类共同创造、共同积累、共同传承，因此也必然共同享用的生存手段。关于这一点，我们已经从根本上、从源头上给予了论述。文化是人类相互滋养、相互学习和相互借鉴的最重要的民族特性，不仅如此，在人类各民族共同繁衍生息的过程中，文化既能起到相互滋养、相互借鉴的作用，还具有相互砥砺甚至是相互竞争的特性。换句话来说，文化也是在各民族的交往和竞争中存在。文化在，民族就在；文化不在，民族便无迹可寻。因此，我们说，知识和文化是连结人类的天然纽带。

知识和文化把人类天然地连结在了一起，人类也就天然地结成了一个命运共同体。认识到这一点和理解到这一点并不容易，能为这个命运共同体付诸努力就更不容易，更不是简单的事。今天我们仍看到战火硝烟遍布世界各地，那是人类命运的哀鸣，更是中国倡导人类命运共同体的根本缘由和动力。关于人类共同创造、共同享受知识和文化，知识和文化把人类的命运连结在一起，我们有清晰的轨迹可寻，这条清晰的轨迹从文明起源到现代社会的形成，一直贯穿到网络互联互通的今天。限于篇幅，我们仅以学术界公认的文明诞生的三大标志为例，加以简要阐释。

文明诞生的第一个标志是文字的出现。可以毫不夸张地说，我们今天所享受的所谓现代文明，其主要成果绝大多数都拜古人所赐，是古代众多民族群体智慧的结晶，现代人主要是享受者，而不是创造者，最多是发扬光大者。最突出的，或者说，首当其冲的是语言文字，"文字是历史遗赠最显著的特征之一"①。语言的出现和文字的发明不仅是把人从动物群体中分离出来的最重要的事件，不同语言和文字又是把不同民族区分开来的标志性符号，语言文字还是文明创造和发展的基础，几乎人类的一切文明成果，都是建立在语言文字基础之上的，离开了语言文字，人类的文明几乎归零。

语言自远古出现，文字为古人发明。历史学家、考古学家和文明与文化学家都一致认为，文字的出现是文明诞生的最重要标志，人类自有了文字，开始进入有据可查的历史阶段，或者说，才开始拉开历史的帷幕。在文字之前，人类的过往，在学术上只能被称为"史前"。文字的起源和演变首先大体上经历了由图画文字到图形文字，由图形文字到象形文字，由象形文字到规形文字（规范字型）的过程。在由"象形"到"规形"的演变阶段，出现了两条道路的分岔。一条道路导致了字母文字的出现，另一条道路导致了象形或规形文字的标准化。

先说字母文字的发展之路。迄今所知人类最早的文字包括苏美尔人发明的楔形文字和古埃及人发明的象形文

<hr>

① ［德］奥斯瓦尔德·斯宾格勒：《西方的没落》（第二卷），《世界历史的透视》，吴琼译，上海三联书店2016年版，第133页。

字，还有克里特、迈锡尼文明的线形文字，以及中国的殷商甲骨文等。其中楔形文字体系在古代美索不达米亚传播很广，一度成为古代近东的国际性语言，这一地区的许多古代民族都采用了楔形文字体系，又都有自己的地区特点，形成了区域性的语言，在某种程度上也可以称之为方言。比如，在苏美尔人楔形文字之后，出现了阿卡德语，以及巴比伦方言和亚述方言，还有赫梯语、阿拉米语和乌加里特语等。象形文字都有表意符号和表音符号，其中的"形"是表意符号，表音符号则为字母符号，没有音只有形的文字便说不出口，便无法传播、流行。苏美尔文字最早的表音符号出现在公元前第 3 千纪初的捷姆迭特·那色文化时期，到公元前第 3 千纪前半期，音节符号已被广泛使用。古埃及象形文字的表音符号，出现的时间还要更早一些。[①]苏美尔语由于自身的原因，没有充分发挥起表音符号的作用，阿卡德人在阿卡德语中充分发挥了表音符号的作用，使阿卡德语具有了更多的音节价值。后来有的民族率先把这种音节价值符号发展成了字母文字，即把表音符号变成了正式文字，而放弃了表意符号即字形，这可能就是字母文字的起源。

至于是哪个民族最早发明或使用了字母文字，学术界

---

① 参见于殿利:《巴比伦与亚述文明》，北京师范大学出版社 2016 年版，第 64 页。

至今存在很大的争论，未有定论。传统的或最常见的观点把这一功劳归给了腓尼基人，这源于古希腊和古罗马作家的记载，典型代表是历史之父希罗多德[①]。希罗多德在其名著《历史》中说到，腓尼基人把字母文字带给了希腊人。据他记载："盖披拉人所属的、这些和卡得莫司一道来的腓尼基人定居在这个地方，他们把许多知识带给了希腊人，特别是我认为希腊人一直不知道的一套字母。但是久而久之，字母的声音和形状就都改变了。"[②]古罗马著名历史学家塔西佗[③]的记载又增加了新内容，他说埃及人"自称是字母的发明者"，"他们认为，曾称雄海上的腓尼基人把这种知识从埃及输入希腊，结果借用字母的腓尼基人却取得了发明字母的声誉"[④]。希罗多德和塔西佗关于腓尼基人把字母文字传给希腊人的说法应该可信，但希罗多德并没有说腓尼基人发明了字母文字，而塔西佗则把这一功劳归给

[①] 希罗多德（Herotodus，约前480—前425年），古希腊最伟大的历史学家，被誉为"西方历史之父"。著有《历史》或《希腊波斯战争史》。

[②] ［古希腊］希罗多德：《历史》（下册），王以铸译，《汉译世界学术名著丛书》，商务印书馆2017年版，第434页。

[③] 普布里乌斯·科尔涅利乌斯·塔西佗（Publius Cornelius Tacitus，约A.D.55—120），古罗马最伟大的历史学家之一，著有《历史》《编年史》《阿古利可拉传》和《日耳曼尼亚志》等。

[④] ［古罗马］塔西佗：《编年史》（下册），王以铸、崔妙因译，《汉译世界学术名著丛书》，商务印书馆2013年版，第365页。

了埃及人。另一位古罗马著名历史学家狄奥多鲁斯·希库鲁斯①明确指出，"叙利亚人是字母文字的发明者，腓尼基人从叙利亚人那里学到了字母文字，他们对一些字母在形式上做了修改，然后又传给了希腊人。"②狄奥多鲁斯所说的叙利亚人指的是阿拉米人（Aramaeans），阿拉米人是生活在叙利亚的古代民族。在靠近今阿勒颇的泰尔·哈拉夫（Tell Halaf）和阿尔斯兰·塔什（Arslan Tash）等地发现了一些阿拉米语文献，它们属于公元前9世纪（约公元前850年）。③这一时期的阿拉米人在亚述帝国的影响和控制之下，亚述帝国的宫廷中有很多阿拉米人从事书记官和翻译工作。阿拉米语和阿卡德语（亚述语）成为亚述帝国的两大官方语言，国之重大事项，尤其是国王征战的事迹和战利品清点，都是同时用阿卡德语和阿拉米语记载。我们在战争浮雕等文物中看到，两名书记官同时并立而书，一名书记官用阿卡德语在泥板上用楔形文字刻写，另一名书记官在纸草卷上用阿拉米语字母书写。发明字母文字的功

---

① 狄奥多鲁斯·希库鲁斯（Diodolus Siculus，公元前1世纪晚期），古希腊著名历史学家，著有《历史集成》等。

② Diodolus Siculus，*Bibl. Hist. I, lxix 5（Egyptians）*，参见G.R.Driver, M.A.，F.B.A.，*Semitic Writing, From Pictograph to Alphabet*，London：Oxford University Press，1976，p.128.

③ G.R.Driver, M.A.，F.B.A.，*Semitic Writing, From Pictograph to Alphabet*，London：Oxford University Press，1976，p.119.

劳归于谁不是那么重要，重要和可以肯定的是，它是古代东方诸多民族集体智慧的结晶，东方民族把字母文字传到希腊，希腊人在此基础上创造了希腊语，希腊语不仅成为西方字母文字的源头之一，还成为形成西方文化传统的最重要基石。

至于由象形文字发展到字形日趋规范化和标准化的文字，其脉络比字母文字的演变更清晰，也不存在"争功"之事。汉字便是典型代表，汉字及其文化的源远流长，为此提供了清晰、鲜活的案例。汉字由图形到象形，再由象形到繁体字和简化汉字的规范化过程，是有充分的文献基础的。汉字的传播和对外影响，尤其是对日本语和朝鲜语乃至对日本和朝鲜文化的影响，也是有充分的文献依据的。对此进行论述和阐释，不是本文的目的，我们只想说，以汉字为典型代表的"规形"文字不仅形成了另一种与字母文字并列的文字系统，同时也形成了一种独特的汉字文化圈。无论是字母文字及其文化圈，还是规形文字及其文化圈，都体现了人类共创、共享的历史实践。

文明诞生的第二个标志是城市的出现。城市出现后，人类文明的轨迹就沿着这条轨道坚定不移地前行，虽然人类各民族的城市在不同的历史时期可能呈现出不同的特点，但其主旨和本质却从未发生过根本变化。至今，城市仍然是文明发展的最主要方式，也是发展人性和彰显人性最主要的方式。城市在各不同地区诞生之后，便呈现出内在的向心力，即相互之间的吸引力，因为它们有相同的基因和相同的特质。当然过分吸引也会产生相反的结果，即相互竞争甚至战争，这也是人性的显著特点之一。正是具有相同的基因和特质，当今的世界城市，比以往具有更多的亲和力，每个城市又都以各自独特的魅力，吸引着世界的目光，吸引着世界的脚步。而距离我们越是久远，我们越是了解甚少的城市，越具有神秘的色彩，因此也越具有吸引力，越能激发人们躬身探幽的冲动。这时的城市便成为人类共同的家园，共同的命运家园。

西方学术界都熟知一个短语，即"城市的空气使人自由"，或"城市中弥漫自由的空气"。"自由"就是城市基因和特质的由来，自由交换、自由交通和自由交流堪称城市的"三大自由"，它们在某种程度上决定了城市的属性和使命。自由交换主要体现在城市的商品经济特征之上，很多西方学者认为，最早的城市便具有资本主义的特征，他们"把资本主义的经济实践即使不是追溯到公元前第 3 千纪，也要追溯到公元前两千纪早期的美索不达米亚"[①]。商品经济不仅是城市的主要特征，还是人类文明发展的根本方式。生存是人的第一需要，而产品和以企业组织的方式生

① Marc Van de Mieroop, *The Ancient Mesopotamian City*, Oxford University Press, 2004, p. 13.

产产品，是满足这一需求唯一长期有效的方式，因此也是维持社会存在和运转的唯一长期有效的方式。可以说，需求是推动经济和社会发展的根本动力。迄今，人类文明所走过的现代化之路，就是城市化和工业化或产业化之路。

自由交换必然要求自由交通，我们所说的自由交通是指城市拥有便利的交通条件，尤其是城市外部的或对外交通条件。交通运输条件是影响商品经济的重要因素，因此人类最早的城市都诞生在江河湖海便利的水路航线上，因为在人类文明的早期，水路是自然的交通运输条件，而建设陆路交通相对要困难得多。根据目前的史料来看，人类最早的城市出现在美索不达米亚和埃及，也就是在底格里斯河和幼发拉底河两河流域，以及尼罗河流域，时间在公元前第 4 千纪。后来希腊和罗马的城市，情况也大致类似，罗马帝国时期，"罗马国家的边界沿着莱茵河和多瑙河一线，高度发达的罗马城市从来没有在这条线之外出现过"。①

自由交流主要体现在知识传授、文化传播和学术研究等方面。城市化的核心是农民市民化，市民知识化，因此文化是城市的精神和灵魂。在城市生产和生活环境下，社会分工越来越细，出现了专门的教育机构即学校和专门从

---

① ［英］诺尔曼·庞兹:《中世纪城市》，刘景华、孙继静译，商务印书馆 2015 年版，第 2 页。

事教育事业的教师；出现了专门的知识生产机构、信息搜集机构和专门的知识创作者和文化工作者；出现了专门传授知识和传播文化的载体——图书和专门收藏图书的图书馆和专门销售图书的书店。因此，书店在城市中显得有点特立独行，读者也不同于一般商品的消费者。知识和文化成为了民族的标志性符号，掌握先进知识与文化的公民便成为了民族和国家向上的力量。促进学术、科技与文化繁荣，自然成为民族国家的使命。

　　"三大自由"铸就了城市的三大中心地位，即商业中心或经济中心、交通中心或交通中枢和文化中心。这"三大中心"有一个共同点，即都指向了对内和对外的联系、联络和联合。商业贸易本身是"外联"性质；交通本身更是连接内外，使之互联互通；知识传授和文化传播的本质则是跨地域、跨民族和跨文化的沟通人类，因此知识传播与商业模式和城市化道路紧密地联系在一起。"随着城市变得凌驾于乡村之上，随着市民也开始具有了渴望至高权力的贵族精神、僧侣精神和都市精神，书写就从作为贵族声誉和永恒真理的使者，变成了商业和科学的交际手段。①因此，城市作为人类文明演进的最重要方式，天然就具有相互联合、命运共同的特征。自古至今，世界许多著名城市

---

　　① ［德］奥斯瓦尔德·斯宾格勒：《西方的没落》（第二卷），《世界历史的透视》，吴琼译，上海三联书店2006年版，第135页。

楔形文字符号的起源与演变

约公元前3500年	旋转90°	约公元前2500年	约公元前1800年	约公元前1000年	表达意义
					天，神
					地
					男人
					女人
					山
					女奴
					头
					说

					食物
					吃
					水
					喝
					足,站立,行走
					鸟
					鱼
					牛
					母牛
					大麦

要么以商贸之都，要么以文化之都，要么以中转要道之名，连接着世界各民族，也因此享受着更多的荣耀。人类最早的城市之一、苏美尔名城乌尔很早的时候就开展对外贸易，到公元前第 2 千纪初期的古巴比伦时期，乌尔城成为巴比伦对外贸易之都；更为著名的巴比伦城，在公元前 7 世纪的新巴比伦时期不仅以空中花园著称于世，同时巴比伦城还是各国"商贾云集"的国际大都会；在古典时期的希腊，雅典城更是其最亮丽的名片；当地中海成为罗马帝国内湖之时，罗马城已经是不折不扣的世界的中心；希腊化时代的埃及名城亚历山大里亚，成为当时名副其实的世界学术研究中心和文化传播中心，它不仅拥有古代世界最大的图书馆，还吸引了来自世界各地的学者，他们云集于此研习学问，然后再由此传向世界。据记载，公元前 1 世纪时亚历山大里亚的人口就多达 30 万，成为当时世界上最大的城市①；被称为"沙漠威尼斯"的佩特拉城，坐落在阿拉伯半岛和地中海商道的绝佳位置，曾经连接世界的商贸中心，这些因素"使它成为古代城市发展史上的奇迹"②；拜占庭帝国的首都君士坦丁堡，不仅见证了众多的刀光剑

---

① ［英］彼得·弗兰科潘：《丝绸之路——一部全新世界史》，邵旭东、孙芳译，浙江大学出版社 2017 年版，第 12 页。

② ［英］彼得·弗兰科潘：《丝绸之路——一部全新世界史》，邵旭东、孙芳译，浙江大学出版社 2017 年版，第 17 页。

影，更以连接欧亚的独特地理位置，以及激荡、兼容和沟通东西方文化的气度为世人称羡；中国汉唐盛世的都城长安，可以算是一个例外，它以内陆城市而发展成为当时的国际化大都会。文艺复兴及其以后的城市发展更加突出了其文化性和商业性，巴黎、佛罗伦萨和威尼斯等成为杰出的代表，它们早已成为人类共同的文化记忆。开创大航海时代，改变世界格局，并发现了新大陆，从而奠定了现代世界新格局的一个个划时代事件，让人们认识了巴塞罗那、马德里、里斯本和波尔图，由国王签署的文件和派出的船队从这些城市发出，拉开了把全世界都纳入其中的资本主义殖民的序幕。伦敦、朴茨茅斯、阿姆斯特丹和鹿特丹，以及波士顿、纽约、东京和哈瓦那、墨西哥城、新德里、孟买、广州、上海等，在世界舞台上吸引了众多的目光。一座座城市犹如一颗颗珍珠，五彩斑斓的知识和文化把它们串联在一起。每一座城市，既是民族的，又是世界的，是全人类的。城市作为文明演进的方式，已成为人类共同的记忆和财富。

文明诞生的第三个标志是冶炼技术的发明。冶炼技术对人类社会发展尤其是对生产力发展的推动作用，是无须证明的，而且影响至今。但我们无意在此单论这项傲人的技术，而是更愿意把它看成是科学技术的象征，从冶炼技术开始简要回看一下人类是如何共创、共享早已融入人类生活的科学技术的。认识这一点，承认这一点，揭示和传播这一点，并不是一件简单的事。长期以来，在学术界，欧洲中心论和种族优越论都占统治地位，虽遭受批判，至今仍大有市场。正如英国著名科学史家李约瑟所说："当学术研究正在逐步揭示亚洲文明的贡献时，也有一种对立的倾向试图通过不恰当地提高希腊人的角色以维持欧洲的独特性。他们宣称，自始以来，不仅现代科学，甚至科学本身也是欧洲的特色，而且仅仅是欧洲的特色。"①甚至像爱因斯坦这样犹太裔的大科学家，也具有同样忽视中国和其他亚洲民族对科学技术贡献的倾向。

先从一切自然科学的基础数学说起，首先，数字是数学的基础。而人类至今共同享用的所谓的阿拉伯数字，最早是由印度人发明的，然后传遍全世界，成为人类共同的财富。之所以被误称为"阿拉伯数字"，是因为它是由阿拉伯人传入欧洲的，欧洲人误以为是阿拉伯人发明的。同样构成数学基础的十进制、六十进制、圆及圆周率等代数和几何学，都起源于古代美索不达米亚和古埃及，就连所谓的"毕达哥拉斯定理"即勾股定理，也是巴比伦人首先发现的，最直接的证据就是巴比伦数学泥板中最著名的普林

---

① ［英］李约瑟:《文明的滴定》，张卜天译，商务印书馆2016年版，第29页。

亚述国王提格拉特帕拉沙尔三世（公元前744—前729年在位）的两名书记官正在做战利品登记。一名书记官用楔形文字在泥板上刻写，另一名书记官用阿拉米语在纸草卷上书写。

顿第 322 号泥板①，科学史家认为"它是世界上最著名的数学发明之一"，"它也确实作为数学史上的里程碑而名垂史册"②；最早的天文学观测和至今人们仍然一刻也离不开的星期、日历（太阴历和太阳历）等，也同样起源于美索不达米亚和埃及；美索不达米亚人和埃及人拥有最早的医学处方和卫生预防学知识，他们是最早的外科手术专家；早在公元前 3500 年，美索不达米亚的化学家就发明了蒸馏和萃取技术，他们还是最早的玻璃制造者；苏美尔人还最早发明了轮子，从此轮子便推动人类文明永无休止地运转至今。这样的例子举不胜举。

现代科学起源于西方，这是不争的事实。但也必须看到和承认还有另外的事实，我们至少可以举出另外三个同样重要的事实，它们同样昭示着人类现代科学技术的共创与共享。其一，现代科学不是欧洲人的专利。现代的科学与技术不是凭空出现的，它是人类长期发现和发明积累的结果，东方社会为此做出了突出贡献。其中中国的四大发明等对现代科学与技术的影响与贡献，要么被无视，要么被低估。权威科学史家李约瑟的研究表明，"在文艺复兴之

---

① 参见［美］霍华德·伊夫斯：《数学史概论》（第六版），欧阳绛译，哈尔滨工业大学出版社 2017 年版，第 44-47 页。

② Cliford A. Pickover, *The Math Book*, Sterling Publishing Co.Inc., New York, 2009, p.34.

前和期间，中国人在技术方面占据着非常支配性的地位"；"在公元后最初的 14 个世纪里，中国传给了欧洲极为丰富的发现和发明，而西方在接受这些发现和发明时往往并不清楚它们源于何地"；"这些发明对文艺复兴时期新生的现代科学产生了重大影响，这些影响在整个 18 世纪一直持续着。正是在那个时候，我们进入了现代的开端，那时科学已经成为中国和所有其他文化共同参与的一种全球性事业"。①关于印刷术、火药和磁石的重要意义，现代科学和哲学的奠基人之一弗朗西斯·培根，在不知道它们是中国人发明的情况下，曾经给出了这样的评价："这三大发明已经改变了整个世界的面貌和事态，第一种在文献方面，第二种在战争方面，第三种在航海方面。由此又引出了无数变化，以致任何帝国、任何教派、任何星辰对人类事务的力量和影响似乎都不及这些机械性的发现。"②

其二，就算是欧洲或西方，也是由很多民族构成的，各个不同民族都为现代科学技术的发展做出了自己的贡献。例如，波兰人哥白尼、意大利人伽利略和达芬奇、德国人开普勒、英国人弗朗西斯·培根和法国人笛卡尔，等等，

---

① ［英］李约瑟：《文明的滴定》，张卜天译，商务印书馆 2016 年版，第 46—47 页。

② ［英］李约瑟：《文明的滴定》，张卜天译，商务印书馆 2016 年版，第 51 页。

都是现代科学技术的重要开拓者和奠基者，他们彰显了不同民族共同参与现代科学与技术推动现代社会形成的过程。这些现代科学技术成果，一直到当下，都被全人类所共享。其三，现代许多著名科学家，其成就虽然归于西方的名下，但其民族属性却是非西方的，包括 20 世纪最著名的物理学家爱因斯坦和杨振宁等。

关于人类各民族共创、共享现代科学与技术的历史实践，还是用李约瑟先生的话来概括比较好。李约瑟说："虽然现代科学起源于欧洲并且只起源于欧洲，但它建立在中世纪科学技术的基础之上，而后者在很大程度上并不是欧洲的。"他还说："每一个民族都带着自己贡献的思想、发现和发明融入现代世界，某些民族的贡献也许比另一些民族更多一些，但每一个民族都有能力并且愿意参与应用数学的普遍对话，同时大部分民族仍然忠于自己的语言和哲学遗产，所有其他民族都可以从这些遗产中学到很多东西。"[①]作为一名欧洲人，李约瑟以科学、公正和诚恳的态度对自己的欧洲同胞说："让我们以现代科学诞生于欧洲而且只诞生于欧洲这个无可否认的历史事实为荣，但不要藉此

---

① ［英］李约瑟:《文明的滴定》，张卜天译，商务印书馆 2016 年版，第 45 页。

而要求一种永久的专利。"①

3.中国文化与世界贡献

中国是世界上的第一人口大国，其人口数量曾经占世界总人口的四分之一，因此，在中国发生的事情都会对世界产生影响，中国的人口尤其是劳动力人口的数量和质量都会对世界产生影响，都会对人类的未来产生影响。

中国曾经为人类文明发展做出过重要贡献，中华文明的高光时刻几乎都在经济和文化发展的繁盛时期，例如汉唐宋等，唐代的长安城更是当时国际化的大都会。上文我们说到，英国著名学者李约瑟认为，中国古代的四大发明即火药、造纸和印刷术、指南针等对于西方资产阶级的崛起，西方文艺复兴和启蒙运动的发展以及15世纪的地理大发现都有着关键性作用，中国古代科技对世界早期科技发展具有决定作用。在《文明的滴定》中，李约瑟客观评述了古代中国在数学、天文学等领域的卓越成就，他说："中国钢铁技术的发展堪称真正的史诗，它对铸铁技术的掌握比欧洲早了大约1500年。与通常的观念相反，机械钟并非

---

① ［英］李约瑟:《文明的滴定》，张卜天译，商务印书馆2016年版，第43页。

发明于文艺复兴早期的欧洲，而是产生于中国唐代……"[1]李约瑟坚持认为西方世界一直低估了中国对于世界科技发展的贡献，一直到公元前 14 世纪前，中国的科技一直领先于世界。

实际上，古代中国对于世界的贡献并不仅仅在于科技应用，中国的哲学思想以及深蕴其中的宇宙观、认识论和思想方法，更是中华民族贡献于这个世界的宝贵财富。尤其是当这些思想一直有着不间断的呈现，并以一种数千年从未间断的文字表述出来，以数万种独具特色的书籍形式积累和保存下来之后，对于这些思想的认识，对于这个宝藏的发掘，对于这些思想智慧的开发运用和传播，甚至算不上已经开始。

在近代，随着西方资本主义的兴起和殖民侵略与扩张，中国落在了后面，主要是文化和科技落在了后面，直到 20 世纪初，中国才废除古代的科举制，现代知识、现代科技和现代文化还都刚刚起步，对比现代社会的要求和西方现代国家的发展状况，当时的中国基本上是文盲的国家。经过百余年来的艰苦奋斗，中国不仅摆脱了经济落后的境地，更令人欣慰的是，摘掉了"东亚病夫"的耻辱帽子，教育制度和教育体系逐渐完备，尤其是 1949 年中华人

---

① ［英］李约瑟：《文明的滴定》，张卜天译，商务印书馆 2016 年版，第 8 页。

民共和国成立后，从扫盲运动开始，到 1977 年恢复高考制度，国民的文化素质得到了全面的提升，自然科学和人文社会科学的科研水平得到了极大的提高，中国为人类文化的发展正在做出更大的贡献。但我们也应该清醒地认识到，与发达国家相比，与世界顶尖的水平相比，我们在很多方面还存在着很大的差距，例如在大学毕业生占国民总人口比例、劳动力的平均受教育时间、图书馆和博物馆的人均拥有量和国民年人均阅读率等方面，我们需要加快追赶的脚步。这些都关乎中国的整体国民素质，关乎整体劳动力素质，关乎整体生产力水平。中国人口占世界总人口的高比例状况，使得中国整体人口素质的提高，也关乎人类总体素质的提高。因此，努力进一步提高全民阅读率和阅读水平，中国就可以为人类文明和文化做出更进一步的贡献。

在新的历史时期，中国理应为人类社会发展和文明进程做出更大贡献，还因为中国百余年来和现在正在进行的具有中国特色的伟大的社会主义实践。百余年来，中国人民一直在探寻适合于自身的社会发展之路，这既是为自身发展寻求出路，它的成功也为人类社会探出了新路，树立了新的样板。它的成功也进一步表明，人类社会的发展可以有多种道路和多种模式，体现了文明发展的多样性。中华民族伟大复兴的独特实践，就是中国智慧对世界和人类的贡献。1949 年以来，尤其是改革开放四十年来，中国人民在中国共产党领导下，立足基本国情，以经济建设为中心，坚持改革开放，解放和发展社会生产力，焕发出极大的改革和发展动力，探索出一条适合中国国情的改革发展之路，取得了经济崛起、文化发展和社会进步等一系列举世瞩目的伟大成就，为世界提供了一种新的国家治理模式和经济发展路径。伟大实践必将带动伟大理论和文化的发展，中国也必将在理论建设和文化建设方面，为人类做出新的更大的贡献。我们要有这样的自觉意识和责任意识，其中学术研究、全民阅读和书香社会建设更是至关重要的几个方面。

中国崛起与以往人类社会发展道路相比，一个突出的特点是和平发展，即中国的崛起不但不会对其他国家和地区造成威胁，而且还会带动和促进其他国家和地区的发展。其一，在中国的文化传统中，"和"文化可谓根深蒂固，家和、国和以及社会和谐成为一种美德和追求。在新时代，中国愿意把这种价值理念延伸至国际大家庭的交往中；其二，在新时代，中国抱持并倡导"人类命运共同体"的新理念，它体现出了新的包容与共生的世界观和发展观。在人类命运共同体下，和平与合作不仅成为大家共同关注的主题，更成为共同遵奉的信念；其三，在新时代，中国抱定共同发展的新理念，反对一切形式的霸权与

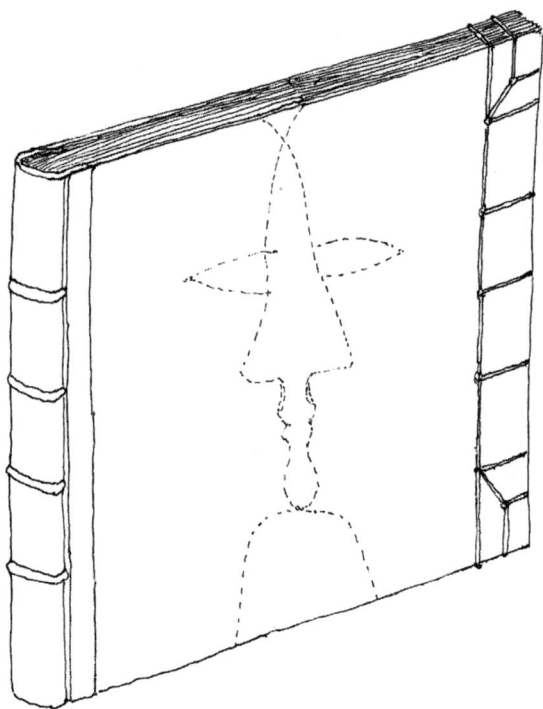

文化的对话与融合

依附，希望各国在共同发展的道路上，享有独立、自主的权利与尊严。

新理念构筑新秩序，新理念需要学理性阐述和传播，新理念需要在实践和传播中不断丰富与完善。世界是一个整体，人类是一个整体，人类文明的成果也是一个整体。这种理念在李约瑟的科学史观中即有所表述，他说："要求每一种科学或技术活动都要对欧洲文化区的进步有所贡献，这是不合理的。发生在其他文明中的事情本来就值得研究。难道一定要用一条连续的线把各种影响都贯穿起来，才能写科学史吗？难道没有一种理想的人类思想史与自然认识历史，使人类的每一项努力都各居其位，而不管其渊源和影响吗？现代的普遍科学及其历史和哲学终将包含一切"。他还说："我们宁愿设想以往的科学技术之河汇入了现代自然知识的海洋，这样各个民族都以不同的方式曾经是立遗嘱者，现在又是遗产继承者。"①人类命运共同体思想是对中国优秀传统文化的创造性转化和创新性发展，是对马克思列宁主义的继承、创新和发展，是对新中国成立以来我国外交经验的科学总结和理论提升，蕴含着深厚的中国智慧。人类命运共同体思想为全球生态和谐、国际和平事业、变革全球治理体系、构建全球公平正义的新秩

---

① ［英］李约瑟：《文明的滴定》，张卜天译，商务印书馆2016年版，第41—46页。

序贡献了中国智慧和中国方案。随着这种理念与理想的深入传播和实践的深入发展，这一中国智慧将为人类文明的发展做出更大的贡献。

结语

关于读书和为学，孔子给出了四种境界："生而知之者，上也；学而知之者，次也；困而学之，又其次也；困而不学，民斯为下矣。"生而知之者，虽为上，但无人可以生而知之，人就必须学习，必须具有主动学习的自觉意识。没有主动学习的意识，没有平时的积累，遇到困难"临时抱佛脚"，是不行的。遇到困难和问题，尚不知求诸于书本，那就更不可救药了。

阅读是一种责任，是公民对自己的责任，更是对整个公民共同体的责任。责任是严肃的、庄重的，有时甚至是沉重的，但同时它也是轻松的、愉快的。阅读这种责任也同样具有两面性。美国作家约瑟夫·布罗茨基[①]在 1987 年获得诺贝尔文学奖时的演说中讲到："鄙视书，不读书"，"是更为深重的罪过"，"由于这一罪过，一个人将终生受

---

① 约瑟夫·布罗茨基（Joseph Brodsky，1940—1996），俄裔美国诗人、作家，诺贝尔文学奖得者。代表作有《言论之一部分》《二十世纪史》和散文集《小于一》等。

到惩罚；如果这一罪过是由整个民族犯下，这一民族就要因此受到自己历史的惩罚"。[①]梁启超先生曾讲：人生须知负责任的苦处，才能知道尽责任的乐趣。读书之苦，读书之乐，因此尽在不言中。著名学者、出版家，商务印书馆的创始人之一张元济先生的名言"数百年旧家无非积德，第一件好事还是读书"，把读书和积德相提并论，个人读书对整个社会来说，就是某种意义上的积德，积德不仅是一件愉快的事，更是一件可以带来荣耀的事，因此给人带来无可比拟的满足和成就感。美国哈佛大学教授巴达拉科在《领导者性格》一书中指出："承担责任是一种积极进取、坚定有力和充满感情的行动。"[②]

让我们愉快地捧起书来，阅读吧。

② ［美］约瑟夫·布罗茨基:《悲伤与理智》，刘文飞译，上海世纪出版股份有限公司译文出版社 2015 年版，第 53 页。

② ［美］巴达拉科:《领导者性格》，江之永译，商务印书馆 2007 年版，第 116 页。

阅读的心法与方法

　　书多得读不过来，是全天下读书人幸福的小烦恼。当这种烦恼集聚转化为群体性焦虑时，就成了文化生活的痛点。2017 年 12 月在中央电视台录制《开讲啦》节目，在现场提问环节，一位青年读者问道："我们现在有一种知识恐惧症，怎么办？"这是一个非常好的问题，因为这个问题具有某种程度的普遍性。由于节目的时间有限，这段问答最终并未播出。

　　人的恐惧主要来自于对自己所要或将要面对事物的未明和未知，人对于不清楚和不知道的世界，心里没底儿，都具有天生的恐惧感。比如，对黑夜的恐惧，儿童比成人尤甚；对无光亮的地方，比有光亮的地方尤甚。读书就是用知识之光，照亮一个个未明的黑暗区域，让人们心中有数儿，心里有底儿，有数儿有底儿则做事就多了几分把握，也就少了几分恐惧。在现代社会，对知识的恐惧还来自于另一种因素，即读的书越多，感觉自己知道的越少，需要读的书更多，尤其是在信息社会的知识爆炸时代，每天新知识新信息让人应接不暇，压得人喘不过气来。我们说，越是在经济高速增长的时代，越需要沉下心来积累知识和文化；越是在快节奏的生活中，越需要静下心来好好读书。能够静下心来读书，日积月累就会把点点滴滴的知识和智慧火花，汇聚成一个个可以投射到黑暗中的光束，照亮世界的同时，更重要的是照亮了自己的心灵，使心灵不再孤独和恐惧。

面对无所适从的海量信息和各种所谓的"必读"之书，先要明志，即明确树立自己的读书兴趣和目的，然后学会选择有益于自己的图书和采用合适于自己的读书方法，则是另一种破解知识恐惧症的良药。这使得如何选对自己要读的书，成为一门艺术。德国著名哲学家叔本华①说："在挑选阅读物的时候，掌握识别什么不应该读的艺术就成了至为重要的事情。"②

作为读者，倘若没有一套"为什么读""读什么"和"怎么读"的心法与方法，怕只会越来越应接不暇，越来

---

① 亚瑟·叔本华（Arthur Schopenhauer，1788—1860），德国著名哲学家，开创非理性主义哲学的先河，唯意志论的创始人和主要代表人物之一。代表作有《作为意志和表象的世界》和《叔本华论说文集》等。

② ［德］叔本华:《意志决定命运》，韦启昌编译，长江文艺出版社2014年版，第56页。

越困惑和茫然。

一、腹有诗书气自华

向知识和道德进化是人类永恒的方向，阅读是朝着这个方向迈进的最重要路径。阅读每前进一步，人的进化就更深一步，这种进化会影响到由内而外的人类个体，也即是说人的内心和外表都会随着进化而改变。

1.居敬而持志

凡事依理而行，理通则事顺，则果成。理者何谓？理即缘由、动因和方法。理从何来？理从学中来，自古不学则不明理。阅读也不例外，明理即知道缘何读并掌握适当方法而后读，方可达成结果。因此，读书须先立志，首先树立远大的理想，并认定这个理想的实现必定以读书为基础，从而以虔敬之心投入到学习和读书之中。正如一代伟人周恩来在年少时即立志"为中华之崛起而读书"，其后才成就了一段光辉伟大的人生。宋代理学家朱熹[①]对此有精辟

---

① 朱熹（1130—1200），字元晦，宋代理学家。儒学集大成者，著有《朱子全书》。

论述："为学之道，莫先于穷理；穷理之要，在于读书；读书之法，莫贵于循序而致精；而致精之本，则又在于居敬而持志；此不易之理也。"①另一位宋代大学问家张载②则为读书和做学问的缘由和动因树立了这样的榜样："为天地立心，为生民立命，为往圣继绝学，为万世开太平。"千古名句，掷地有声，人生追求，激励后学。

人是有理想的动物，是有追求的动物，人的理想和追求是与对知识的渴望和获得密切相关的，因此是与阅读密切相关的。人的理想和追求，也可以凝聚成某种志向。有志向与无志向，对于一个人来说是不一样的。有志向，人就有精气神；相反，无志向，人就可能很萎靡。孟子说："夫志，气之帅也；气，体之充也。夫志至焉，气次焉，故曰：'持其志，无暴其气。'"③孟子告诫人们，思想意志统领感情意气，感情意气是身体的力量，因此要坚定思想意志，不要滥用感情意气。

---

① 朱熹:《上皇帝疏》，参见张明仁编著:《古今名人读书法》，商务印书馆 2017 年版，第 61 页。

② 张载（1020—1077），字子厚，北宋著名理学家。1057 年赴汴京（开封）应考，时值欧阳修主考，张载与苏轼、苏辙兄弟同登进士。祖籍大梁（今开封），侨居郿县（今陕西眉县）横渠镇，著书讲学，传道授业，"为关中士人宗师"，世称"横渠先生"。这四句名言被称为"横渠四句"，影响至今。

③ 杨伯峻:《孟子译注》，《中国古典名著译注丛书》，中华书局 2018 年版，第 56 页。

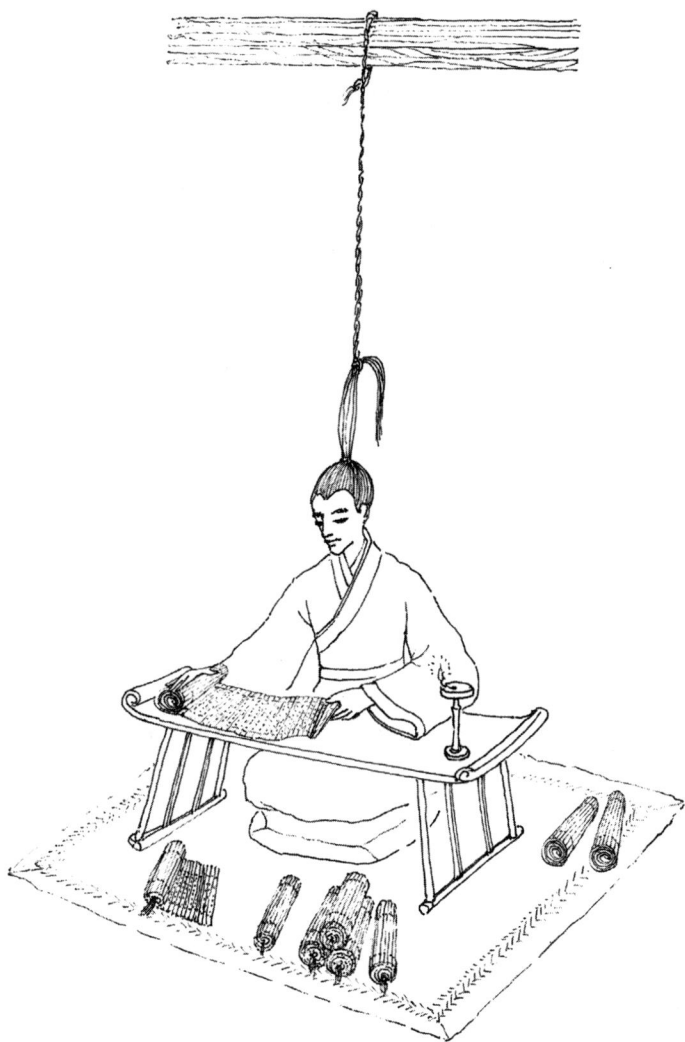

笃学明志

树立和培养读书之志很重要，有志者事竟成，志向有多远，决定成就有多大。读书也要有志向，否则也难有所成。古人有云："学者不患才不及，而患志不立"，"积一勺以成江河，累微尘以崇峻极。匪志匪勤，无由济也。"①有志与勤奋，是学有所成之关键。

朱熹所云"居敬持志"，"持志"才能持之以恒，恒则常，常则久，久则成。曾国藩②在其《家书》中也说："盖士人读书，第一要有志，第二要有识，第三要有恒。有志则断不肯为下流，有识则知学问无尽，不敢以一得自足，如河伯之观海，如井蛙之窥天，皆无识也，有恒则断无不成之事。此三者缺一不可。"相反，"丧志"则必然失恒，难以保持"不间断"地读书，落入古往今来仁人志士所痛惜的境地："间断之害，甚于不学，一曝十寒，人生几何！"③更有甚者，如果没有高远的志向相激励，有时还会在读书之时"跑偏"，用曾国藩的话来说，就是沦为"下

---

① 参见张明仁编著：《古今名人读书法》，商务印书馆 2017 年版，第 26 页。

② 曾国藩（1811—1872），字伯涵，中国近代政治家、文学家。代表作有《治学论道之经》和《曾国藩家书》等。

③ 清人汪惟宪语，参见张明仁编著：《古今名人读书法》，商务印书馆 2017 年版，第 161 页。

流"。比曾国藩较早的明末清初思想家王夫之①对歪读经书《诗经》的"丧志"行为给予过指责:"玩《七月》之诗,则且沉溺于妇子生计盐米布帛之中;玩《东山》之诗,则且淫泆于室家嚅唲寒温附摩之内。"②王夫之这里所谓的"玩",即"喜而弄之之谓",指的是不认真读书,不仔细领会书中真意,而恣意玩味,肆意追逐、纵情发挥书中的细枝末节,从而偏离"正轨",即远离了书的主旨和总体思想。

读书是为了行事,就是把志向落到实处,就是儒家传统文化中所说的"知行合一"。汉代学者刘向③说:"君子博学,患其不习;既习之,患其不能行之;既能行之,患其不能以让也。"④君子敏于学,而笃于行。且行且思,述而能作,方可成为真君子。中国古语有"玉不琢,不成器"之句子,可谓家喻户晓,常用来形容人必须读书接受教育,

① 王夫之(1619—1692),字而农,明末清初思想家。与顾炎武、黄宗羲并称明清之际三大思想家。著有《周易外传》《黄书》《尚书引义》《永历实录》《春秋世论》《噩梦》《读通鉴论》和《宋论》等书。

② 参见张明仁编著:《古今名人读书法》,商务印书馆 2017 年版,第 138 页。

③ 刘向(公元前 77—前 6 年),字子政,汉代儒士,著名经学家、目录学家和文学家。编著有《别录》《新序》《说苑》《列女传》和《战国策》等。

④ 刘向:《说苑·丛谈》,程翔评注,方勇主编:《诸子现代版丛书》,商务印书馆 2018 年版,第 758 页。

才能长成人才。宋代大文学家欧阳修①对此的解读更让人深思，他说玉不琢虽不能成器，但它终归还是玉，人若是不学习，非但不能成为君子，反而会成为小人。君子与小人之别，固在于思，更在于行。唯读书能够涵养善心，引导善行。明代理学家王阳明更是指出，知就是行，行就是知，两者是一体两面，是一回事儿，知行为一。他说："知之真切笃实处即是行，行之明觉精察处即是知，知行工夫本不可离；只为后世学者分作两截用功，失却知行本体，故有合一并进之说。真知即所以为行，不行不足谓之知。"②

2.志趣与笃志

有人说，阅读主要靠兴趣，没有兴趣便什么也读不下去；没有兴趣也不能强迫人家读。这话固然不错，古人便有言："学不至于乐，不可谓之学。"③孔子说："学问，知之者，不如好之者笃；好之者，不如乐之者深。"④这些说的都

---

　① 欧阳修（1007—1072），字永叔，北宋政治家、文学家。唐宋八大家之一，并与韩愈、柳宗元、苏轼被后人合称"千古文章四大家"。

　② （明）王阳明撰，邓艾民注：《传习录注疏》，上海古籍出版社2017年版，第95页。

　③ 参见张明仁编著：《古今名人读书法》，商务印书馆2017年版，第43页。

　④ （南宋）朱熹：《论语集注》，商务印书馆2017年版，第139页。

是兴趣的重要性。既然兴趣是如此重要，我们便要对兴趣格外重视，提高对兴趣的理解，以便正确地引导和利用兴趣。

首先，我们知道兴趣就是做事的理由或动因，那么培养做有意义和有价值的事之兴趣便显得尤为重要，不能让兴趣仅仅停留在娱乐层面。如果兴趣不止于娱乐层面，而是与个人成长与国家民族命运联系在一起，兴趣便升华为志趣了，就是把兴趣与志向和理想结合在一起了。

其次，兴趣也不是天生就有的，而是后天培养出来的。19—20世纪美国著名哲学家、文学家乔治·桑塔亚那①在讨论人的精神主体时说："某些东西之所以有趣，那是因为我们关心它们；之所以重要，是因为我们需要它们。如果我们对所感觉的那个世界毫无兴趣，我们就会对它闭上眼睛；如果我们的理智并不帮助我们的情感，而是偷懒地让幻想自由奔驰，那么，我们甚至会怀疑二加二是否还会等于四。"②桑塔亚那告诉我们两个道理：其一，兴趣是一种情感，而人恰恰是感情的动物；其二，兴趣需要理智来

---

① ［美］乔治·桑塔亚那（George Santayana，1863—1952），西班牙裔美国著名哲学家和文学家。其作品充满自然主义思想，《美感》、《理性生活》（5卷本）、《存在领域》（4卷本）和小说《最后的清教徒》等曾对美国思想界和社会产生重要影响。

② ［美］乔治·桑塔亚那：《人性与价值》，陈海明、仲霞、乐爱国译，商务印书馆2016年版，第3页。

帮助培养，如果失去理智，兴趣就会信马由缰，会让我们毁掉本来可以很美好的东西，甚至毁掉原本已建立的认知和秩序。桑塔亚那接着说："当理智是活生生的和强有力的时候，它会给那些有可能成功的兴趣爱好以勇气和特权，而削弱或泯灭其他那些看起来注定要失败的兴趣爱好。"[①]

第三，真正的兴趣意味着行动和实践。所谓的兴趣不能停留在表面上，不能停留在口头上，不能走马观花，必须落实到实际行动上。具体到阅读，就是必须拿起书本来认真读，必须钻到书本里去，去体察、感受和理解书中的文字，要以咬文嚼字的态度和精神理解书中的每一个字及其传递的思想。不能叶公好龙，不能成为读书时的叶公，看到书本都很喜欢，面对难啃的文字却止步不前。不仅如此，有时还需要把书本上的知识拿到生产和生活中去检验和应用，把喜好落实到行动和实践中。这才是真正的兴趣。海德格尔对兴趣一词所做的词语学阐释，可谓切中要害。他说："兴—趣的意思是：处于事物当中，在事物之间，置身于某个事物的中心并且高于这个事物。"[②]在海德格尔看来，兴趣就是行动，深入事物中去，在此，他把

---

① 〔美〕乔治·桑塔亚那：《人性与价值》，陈海明、仲霞、乐爱国译，商务印书馆 2016 年版，第 5 页。

② 〔德〕海德格尔：《什么叫思想》，孙周兴译，孙周兴、王庆节主编：《海德格尔文集》，商务印书馆 2017 年版，第 7 页。

"兴趣"（Interesse）一词写作Inter-esse，其中前缀inter有"进入""在……之中"等义，esse则可解为拉丁文的"存在"。①海德格尔特意强调"兴趣"及这一含义，针对的是当时对哲学感兴趣的人很多，但真正思想的人很少这种状况，以及人们对任何事物感兴趣都只是浮光掠影、蜻蜓点水而已。他说："对当今的兴趣来说重要的只是有趣的东西（das Interessante）。这个有趣的东西让人见异思迁，过一会儿就对它满不在乎，并用另一个有趣的东西来取而代之，而后者与它所取代的前一个有趣的东西一样也很少与人相干。"②海德格尔关于兴趣的解释，对于我们理解和培育阅读兴趣非常具有警示性和启发性，他告诫我们在教育孩子读书时，要培养孩子真正的阅读兴趣，就得引导他们走进书本里，走进字里行间，甚至走进生产和生活之中，而不能浮皮潦草。

可见，读书的兴趣是可以和需要培养的，对哪类书感兴趣也是可以培养的。培养阅读兴趣的关键是理智，首先是懂得人为什么要读书，也就是说，要树立读书的志向。我理解，任何兴趣的培养都受内与外、主观与客观两方面

---

① ［德］海德格尔：《什么叫思想》，孙周兴译，孙周兴、王庆节主编：《海德格尔文集》，商务印书馆2017年版，第7页。

② ［德］海德格尔：《什么叫思想》，孙周兴译，孙周兴、王庆节主编：《海德格尔文集》，商务印书馆2017年版，第7-8页。

因素的影响，两者缺一不可。阅读或读书兴趣的培养，也同样会受到这两方面因素的影响。外因或客观因素是指阅读的对象或客体本身，即图书，图书主要是图书的内容能否激起阅读的兴趣；内因或主观因素是指阅读的主体，即读者本身，读者对阅读或读书的意义，以及图书的内容价值是否认同，是能否激起阅读兴趣的另一重要决定性因素。有兴趣，有志向，才能有毅力，有恒心，才能坚持不懈地阅读，也因此才能读有所成。

读书兴趣的培养和阅读习惯的养成，应该从小开始，这是由人的成长阶段和认知特征决定的。北齐著名文学家颜之推[①]说："夫学者犹种树也，春玩其华，秋登其实；讲论文章，春华也，修身利行，秋实也。人生小幼，精神专利，长成以后，思虑散逸，固须早教，勿失机也。"[②]《颜氏家训》影响深远，其《勉学篇》对指导今人读书，仍有教益。古代很多文人墨客都曾慨叹甚至悔恨自己年少贪玩而荒废读书，知耻而后勇，终有所成。例如，宋代诗人秦观[③]就有如下文字留世：

---

① 颜之推（529—595），字介，北齐文学家。著有《颜氏家训》。

② 颜之推：《颜氏家训》，檀作文译注，中华书局 2017 年版，第110-111 页。

③ 秦观（1049—1100），字少游，一字太虚。宋代诗词名家，被尊为婉约派一代词宗，别号邗沟居士，学者称其淮海居士。

"予少时读书，一见辄能诵，暗疏之亦不甚失。然负此自放，喜从滑稽饮酒者游，旬朔之间，把卷无几日。故虽有强记之力，而常废于不勤。比数年来颇发奋，自惩艾，悔前所为，而聪明衰耗，殆不如曩时之十一二。每阅一事，必寻绎数终，掩卷茫然，辄不复省。虽有勤苦之劳，而常废于善忘。……噫！少而不勤，则无如之何矣！长而善忘，庶几以此补之！"①

秦观小的时候聪颖过人，所读之书，过目成诵，这本是好事，是他读书的优势，然而他却以此为傲，饮酒玩耍，反而荒废了读书。等到年长之时，虽幡然悔悟，奋起直追，无奈精力和记忆力衰退，十分努力而所得不如从前之一二。

读书还是终身之事。正所谓，活到老，学到老。古人云："寒可无衣，饥可无食，至于书不可一日失！"②颜之推在《颜氏家训》中苦口婆心，在劝诫读书要趁早的同时，还不忘叮嘱一句："失于盛年，犹当晚学，不可自弃。"③读书从什么时候开始，都不晚。曾子七十乃学，名闻天下。

① 秦观：《精骑集序》，参见张明仁编著：《古今名人读书法》，商务印书馆 2017 年版，第 54 页。

② 参见张明仁编著：《古今名人读书法》，商务印书馆 2017 年版，第 50 页。

③ 颜之推：《颜氏家训》，檀作文译注，中华书局 2017 年版，第 111 页。

说到终生读书的典范，宋代大诗人陆游无疑名列其中。他晚年疾病缠身，用读书来抵抗病魔的侵袭，并写下了很多"读书诗"。下面是他年近八十的时候，写下的一首：

门前客三千，帐下兵十万，
人生可意事，随手风雨散。
不如一编书，相伴过昏旦，
岂惟洗贫病，亦足捍患难。
老夫垂八十，岩电尚烂烂，
孤灯对细字，坚坐常夜半。
吾儿幸能继，书亦未残断，
安知不遭时，清庙荐玉瓒。
不然老空山，亦足化里邝。
我死斯言存，观者有追叹。[①]

从诗中我们看到，在诗人陆游看来，人生一切的得意都会离人而去，只有书可以终身相伴。他不顾年老多病，仍然坚持读书，一个重要原因，是希望给子孙后代树立榜样，希望他们能够继承爱读书的家庭传统，并且寄望自己死后，还能够激励后人。

---

① 参见杨达明辑注：《陆游读书诗》，商务印书馆 2013 年版，第 53 页。

3.修内而形外

读书必须走心，走心而后养心，养心而后养颜，心体通一。当人的性情、修养和境界提升之后，必定由内而外显现出美好的气质和韵味，所谓的"书卷气"即由此而来。

读书必须用心，用眼观，用心去"切记体察"，方能有所得。朱熹说："学者读书，多缘心不在，固不见道理"，"读书须将心贴在书册上，逐句逐字，各有着落，方始好商量。"他还引用孟子的话说，"学问之道无他，求其放心而已矣"。如果不能把心放下，心无旁骛地读书，便不会取得阅读的效果。他进一步解释说："心不定，故见理不得。今且要读书，须先定其心，使之如止水，如明镜。"①

真正地用心读书，其结果是养心，即心灵得到有益的涵养和滋养。朱熹说："人之为学固是欲得之於心，体之於身。但不读书，则不知心之所得者何事。"②读书养心的方法，在于专一，即专心致志。反过来说，就是不能心念太杂。对此，王阳明说："种树者必培其根，种德者必养

① （宋）黎清德编：《朱子语类》一，中华书局 2017 年版，第 177页。

② （宋）黎清德编：《朱子语类》一，中华书局 2017 年版，第 176页。

其心。欲树之长，必于始生时删其繁枝；欲德之盛，必于始学时去夫外好。如外好诗文，则精神日渐漏泄在诗文上去；凡百外好皆然……树初生时，便抽繁枝，亦须刊落，然后根干能大；初学时亦然，故立志贵专一。"[1]

养心然后养颜。说读书是最"体面"的事，因为它关乎颜容。读书可以美容，这并非玩笑。中国有句尽人皆知的成语，叫作"相由心生"，读书可以养心，这是我们坚信的道理，心得滋养而显于颜，可见说读书可以美容，此话当不虚。

空说无凭。宋人黄庭坚就曾说过：

人不读书，一日则尘俗其间，二日则照镜面目可憎，三日则对人言语无味。

黄庭坚告诉我们，人如果一天不读书，就会落入尘俗。落入尘俗有什么可怕吗？中国有句话叫"俗不可耐"，人一旦落俗，或与"俗"字沾上了边儿，别说别人无法忍耐，恐怕自己也受不了自己。俗是一种气质性感觉，气质体现甚至决定着美感。人如果二日不读书，便会呈现可憎之面目。面目何以可憎？不读书，缺乏知识的滋养，涵养就会下降，涵养下降就会失去平常心，失去正常的价值判

---

① （明）王阳明撰、邓艾民注：《传习录注疏》，上海古籍出版社2017年版，第74-75页。

断，就无法正确对待日常事物，尤其是当涉及自身利益等事项或面临诸种不如意时，一切必然都会写在脸上，面目自然可憎，因为已怀憎恶之心。反之，人的心境就大不相同，甚至有机会臻于中国传统道家思想所推崇的境界：宠辱不惊，看庭前花开花落；去留无意，望天上云卷云舒。人如果三天不读书，就不只是面目可憎了，还会出言不逊甚至恶语伤人，不仅丧失了斯文与涵养，甚至败坏了道德。无养无德之人，自然谈不上美了。

另一位宋代大文豪苏轼不仅有诗篇表明读书可以涵养气质，而且自己为了追求内在的丰华之气，甘愿选择苦读书之路，体现了诗人"知行合一"的品格。这首诗是这样写的：

粗缯大布裹生涯，腹有诗书气自华。

厌伴老儒烹瓠叶，强随举子踏槐花。

囊空不办寻春马，眼乱行看择婿车。

得意犹堪夸世俗，诏黄新湿字如鸦。

一句"腹有诗书气自华"即已道出了知识与文化对人的精神气质的影响，自然成为人人喜爱的千古名句！透过诗句又让我们感受到诗人对自己身上的自华之气，是多么的骄傲和自豪。这两层含义大大增加了整首诗的感染力，让人深深地感受到知识和文化的力量。

近代名人曾国藩也以爱读书、善读书闻名，在《曾国藩家书》中便有关于读书的高论：

> 吾辈读书，只有两件事，一者进德之事，二者修业之事。
>
> 人之气质，由于天生，本难改变，惟读书则可变化气质，欲求变之之法，总需先立坚卓之心。

曾国藩相信，只有读书可以改变人的气质，一个人若真想让自己的气质得到改变或者提升，必须首先树立读书之恒心。读书非一日之功，必须日复一日、年复一年地持之以恒，平心静气地品味，方能有所收获，方能取得滋润心灵的效果，在这方面是没有捷径可走的。读书可以培养人的气质，主要培养的是知书而后达礼的文气。有文气或文化的人要更耐看一些，而且可能越看越有味道，交往起来让人感到舒服。这就是特有的美，这种美之持续和恒久就可以称之为美德。

关于读书可以改变一个人的气质，近代科学哲学的开创者、英国著名思想家、科学家培根有具体的阐释："史鉴使人明智；诗歌使人巧慧；数学使人精细；博物使人深沉；伦理之学使人庄重；逻辑和修辞之学使人善辩。'学问变化气质'。不特如此，精神上的缺陷没有一种是不能由相当的学问来补救：就如同肉体上各种的病患都有适当的运动来治疗似的。"①"学问变化气质"这句话，根据原文可以直译为"学问入于性格"②，如此，就可以说，凡有所学，皆成性格。

其实，不仅是人，世间之物，有文化的或者说文化内涵丰富者，较之一般仅作工具之物，都要更耐久一些，更具有传之久远的可能。让物品传之久远，甚至最终进入文物之列的，是其所含有的文化，而不是一般的功能性使用价值。因为依造物的一般性规律，后来者总比先前的物品在功能性使用价值方面更先进些，这是后发性优势和人类改良的天性使然。只有文化能让人在物品功能性使用价值减退或落后的情形下，仍然不舍得丢弃，而当作宝贝一样留存起来，甚至成为传家宝。

二、读什么书造就什么样的人

古人常苦于书少甚至无书可读，现在人们则常苦于书多，不知从何读起。人的生命和专门用于读书的时间是有限的，"书到用时方恨少"，在工作和生活中遇到问题需要

①　［英］培根：《培根论说文集》，水天同译，《汉译世界学术名著丛书》（分科本），商务印书馆 2011 年版，第 184-185 页。

②　参见［英］培根：《培根论说文集》，水天同译，《汉译世界学术名著丛书》（分科本），商务印书馆 2011 年版，第 185 页注释 1。

破解之时，常感到积累的知识和方法之不足。如何在有限的时间里积累"最有用"的知识、方法和技能，即如何提高阅读效率，是摆在人们面前的一道难题。能否认真思考和破解这道难题，是一个人把自己与其他人区别开来的关键。

在知识的海洋中航行，就像在岁月的迷宫里闯荡，面对眼花缭乱、应接不暇的各类图书，应该如何做出自己的选择？古人说："书山有路勤为径，学海无涯苦作舟。"现如今，印刷技术日新月异，图书品种浩如烟海；互联网深度改写生活，信息数据狂涌而来。今天的我们，如果只拥有"勤"与"苦"这两种最朴素的方法，虽然它们至今仍是最值得称道的美德，然而纵使我们殚精竭虑而不加选择，也未必能达到如愿效果之十分之一，甚至有被"书的海洋"和"信息漩涡"搞得晕头转向，最终丧失阅读乐趣和动力的风险。果真如此，那便是人生最糟糕的事。所以，每一个对自己有要求的知识人和阅读者，必须有一套自己的选书价值观和读书方法论，才能在书海纵横驰骋，乘风破浪，寻赜探幽到历史的深处和未来的远处。

虽然读书和读什么书是很见仁见智的事，难有统一的"规定"或定论，但古往今来的文人雅士和学界精英多有自己的心得体会，这些心得体会虽然不一定都是"金科玉律"，但都是他们读书智慧的结晶；虽不一定都能照搬照抄，也未必适合照搬照抄，但每一个后来的知识渴求者从中获得些许启迪和教益，确是可以肯定的。有鉴于此，我愿意将自己学到的先贤们的读书智慧，结合自己积累的点滴体会与读者分享。

我最愿意与大家分享的，是应该优先选择什么样的书来读。选择图书，在某种意义上就是选择朋友。选择朋友讲究志同道合，选择图书也一样。朋友之间的志与道是可以相互影响的，以至于经常会有人后悔"交友不慎"；一个人选择什么样的书，也同样是需要颇费思量的。一个人的书缘，在一定程度上有可能影响到其在世界上的其他"缘分"。读进去的书就像吃进去的食物一样，物化的图书虽然最终会离你而去，但是通过阅读、领会和消化，它们无疑会成为你的一部分，对你的身体、思想和精神形成不可逆转的影响。

1.读原典探寻知识和思想之源

虽然很多人不把原典和经典加以区分，可能有的读者还会把两者混为一谈，但我还是愿意把两者区分开来。这样做一方面有利于我们理解作品的不同，进而理解知识的不同；另一方面有利于我们理解阅读，进而理解阅读方法的不同和掌握不同阅读方法的重要。不愿意把原典和经典做出区分，是因为它们有的时候是一回事；对它们做出区分，则是因为它们有的时候并不等同。原典一定是经典，是经典中的经典，因为它们世世代代流传下来，而没有被淹没或遗忘；而经典未必都是原典，例如根据原典、阐释原典或受原典启发创作的学术著作，以及纯虚构的文艺作品，影响深远的可以进入经典的行列，都不属于原典的范畴。可能关于原典和经典，不同的人从不同的角度，会有不同的理解，我以为可以把原典理解成古代和古典时期的原始创作，它们构成材料之源、知识之源、思想之源和文化之源。它们多出自"圣人"之手或之口，有的甚至无法考证作者是谁。而一切传之后世、影响深远的作品，都可以称之为经典。知道了什么是原典，对为什么要首先选择读原典便很好理解了。

其一，原典是后世学问和知识的重要来源，没有原典，后世的书就没有材料和根据，就无法创作出来，这些原典是学问和知识的基础，不打好这个基础，不仅自己的知识和学问成为无源之水，容易成为空中楼阁，就连后世的书也无法读懂、难以理解。南北朝时期的梁元帝①曾说："凡读书必以五经为本，所谓非圣人之书勿读。读之百遍，其义自见。此外众书，自可泛观耳。正史既见成败得

---

① 梁元帝（公元 508—555 年），萧绎，字世诚。南北朝时期梁国皇帝，公元 552—555 年在位。文章、书法、绘画三绝，其绘画对隋唐时期产生很大影响。

失，此经国之所急，五经之外，宜以正史为先。"①宋代大文豪苏洵②自称"少年不学，生二十五岁，始知读书"，"尽烧其曩时所为文数百篇，取《论语》《孟子》《韩子》，及其他圣人贤人之文，而兀然端坐，终日以读之者，七八年矣。方其始也，入其中而惶然，博观于其外而骇然以惊；及其久也，读之益精，而其胸中豁然以明。若人之言固当然者，然犹未敢自出其言也。时既久，胸中之言日益多，不能自制，试出而书之，而已再三读之，浑浑乎觉其来之易矣。"③苏洵少年时自恃天资聪颖，认为同龄人都不如己，甚是满足，甚至也没把古人放在眼里，遂不读古人的圣贤书。随着年龄增大，遇到的问题和困惑越来越多，于是二十余岁时开始读古书，始觉自己之不足。于是烧掉了当时自己创作的几百篇文章，而专门攻读孔子、孟子和韩非子等圣贤之书，一读就是七八年。刚开始读时，产生惶然、骇然之感，后来越读越精，读得越精就理解越透，理解越透感触就越多、越深，心中积攒的话也就越来越呈喷薄之势，这时感觉把它们用文字抒发出来便是很容易的事。

---

① 梁元帝：《金楼子》，参见张明仁编著：《古今名人读书法》，商务印书馆 2017 年版，第 30 页。

② 苏洵（1009—1066），字明允。北宋著名文学家，与其子苏轼、苏辙并称"三苏"，唐宋八大家之一。

③ 苏洵：《上欧阳内翰书》，参见张明仁编著：《古今名人读书法》，商务印书馆 2017 年版，第 42 页。

当代著名学者、哲学家金克木①先生就把书籍分为两类，一类是被依附性图书，一类是依附性图书。他说："只就书籍而言，总有些书是绝大部分的书的基础，离了这些书，其他书就无所依附，因为书籍和文化一样总是积累起来的。因此，我想，有些不依附其他而为其他所依附的书应当是少不了的必读书或则说必备的知识基础。"② 金克木先生所说的"不依附其他而为其他所依附的书"，主要是指原典和一些文学经典如《红楼梦》等。关于原典或古时候的圣贤之书，金克木先生与古代的大文学家和大学者们有着相似的见解，这些都是首先必读之书。他说："首先是所有写古书的人，或说古代读书人，几乎无人不读的书必须读，不然就不能读懂堆在那上面的无数古书，包括小说、戏曲。那些必读书的作者都是没有前人书可读的，准确些说是他们读的书我们无法知道。这样的书就是：《易》《诗》《书》《春秋左传》《礼记》《论语》《孟子》《荀子》《老子》《庄子》。这是从汉代以来的小孩子上学就背诵一大半的，一直背诵到上一世纪末③。这十部书若不知道，唐

---

① 金克木（1912—2000），我国著名哲学家、翻译家、梵学和印度文化研究大家，"未名四老"（另外三位为季羡林、张中行、邓广铭）之一。

② 金克木：《书读完了》（增订本），上海文艺出版社2017年版，第16页。

③ 指20世纪末。

朝的韩愈、宋朝的朱熹、明朝的王守仁（阳明）的书都无法读，连《镜花缘》《红楼梦》《西厢记》《牡丹亭》里许多地方的词句和用意也难于体会。"①对于一切人类优秀的文化遗产，在书籍和阅读方面，道理是一样的。原典都是首先要阅读的，例如若要了解西方的史学传统，就要先读西方历史之父古希腊历史学家希罗多德的《历史》、修昔底德的《伯罗奔尼撒战争史》、色诺芬的《希腊史》和阿庇安的《罗马史》等。

其二，原典或圣贤之书所蕴含的思想，是后世思想的源泉。后人无论是继承还是批判式的创新，都是以此为基点和出发点的。人类思想的传承与创新，就是沿着这样的轨迹，顺着这样的逻辑进行的。

例如，若要理解中国的历史，就要首先了解《尚书》《春秋左传》《史记》《汉书》等一直到《资治通鉴》的中国史学传统。对于一般的非历史专业的读者而言，不一定能把这些书读完，但《史记》和《资治通鉴》是必读之书。读了《史记》和《资治通鉴》，一方面再读其他后世人所写之史书便容易理解，另一方面还会大大有助于对事物的分析和理解，有助于自己独立见解的形成。这就是最大的获益，无论学什么，无论从事什么职业都将由此受益终

① 金克木：《书读完了》（增订本），上海文艺出版社 2017 年版，第17 页。

生。又如，若要理解当代社会和当代文化，就要了解当代西方思想，了解当代西方思想就必须了解它们是如何发生和演变的，这就必须了解古典哲学家的作品和思想，若要了解古典哲学家，就必须首先了解古代哲学家的作品和思想。一句话，若要理解现在，必须从源头寻起，必须从阅读古代和古典哲学的原典开始，因为人类的文化与思想就是从古至今，在继承与创新中流传下来的。具体而言，不读苏格拉底、柏拉图和亚里士多德等古代圣贤之书，就无法理解近代哲学的开创者笛卡尔和培根，无法理解古典哲学的集大成者康德和黑格尔，无法读懂二十世纪三大哲学家海德格尔、维特根斯坦和约翰·杜威等。对此，金克木先生的建议是"不是要读全集，但必须读一点"，"有这些知识而不知其他，还可以说是知道一点西方哲学；若看了一大堆有关的书而没有读过这些人的任何一部著作，那不能算是学了西方哲学，事实上也读不明白别人的哲学书，无非是道听途说，隔靴搔痒"①。

其三，原典对于一个民族和国家而言，具有奠定文化根基的作用。原典中所包含的世界观、价值观和人生观等思想观念构成社会的文化基础，后世的学术研究、文学艺术创作乃至物质生产和生活的方方面面无不受此影响。所

---

① 金克木:《书读完了》（增订本），上海文艺出版社2017年版，第17页。

以，读懂一些基础性、哪怕仅仅是框架性的原典，对了解和理解一个社会的文化是大有裨益和具有决定性意义的。比如我们的"四书""五经"加上诸子百家其他代表性的著作，就构成了中国传统文化的根基，后世其他的名家及其思想和文学艺术创作等都是在此基础上发展起来的。不仅如此，中国的传统文化对中国的物质文明和科技发明、创造，诸如生产工具、建筑和中医等，都产生了深刻的影响。

每个专业都有各自领域的原典，选择阅读原典对打牢专业基础具有非常重要的意义。例如，钻研马克思主义理论，就必须阅读马克思和恩格斯的原著，透过原著领悟革命导师的思想。在专业领域之外，或者尚未有专业倾向的学生，多读一些历史、哲学和思想性的公共文化原著，可以打下很好的素养和学养基础。若要做到这一点，也不是太容易的事，因为人们往往更愿意"走捷径"，用阅读看起来更容易理解的解读和评论，来代替原典的阅读。中外很多大师级的人物，对此有着深刻的见解。

德国伟大的哲学家叔本华指出："那些写给傻瓜看的东西总能找到大群的读者。""我们则应该把始终是相当有限的阅读时间专门用于阅读历史上各个国家和民族所曾有过的伟大著作——写出这些著作的可是出类拔萃的人，他们所享有的后世名声就已表明了这一点。""读者大众喜好追读那些不时冒出的、今人关于古代某某作者或者某某伟大思想家的评论文章或书籍，而不是去阅读古代作者或思想家的原著。原因就在于大众只愿意阅读最新才印刷出来的东西"，"对于读者大众来说，当今那些乏味、肤浅的人所写出的沉闷、唠叨的废话，比起伟大思想家的思想更加亲切，也更有吸引力。"①叔本华进一步阐释说："没有什么比阅读古老的经典作品更能使我们神清气爽的了。""所有真正的、优秀的作品无论在哪个时候、哪个地方，都要与总是占据上风的荒唐、拙劣的东西进行没完没了的恶斗。几乎所有真正的人类启蒙者，几乎所有在各个学问和艺术上的大师都是殉道者。""（不要）满以为科学总在进步，而新书的作者肯定是利用了之前的旧著。""如果可能的话，我们就要阅读那些对所讨论的事情有着根本性的发现和认识、真正有独创性的人所写出的著作，或者至少是在某一学问领域里被公认的大师的作品。""宁可读二手书，也不要读内容方面的二手书。"②

阅读原典之于版本选择很重要，重要到对于只读原文还是选择注释本，中外学界一直有着不同看法。宋代就有学者主张"读书不要看别人解。看圣人之言易晓，看别

---

① ［德］叔本华：《意志决定命运》，韦启昌编译，长江文艺出版社2014年版，第56页。

② ［德］叔本华：《意志决定命运》，韦启昌编译，长江文艺出版社2014年版，第57页。

人解则易惑"①。同时也有人说:"不然,须是先看古人解,但不当有所执,择其善而从之。若都不看,不知用多少工夫,方可到先儒见处也。"②15世纪时,欧洲学者在教授学生阅读宗教原典时,有人主动"扬弃传统的评注和注释",认为那些东西"无益于学生学会优雅的语言"。取而代之的是,在课堂上开放讨论原文,使"学生获得空前未有的阅读自由"。③在教授学生古希腊古罗马著作时,也同样舍弃"旧式的评注与注解",不让学生陷在那些文法规则的泥淖中,而是很迅速地就进行文本的阅读。老师教导学生阅读奥维德、西塞罗、苏埃托尼乌斯、瓦勒里乌斯·马克西姆斯、沙贝里可斯和其他人的作品,为的不仅是让学生达到"拉丁文完美流畅,而且文法功力深厚"的水平,还要"从文本中挤压出每一滴意义"来,甚至鼓励学生"从这些年代悠久的古代巨灵的文字中,寻找某种——在他们所处的时空中——会对他们私语的东西"。④中外古代的先贤都要

---

① 参见张明仁编著:《古今名人读书法》,商务印书馆2017年版,第47和58页。

② 参见张明仁编著:《古今名人读书法》,商务印书馆2017年版,第58页。

③ 参见[加拿大]阿尔维托·曼古埃尔:《阅读史》,吴昌杰译,商务印书馆2002年版,第96页。

④ 参见[加拿大]阿尔维托·曼古埃尔:《阅读史》,吴昌杰译,商务印书馆2002年版,第97-99页。

求学生能够脱离注释和评注，而直接阅读原文，在今天的情形下能做到这一点固然好，但对于一般人而言，阅读注释或评注本可能更现实一点儿。只是为保证阅读质量，要选择名家的权威注释本。对于外国的原典，多数人很难直接阅读原文，选择翻译本肯定是合乎常理的，只是翻译版本也一定要选择权威出版社的权威译本，不能随便买一本就读。

关于阅读原典，最后再说一句也许是多余的话，就是人们经常感叹或不解，二十世纪早期中国不乏学术大师，而后来为什么就难见大师了呢？现代学者的这一段话，或许能给我们某一方面的启示："二十世纪现代学人的国学根基，又是后生晚辈不能望其项背的。他们四五岁开始发蒙，到七八岁，十几岁，不用说五经四书，十三经、诸子集成、前四史，差不多都读过了。他们有这样的学问积累的过程，所以在学术的知识结构方面，既是空前的，又是绝后的。'绝后'不是说后来者的聪明智慧一定少于他们，而是没有当时那些个具体条件，包括对学人为学非常重要的家学和师承。国学需要童子功，年龄大了补课，实际上为时已晚。因此后来者要赶上他们，难之又难。就研究我国固有学术而言，二十世纪学者也开了先路，经由他们可以更自觉地进入原典。"①此说虽为一家之言，但的确强调了

---

① 刘梦溪：《现代学人的信仰》，商务印书馆2015年版，第82页。

读原典，尤其是尽早地开启阅读原典途径对于学人为学的重要性。因此，不读原典或往圣之书，无法奠定牢固的治学根基，终究难成大师。

2.读经典跟大师学如何思考

经典名著之所以成其为经典名著，是因为它们从问世一直流传至今，仍受人们喜爱，仍然具有广泛的影响。日本著名作家斋藤孝说："每一本经典都是某一种思考的根源。"①从这个意义上说，读经典名著，重要的是跟大师学习如何思考。

经典名著至少具备三种特性，即世界性、共通性和历时性。世界性是指它们是在世界各民族和国家产生的，每个民族和国家都可能用自己的语言创造在世界范围产生影响的经典名著；共通性是指它们被全人类的读者所认可、接受和喜欢，因而成为人类共享的精神财富；历时性是指它们经受住了时间的考验，世世代代流传下来，一直到现在还都没有被淘汰或淹没。当代著名哲学家冯友兰先生对经典名著有过这样的描述："自古以来，已经有一位最公正的评选家，有许多推荐者向它推荐好书。这个选家就是时

---

① ［日］斋藤孝:《经典的魅力》，武继平译，鹭江出版社 2016 年版，第 7 页。

间，这些推荐者就是群众。历来的群众，把他们认为有价值的书，推荐给时间。时间照着他们的推荐，对于那些没有永久价值的书都刷下去了，把那些有永久价值的书流传下来。"①意大利当代最著名的作家之一伊塔洛·卡尔维诺对经典著作给出了十几种界定，其中之一是"一部经典是一本永不会耗尽它要向读者说的一切东西的书"②。经典永流传，不因时间而停止。经典名著的这三种外在特性是由其三种内在价值决定的，这三种内在价值就是我们为什么倡导阅读经典名著的根本理由。

其一是思想价值。经典名著所包含的深刻思想，不仅能极大地启发人的心智，还能引发社会变革，推动社会进步。经典名著的思想性往往来源于对古代圣贤之书或原典及其所反映社会的深刻理解，这些著作要么是对原典的进一步阐发，要么是受原典启发而进行的全新创作，其内容可能更广博，思想可能更丰富，且内涵或意义价值一定包含着新的时代精神。

叔本华是 19 世纪上半叶欧洲最伟大的哲学家之一。30岁时写成《作为意志和表象的世界》，奠定了他的哲学思想

① 冯友兰：《我的读书经验》，中国图书评论学会编：《读书的方法与艺术》，人民出版社 2017 年版，第 118 页。

② ［意］伊塔洛·卡尔维诺：《为什么读经典》，黄灿然、李桂蜜译，译林出版社 2017 年版，第 4 页。

基础。他把伏尔泰、卢梭和康德看作是自己的精神导师，他在作品中经常引用他们的论述和观点。叔本华的思想不仅极大影响到他的学生们，包括尼采，还影响到后世很多思想家、文学家和艺术家，叔本华被称为"伟大的意志主义哲学大师"。他认为："阅读就是看别人如何思考。""许多书本的唯一用处只在于向我们表明：错误的道路竟有如此之多，而我们一旦让自己听从其引导，就会拐入实在是不堪设想的迷途。赶走和消除自己的、具原始力度的思想，目的却只是阅读随手拿起的一本书——这样做就是对我们的圣灵犯罪。"① "作者能否给予读者满足，关键之处总在于这位作者和读者之间在思维方式上能否形成共鸣。这种和谐共鸣越完美，那读者感受到的满足就越大。""具有伟大思想的作者也就只能被拥有非凡头脑思想的读者所完全欣赏。"②

　　叔本华思想对尼采的影响，是有很多故事可讲的。1865 年，尼采敬爱的古典语言学老师李谢尔思（F. W. Ritschls）到莱比锡大学任教，尼采也随之到了那里。当时的尼采虽然年纪不大，但已经开始哲学沉思了。在莱比锡

---

　　① ［德］叔本华：《意志决定命运》，韦启昌编译，长江文艺出版社 2014 年版，第 53 页。

　　② ［德］叔本华：《意志决定命运》，韦启昌编译，长江文艺出版社 2014 年版，第 58 页。

期间，他偶然地在一个旧书摊上购得了叔本华的《作为意志和表象的世界》一书，欣喜若狂，每日凌晨2点上床，6时起床，沉浸在这本书中，心中充满神经质的激动。后来他回忆说，当时他正孤立无助地经历着某些痛苦的体验，几乎濒于绝望，而叔本华的书就像一面巨大的镜子，映现了世界、人生和他的心境。他觉得叔本华好像专门为他写了这本书一样。尼采后来写出了《查拉图斯特拉如是说》（亦译为《苏鲁支语录》）等影响后世的名著，他评价自己的著作："在我的著作中，《查拉图斯特拉如是说》占有特殊的地位。它是我给予人类的前所未有的最伟大的馈赠。"就连中国的国学大师王国维，也受到叔本华的影响，王国维曾经评价《作为意志和表象的世界》一书"思精而笔锐"[①]，承认这本书深刻地启发和影响了自己的创作。

近代学者张素民解释自己为什么喜欢阅读经典名著时说："我爱读名著的重要原因，是在名著的'烟斯批里纯'（Inspiration)。名著是大思想家的杰作，最富于思想。用字造句，也非普通书可比。普通书只可增加information而不能启发理智。外国的大教授与普通教授的分别，也就在此。大教授说话，是无精神，无条理的。但他杂乱无章的讲，句句有意义，句句足令人深思。普通教授是有精神，

---

① 参见王大鹏编：《百年国士》之一，《酒旗风暖少年狂》，商务印书馆2010年版，第267页。

有条理的，而他所能供给你的，只是information而已，但这也不过是我国人之所好。有些人欢喜informative一类书，我个人是就欢喜inspiring一类的书。"[1]

其二是精神价值。经典名著尤其是文学经典，往往具有催人奋进、激励向上的价值和意义。惩恶扬善、乐观豁达、爱国主义、集体主义、团队精神、敬业精神、勤劳勇敢、不屈不挠、不惧挫折、戒骄戒躁……很多名人在阅读成长过程中，都受益于经典名著良多，他们对此有切身的体会。日本著名作家斋藤孝认为，"阅读经典的时候，最重要的是感受能量"，"所谓阅读经典，其实就是这样一个行为过程：一方面大致获得与经典有关的知识并将它转化为内在的修养，与此同时，身体力行地去体验、感受伟人的热情和能量，并积蓄起来化为己有"[2]。他还说："在这样一个时代里，人们往往被色彩纷呈、变幻无常的表面景象搞得眼花缭乱。大家心里变得不踏实，不知祸福何时降临到自己身上，总是显得焦虑、茫然而浮躁不安。在这种时候，一个人只要阅读到超越千年时空为人类所喜闻乐见的那些经典名著，就会找到属于自己的位置，并获得足

---

① 张素民：《我的读书经验谈》，载胡适等：《怎样读书》，生活・读书・新知三联书店2012年版，第145页。

② ［日］斋藤孝：《经典的魅力》，武继平译，鹭江出版社2016年版，第11页。

够的自信。"①我国当代著名作家毕淑敏说："名著一般多是经过了许多年代的考验，是被大师们的智慧之磨研磨了无数遭的精品。读的时候，像烈火烹油的满汉全席，为大享乐。"②"阅读是一种精神按摩，在书页中你嗅得见悲剧的泪痕，摸得着喜剧的笑靥，可以看清智者额头的皱纹，不敢碰撞勇士鲜血淋淋的创口……当合上书的时候，你一下子苍老又顿时年轻。菲薄的纸页和人所共知的文字只是由于排列的不同，就使人的灵魂和它发生共振，为精神增添了新的钙质。当我们读完名著的最后一个字时，仿佛从酣然梦幻中醒来，重又生机盎然。"③再如当代著名作家张炜在感慨自己阅读经历时说："老书其实也是当家的书，比如中国古典和外国古典、一些名著。我们还记得以前读它们时曾被怎样打动。那时我们把大量的时间花在读老书上。这些书，不夸张地说，是时间留下来的金块。"④之所以是金块，是因为它们有触及灵魂的东西，其对人的精神价值像金子

---

① ［日］斋藤孝:《经典的魅力》，武继平译，鹭江出版社 2016 年版，第 5 页。

② 毕淑敏:《阅读是一种孤独》，中国图书评论学会编:《读书的方法与艺术》，人民出版社 2017 年版，第 59 页。

③ 毕淑敏:《阅读是一种孤独》，中国图书评论学会编:《读书的方法与艺术》，人民出版社 2017 年版，第 60 页。

④ 张炜:《看老书》，中国图书评论学会编:《读书的方法与艺术》，人民出版社 2017 年版，第 80 页。

一样珍贵。张炜接着说:"读一些老书,我们常常会想:他们这些书中的人物,怎么会为这么小的事件、这一类问题去痛苦呢?这值得吗?也恰恰在这声声疑问之间,灵魂的差距就出来了。我们今天已经没有深刻忏悔的能力,精神的世界一天天堕落,越滑越远。现在的书比起过去,一个普遍的情形是精神上没有高度了,也没有要求了。没有要求的书,往往是不能传之久远的书,也成不了我们所说的'老书'。"①

其三是学术价值。每个学科的经典名著,包括文学名著,都是该学科的奠基之作。因此,它们是任何时代的学子们都绕不过去的书,是他们的必读书。不读这些书,专业基础是万万打不牢的。这就像盖楼房一样,没有坚实的基础就无法建起高楼大厦。例如经济学,无论它具有多么强的现实性,多么急需解决现实问题,但高明和智慧的经济学家一定是从读经济史著作或经济学经典名著走过来的,即便不读古希腊古罗马的经济学原典,诸如色诺芬《雅典的收入》、瓦罗《论农业》和加图《农业志》等,最差也要从奠基现代经济学基础的古典经济学鼻祖威廉·配第(《赋税论》等)、亚当·斯密(《国富论》等)和大卫·李嘉图(《政治经济学及赋税原理》等)等人开始读

---

① 张炜:《看老书》,中国图书评论学会编:《读书的方法与艺术》,人民出版社 2017 年版,第 84 页。

起。后来的约翰·M.凯恩斯（《就业、利息与货币通论》等）和米尔顿·弗里德曼（《资本主义与自由》等）等人，都是必须要读的。弄懂以往经济和社会发展脉络，才能参透现实问题，才能洞悉未来发展之路。

再如军人和军事爱好者必须读的名著从中国古代的《孙子兵法》，古希腊著名历史学家修昔底德的《伯罗奔尼撒战争史》，阿里安的《亚历山大远征记》和古罗马将军恺撒的《高卢战记》，到拜占庭时期普洛科皮乌斯的《战争史》、尼科洛·马基雅维利《兵法》和弗雷德里希·席勒的《三十年战争》到克劳塞维茨《战争论》、马汉的《海权论》（三部曲）和《海军战略》，再到丘吉尔的《第二次世界大战回忆录》等，以及恺撒、汉尼拔、拿破仑、华盛顿、戴高乐、隆美尔和巴顿等著名统帅和将领的传记，都是军事史和军事理论方面的基础必读书。

市面上流通的东西大多良莠不齐，甚至还存在着劣币驱逐良币的现象，图书市场也不例外。与其他商品相比，图书产品还存在着一个更大的风险，即书只有读完才知道好坏，而且"花花绿绿"的图书往往更具有诱惑性。这样的书有时可能会觉得很有趣，但实际上却没有什么营养。古今中外的很多名人给我们留下了很中肯的警告，有的甚至不惜把自身的难堪经历和盘托出。他们对畅销书或时髦书表示了不屑和抵制，有的还以实例给出了具体而详细的剖析。叔本华告诫读者"别碰那些畅销书"，他说："劣书是损害我们精神思想的毒药。阅读好书的前提条件之一就是不要读坏书，因为生命是短暂的，时间和精力都极其有限。因为人们总是阅读最新的，而不是所有时代中最好的作品，所以作家们就局限于时髦和流行观念的狭窄圈子里，而这个时代也就越发陷入自己的泥潭之中。"[①]叔本华对时髦的劣书给予了无情的抨击："正如衣冠不整暴露出了并不尊重自己周围的人群，同样，草率、马虎、拙劣的文字，表明了作者并不尊重他的读者。拒绝阅读这样的文章就是读者对作者合情合理的惩罚。"[②]

我国当代著名美学家朱光潜先生曾告诫读者，读书不能赶时髦。他说："我不能告诉你必读的书，我能告诉你不必读的书。许多人尝抱定宗旨不读现代出版的新书。因为许多流行的新书只是迎合一时的社会心理，实在毫无价值。经过时代淘汰而巍然独存的书才有永久性，才值得读一遍两遍以至于无数遍。我不敢劝你完全不读新书，我却希望你特别注意这一点，因为现代青年颇有非新书不读的风气。别事都可以学时髦，唯有读书做学问不能学时髦。"

---

① ［德］叔本华:《意志决定命运》，韦启昌编译，长江文艺出版社2014年版，第55页。

② ［德］叔本华:《意志决定命运》，韦启昌编译，长江文艺出版社2014年版，第58页。

他还说："你与其读千卷万卷的诗集，不如读一部《国风》或《古诗十九首》，你与其读千卷万卷谈希腊哲学的书籍，不如读一部柏拉图的《理想国》。"①

当今的青年才俊，在阅读畅销书方面也颇有心得。例如，80后新锐作家采铜告诫读者要警惕畅销书：

阅读的选择很重要。对于深度阅读者来说，畅销书要警惕。当然不是说畅销书都不好，畅销书里面当然有很好的书，但也有很水的。我把很水的畅销书分为美式畅销书、日式畅销书和中式畅销书。美式畅销书以格拉德威尔的书为代表，就是本来一页纸能说清楚的道理，填充了很多案例后，硬生生撑起一本书。日式畅销书的特点，不是讲道理，而是从一个点出发，快速繁殖似的，生造出很多奇奇怪怪的概念，比如做某某事的n种方法，但每一种讲得都不透彻。还有一种中式畅销书，不是讲道理的，也不是讲方法、讲概念，而是讲情怀，把你的心灵扰动起来，给了你一些慰藉，就成功了。

不是说这些书不好，它们里面也都有营养的，也可以读，只是从一个深度学习者的角度来说，这点低密度的营养还远远不够，而且可能有些不是营养是反式脂肪酸。举

---

① 朱光潜：《谈读书》，胡适等《怎样读书》，生活·读书·新知三联书店2012年版，第87-88页。

例来说，"一万小时理论"经过畅销书的渲染在国内变得尽人皆知，甚至被奉为金科玉律。可是畅销书里讲这个理论，只是二手解读，经过转化加工包装的，它是不是这么可信呢？不一定。我曾经就专门查过相关的英文论文，发现这个理论在学术界争议不少，有些论文里就说，他们自己的研究发现，有些人只要3000个小时就能成音乐家或者棋手，所以一万小时这个数字其实并没有什么意义。

这就是一个深度学习者的阅读选择。他要去读那些思想源头、知识源头的东西，读第一手材料，不要读来读去都读那些二手贩卖的东西。这种精神就是"采铜于山"，也就是我的网名的来源。所以，大家在读书的时候，我有一个小建议给大家：想想你手头的这本书是作者一手的东西，还是二手的东西，这对你们甄别好书很有帮助。①

张炜则对自己的阅读做出了这样的反思："我们接触到大量的人，也包括自己，某一个阶段会发觉阅读有问题，如读时髦的书过多，读流行读物，甚至是看电视、杂志、小报太多。我们因为这样的阅读而变得心里没底。还有，一种烦和腻，一种对自己的不信任感，都一块儿出现了。总之对自己，对自己的阅读，有点看不起。""如果人到中

---

① 采铜：《碎片化时代如何做到深度阅读》，中国图书评论学会编：《读书的方法与艺术》，人民出版社2017年版，第180页。

年还不停地追逐时髦，大概也就没什么指望了。"①

在提醒读者要警惕甚至远离畅销书或时髦书时，还有不在少数的人直接对虚构类的小说等，亮起了红灯。他们认为虚构的东西往往很肤浅，对滋养思想无益；虚构的东西不似历史或人物传记那么真实，那么能够给人启迪和激励；虚构的东西很玄幻，有时还会对人产生蛊惑的不良作用。宋代理学家、"二程"之一的程颢说："世有以读书为文为艺者，曰：为文谓之艺，犹可也；读书谓之艺，则求诸书者浅矣。"②清人张履祥说："书籍惟六经诸史先儒理学，以及历代奏议，有关修己治人之书，不可不珍重护惜。下者则医药卜筮种植之书，皆为有用……至于异端邪说淫辞歌曲之类，害人心术，伤败文俗，严拒痛绝犹恐不及，况可贮之门内乎？"③清人朱用纯阐明："要知圣贤之书，不为后世中举人、进士而设，是教千万世做好人"，读这些书必大有益处，"不在其身，必在其子孙"，而其他书未必有此效果，"尝见人家几案间，摆列小说杂剧，此最自误，并误子弟，亟宜焚弃，人家有此等书，便为不祥；即诗词歌

———————
①　张炜：《看老书》，中国图书评论学会编：《读书的方法与艺术》，人民出版社 2017 年版，第 80-81 页。

②　参见张明仁编著：《古今名人读书法》，商务印书馆 2017 年版，第 48 页。

③　参见张明仁编著：《古今名人读书法》，商务印书馆 2017 年版，第 129 页。

赋，亦属缓事"①。

古往今来的名人们对待文学书的态度，我们肯定不能全盘接受，但我们可以理解他们主张的精神。从今天的观点来看，我认为有三点需要好好把握：其一，文学书不仅可以读，而且必须读；其二，要首先选择中外经典文学名著，其他文学书谨慎选择；其三，不要只读文学书，甚至沉湎于小说中而不能自拔。也就是说，阅读经典的小说、诗歌等文学作品不仅仅有助于提高我们的想象力，丰富我们的知识，同时，也是提升我们思考能力的有效途径。要避免单纯地追求故事情节，追求娱乐消遣的阅读目的。唐代诗人皮日休就曾说："文学之于人也，譬乎药，善服有济，不善服反为害。"②

3.读"杂书"，形杂而神通

我们所谓的读"杂书"，就是倡导博览群书，博览群书要讲究方法，否则效果适得其反。

读书的博与专问题，是古今中外名人们谈论最多的话

---

① 参见张明仁编著：《古今名人读书法》，商务印书馆2017年版，第133-134页。

② 皮日休：《鹿门隐书》，参见张明仁编著：《古今名人读书法》，商务印书馆2017年版，第39页。

题，可见其多么重要，对人一生的影响有多大。古人云："读书譬如食味，得其精华，而汰其滓秽，始能养生；若积而不化，谓之食痞。"①又云："人之学者，犹渴而饮河海也；大饮则大盈，小饮则小盈"。②读书如饮食，在满足自己偏好的同时，一定注意营养均衡，读不同之书，就是在吸收不同的营养。人之成长，一定离不开固定的饮食习惯，但兼顾营养平衡也是必须的。读书之于人，情理相通。人靠读书成长，读书一定有自己的专业或兴趣，但只埋头于专业而置其他书于不顾，也会造成营养不良。我们倡导多读课外或科外即本专业以外的书，遵循的就是这个基本的道理。为了加深理解，以便读者选择更合适于自己的读书方法，我想有必要在这方面做进一步的阐释。

其一，学科成于专，亦受制于专。

现代科学最重要的方法就是学科的划分，最重要的支撑就是各不同学科所取得的成果。信息因为分类而产生了知识，不同类型的知识产生了学科，不同学科沿着自己的轨道前行，给人们提供了更深入、更透彻地认识世界、理解世界的机会和途径。诚如德国哲学家叔本华所说："科学

---

① 参见张明仁编著：《古今名人读书法》，商务印书馆2017年版，第114页。

② 参见张明仁编著：《古今名人读书法》，商务印书馆2017年版，第27页。

把数不胜数的事物区别开来，分门别类，次第纳入种、类的概念之下。这样，科学就为我们打开了认识普遍事物和特殊事物之门。"①如果没有现代科学和现代学科，人类的认识和理解能力仍会停留在很低的水平，现代科学和学科的发展史，就是人类认知能力飞速发展的历史，这一点毋庸置疑。

然而，凡事都有度，失度便失衡和失真，便丧失其合理性和真理性，科学和学科也不例外。构成科学根基的学科越划越细，相应地，随学科而来的专业越分越窄，这本也未必是坏事，因为任何学问之研究就是要越来越深入才行，问题是在学科密集、专业杂乱的丛林中，虽行动便遇"羁绊"，却又各自拥兵自立、互不往来，甚至有唯我独尊的良好感觉。鲁迅先生曾经很深刻地指出："现在中国有一个大毛病，就是人们大概以为自己所学的一门是最好，最妙，最要紧的学问，而别的都无用，都不足道的，弄这些不足道的东西的人，将来该当饿死。其实是，世界还没有如此简单，学问都各有用处，要定什么是头等还很难。也幸而有各式各样的人，假如世界上全是文学家，到处所讲的不是'文学的分类'便是'诗之构造'，那倒反而无聊得

---

① ［德］叔本华：《意志决定命运》，韦启昌编译，长江文艺出版社2014年版，第237页。

很了。"①学科和专业的发展越钻越深，越钻越窄，越钻越不见天日。由此，科学便走向了极端，科学变得越来越不科学了。

任何一门学科都是用属于自己的独特的方法来看待和解剖世界，形成了自己独特的世界观和方法论。也即是说，用不同的方法和范式来认识和解剖世界，以达成不同的目标，便形成了不同的学科。所有学科是相通的，因为它们研究的是同一个客观世界；所有学科是不同的，因为它们都有自己专属的研究领域，还有自己研究的目的和目标，这是它们各自存在的价值所在。每个学科都因自己独特的价值而受到重视、尊重和喜爱，但每个学科又都不可避免地拥有自身的局限性。打破其局限性最好的方法，就是了解其他相关学科，阅读其他相关学科的书籍，甚至不只是通过阅读一般读物泛泛地了解，还要有选择地阅读其原典和经典。战国末期政治家、思想家吕不韦②所著《吕氏春秋》中说："善学者，假人之长，以补其短。"某个专业的人对于其他专业的知识，都是有所短的，阅读相关的图书，就是弥补自己的短处。学科之间的互补，也是一个道

---

① 鲁迅：《读书杂谈》，参见中国图书评论学会编：《读书的方法与艺术》，人民出版社 2017 年版，第 95-96 页。

② 吕不韦（公元前 292—前 235 年），战国末期著名商人、政治家和思想家，官至秦国丞相。著有《吕氏春秋》。

理。

其二，知识互释，方法相益。

每一门学科之所以成其为科学，是因为其有独特的方法论，但也仅此而已。每一门学科利用自己独特的方法论去探究世界，会发现属于自己的"别有洞天"，然而在知识的丛林中，不同学科的知识经常是缠绕在一起的，不弄懂别的知识，也很难弄懂自己的专业知识。具体地说，在一部专业书里，可能涉及很多学科和很多方面的知识，几乎没有一个专业是可以独立存在的。在自然科学领域，差不多所有的学科，都依赖于数学，数学是所有自然科学的基础；在人文社会科学领域，几乎所有学科都离不开文史哲，而自古以来就有文史哲不分家的说法。其实包括自然科学在内，所有学科都离不开文史哲。道理很简单，所有学科都依靠文字进行表达、阐释和传播；所有学科所研究的对象即客观世界，其本身就是一部发展变化的历史，每个学科又都有自己的发展史；所有学科都有自己的思维方式，都有自己的运行逻辑，它们都昭示着自身存在的价值。例如，20世纪世界三大哲学家之一、奥地利哲学家维特根斯坦①说，"数学是一种逻辑方法"，"力学是一种按照单一的计划来构造我们描述世界所需的全部真题的尝试"，"物理学定律借助其全部的逻辑机制而间接地说及世界的对象"②。德国著名哲学家、现象学的奠基人胡塞尔③直接坦言哲学是一切科学之本，他说："当今人们还得把下列观点看作是一种占统治地位的观点，即：哲学，确切地说，最高的存在学和科学学不仅与所有其他科学有关，而且也建立在它们的成果的基础上，就像科学是互为基础的一样，一些科学的成果可能作为另一些科学的前提。"④胡塞尔这段话揭示了一条真理，即所有科学都是互为依存的，没有一门学科可以脱离其他学科而独立存在。叔本华则用很形象的比喻说："翱翔在各门科学之上的却是哲学，因为哲学作为一门关于最普遍并因此是最重要内容（事物最普遍的一

———————

① 路德维希·维特根斯坦（Ludwig Josef Johann Wittgenstein，1889—1951），奥地利著名哲学家、作家，与德国哲学家海德格尔和美国哲学家约翰·杜威并称20世纪世界三大哲学家。代表作《逻辑哲学论》和《哲学研究》等，有《维特根斯坦全集》存世。

② 参见［奥］维特根斯坦：《逻辑哲学论》，商务印书馆2015年版，第96-99页。

③ 埃德蒙德·胡塞尔（Edmund Husserl，1859—1938），德国著名哲学家，现象学的奠基者。著有《逻辑研究》《纯粹现象学和现象学哲学的观念》和《欧洲科学的危机和超越论现象学》等。

④ ［德］胡塞尔：《现象学的观念》，倪梁康译，倪梁康主编：《胡塞尔文集》，商务印书馆2017年版，第34页。

智慧的高度决定视野的维度

面）的学问，有望给予我们对事物的说明和解释，而其他学科知识则为走到这一步做准备功夫而已。"①按照叔本华的说法，其他学科只是为哲学在做准备，或者说，其他学科发展的最终目标就是把自己上升为哲学。所以，我们当前看到的各种学科的哲学研究成果，例如语言哲学、艺术哲学、数理哲学、历史哲学和法哲学，等等，都是各学科力图将自己这一门类的学问不断提升而努力呈现的成果。

各门知识都由概念和方法而得，可即使是再专门的一部书，也不可能只涉及自己领域的概念和知识，所以知识具有互释的特性，掌握和了解的知识越多，就越益于相互理解。北宋著名政治家、文学家和思想家王安石②在《答曾子固》中有句名言："读经而已，则不足以知经。"胡适先生对此颇有同感而发挥说："读一书而已，则不足以知一书"，"多读书，然后可以专读一书。譬如读《诗经》，倘使先读了古今中外的许多歌谣，便觉得《诗经》好懂得多了；倘使读过社会学、人类学，那就懂得更多了；倘使先读过文字学、古音韵学，也可懂得更多。总之，你读过的

① ［德］叔本华：《意志决定命运》，韦启昌编译，长江文艺出版社2014年版，第238页。

② 王安石（1021—1086），北宋著名政治家、文学家和思想家，官拜丞相，以主持变法闻名。文学成就亦高，名列唐宋八大家之一。有《王临川集》和《临川集拾遗》等存世。

书越多，你懂得《诗经》也更多"。他还以《墨子》阅读史为例，进一步阐释说："譬如《墨子》一书，在一百年前，清朝的学者懂得此书还不多。大家都不知道此书中包含了光学、几何学、力学、心理学、论理学……等科学的；所以不懂得光学、几何学、力学等知识的，便不能完全读懂《墨子》。后来的人，知道力学的，读起这本书来，便多懂一些，能知道光学的，更能多懂一些，如果各种新智识都懂得，便能完全了解墨子。所以读书愈多，愈能懂得墨子；换句话说，为多懂得墨子，必要多读别的书。"①这可能就是董仲舒②所说的，"闻见博而知益明"。③

做学问如同探秘一样，在知识和智慧的迷宫中，每一种学科的方法论就像是一把钥匙，它只能打开一扇门，进入一个房间，其他房间的钥匙掌握在其他学科的方法论手里，只有依靠各种不同的钥匙打开不同的房间，整个迷宫才能展示在我们面前。笛卡尔说，所有学科包括诗学、数学、哲学、神学、法学和医学等，都只是一种有局限的方法，都不可全信。

---

① 参见胡适：《为什么读书》，胡适等：《怎样读书》，生活·读书·新知三联书店 2012 年版，第 15-16 页。

② 董仲舒（公元前 179—前 104 年），西汉思想家、政治家和教育家。倡导"罢黜百家，独尊儒术"。著有《春秋繁露》等。

③ 参见《汉书·董仲舒传》，参见张明仁编著：《古今名人读书法》，商务印书馆 2017 年版，第 16 页。

学科之间的相互配合，可以称之为"里应外合"；学科之间相互启迪，互为"他山之石"，可以用来攻克学科内以自己方法"久攻不下"的难题。比如，国内外亚述学者在研究巴比伦法的过程中，对待《汉谟拉比法典》中出现的"以眼还眼，以牙还牙"现象，总是用历史学方法给予所谓的"原始的同态复仇残余"来解释，这种解释缺乏依据，且矛盾重重。我在认真研究这种刑罚的适用人群即只适用于全权公民——《法典》中所称之的"人"后，受法学中的人格法或尊严法启发，以法文化方法论，提出这种针对全权公民或"人"而不涉及"半自由民"和奴隶的刑罚，体现了维护"人"的尊严的人本观念。[①]从而打开了另一扇阐释之窗。

在学科方法相互启示方面，还是胡适先生给我们提供了精彩的案例，他举的例子是达尔文发现生物进化论的秘密："达尔文把生物变迁现象研究了几十年，都想不出什么原则去解决，后来无意中看到马尔萨斯的《人口论》，说人口是按照几何学级数一倍一倍地增加，粮食是按照数学级数增加，达尔文知道了这个道理，忽然触机，就把原则应用到生物学上去，创了物竞天择的学说。譬如一条鱼可以产生二百万鱼子，这样太平洋应该占满了，然而大鱼要

① 参见于殿利:《巴比伦法的人本观——一个关于人本主义思想起源的研究》，生活·读书·新知三联书店 2011 年版，第 287-320 页。

吃小鱼，更大的鱼要吃大鱼，所以生物要适应环境才能生存。"①其实，类似的例子比比皆是，举不胜举。科学史家很轻易地就可以列出社会科学和自然科学相互影响的一连串例子。"在 17 世纪，哈林顿以哈维（William Harvey）的新生理学为蓝本提出了自己的社会理论。到了 19 世纪末，经济学家杰文斯在某种程度上以牛顿的理论力学模型为基础创建了一种新经济学。在过去一百年里的以下三个例子中，是科学家本人指出他们的工作可能在哪个社会科学领域得到广泛应用。德国物理化学家奥斯特瓦尔德（Wilhelm Ostwald)努力创建一种新的基于能量学的社会科学，他把这种科学称为"文化科学"（Kultur-wissenschaft)，而不是业已接受的"社会科学"（Sozialwissen-schaft)。类似地，美国生理学家坎农将他对人体自我调节过程的研究拓展到社会理论，试图改造和复兴传统的政治[身]体（body politic）概念。在我们这个时代，威尔逊（E.O.Wilson）通过推广他对进化生物学和蚂蚁群体行为的研究而发展了社会生物学。"②现在跨学科研究越来越多，似乎是发展的趋势，而且有可能越来越常态化。

① 参见胡适：《为什么读书》，胡适等：《怎样读书》，生活·读书·新知三联书店 2012 年版，第 17-18 页。

② ［美］伯纳德·科恩：《自然科学与社会科学的互动》，张卜天译，《科学史译丛》，商务印书馆 2018 年版，第 16 页。

其三，无专不博，博必有精。

在阅读过程中，是博览群书好，还是专精一门好，古今中外的名人各有推崇，各有侧重。《颜氏家训》中说："夫学者贵能博闻也。郡国山川，官位姓族，衣服饮食，器皿制度，皆欲根寻，得其原本。"[①]同时代也有人说："不广求，故得；不杂学，故明。"[②]德国著名哲学家尼采说："通常我几乎总是乞灵于同一些书，根本上量不在多，恰好对我来说是得到证明的书。""阅读繁多杂乱，这也许不是我的风格：（看完）一个阅览室（的书）会使我生病的。爱好繁多而杂乱，也不是我的风格罢。我的本能中更多地包含着对新书的谨慎态度，甚至于敌视态度……"尼采认为看书不在多，而在于要看精华，就是要看有思想的书，能给人以思想启迪的书，其他的书多看无益。这与他的老师叔本华的看法，是一脉相承的。尼采说："从根本上说，只有数量很少的古代书籍在我的生活中占有一席之地。"[③]

在读书的专与博方面，除了阅读专业书和博览群书的讨论之外，还有精读与泛览的讨论。对此，我们愿意援

---

① 颜之推：《颜氏家训》，檀作文译注，中华书局 2017 年版，第 132 页。

② 参见张明仁编著：《古今名人读书法》，商务印书馆 2017 年版，第 33 页。

③ ［德］尼采：《偶像的黄昏》，李超杰译，商务印书馆 2009 年版，第 94 页。

引英国著名思想家培根关于读书的见解作为总的参照，他说："有些书可供一尝，有些书可以吞下，有不多的几部书则应当咀嚼消化；这就是说，有些书只要读读它们第一部分就够了，有些书可以全读，但不必过于细心地读；还有不多的几部书则应当全读、勤读，而且用心地读。"[①]培根作为一代新知识的开创者，在他所处的时代，可供阅读的书籍肯定没有我们的时代多，我们需要"全读、勤读，而且用心地读"的书肯定不止于"不多的几部书"，但培根所论及的读书方法，无疑对我们具有有益的借鉴价值。每个人都可以根据自身的状况，确定哪些书只需泛览，哪些书需要自己反复、用心地读。没有精读，只有泛读，不会有所收获。清代学者冯班[②]说："开卷疾读，日得数十卷，至老死不懈，可曰勤矣，然而无益。此有说也：疾读则思之不审，一读而止，则不能识忆其文，虽勤读书，如不读也。读书勿求多，岁月既积，卷帙自富。经史大书，只一遍读亦不尽。"[③]只有泛读，缺乏精思，不如不读；精读慎思，日积月累，自不少读。

---

① ［英］培根:《培根论说文集》，水天同译，商务印书馆 2011 年版，第 184 页。

② 冯班（1602—1671），字定远。明末清初诗人。著有《钝吟集》《钝吟诗文稿》和《钝吟杂录》等。

③ 冯班:《钝吟杂录》，中华书局 2013 年版，第 32 页。

我们说无专不博，包括两层含义。

一是没有一门专的方向，就先不要开始博，即熟读或专精一门而后再谈博。每个人都需要有安身立命之本，即都需要有专长，所谓的专长就是精通一门。如果门门都浮皮潦草，都泛泛而知，到头来是做不成事情的。所以，学首先在于专与精。明代思想家王阳明①有论学之名言，学贵专，学贵精，学贵正，"非专则不能以精，非精则不能以明，非明则不能以诚，故曰：'惟精惟一。'"②。由此看来，读书的专与精，不仅关乎学问和道理的知否与明了，还关乎做人的真诚。

如果没有一门专业的方向，没有在专业方面下功夫读书，没有一专之长，是不能够贸然去博览群书的。读书的精与专可以由一本书，而延及一个专业和学科。宋人黄庭坚说："大率学者喜博而常病不精；泛滥百书，不若精于一也。有余力然后及诸书，则涉猎诸篇亦得其精。盖以我观书，则处处得益；以书博我，则释卷而茫然。""读书先务精而不务博；有余力乃能纵横。"③弄懂一书或一门，然后再

---

①　王阳明（1472—1529），名王守仁，阳明为其别号。明代思想家、军事家，心学集大成者。有《王阳明全集》传世。

②　张明仁编著：《古今名人读书法》，商务印书馆2017年版，第111页。

③　张明仁编著：《古今名人读书法》，商务印书馆2017年版，第53-54页。

博览他书，就可以处处受益；否则读书只贪多，甚至只追求数量，就会合上书以后便茫然无知。

鲁迅曾告诫青年学生，要多看课外书，但是以做好自己本门功课为前提，他说："爱看书的青年，大可以看看本分以外的书，即课外的书，不要只将课内的书抱住。但请不要误解，我并非说，譬如在国文讲堂上，应该在抽屉里暗看《红楼梦》之类；乃是说，应做的功课已完而有余暇，大可以看看各样的书，即使和本业毫不相干的，也要泛览。譬如学理科的，偏看看文学书，学文学的，偏看看科学书，看看别个在那里研究的，究竟是怎么一回事。这样子，对于别人，别事，可以有更深的了解。"[1]鲁迅和黄庭坚两人虽所处时代不同，都强调了一件事，即"有余力"或"有余暇"，意思就是强调先专而后博，先专一书或一门，而后及其他。胡适先生在多篇谈论读书方法的文章中，也反复强调读书第一要精，第二要博，并且给出了如何由精变博："他用他的专门学问做中心，次及于直接相关的各种学问，次及于间接相关的各种学问，次及于不很相关的各种学问，以次于毫不相关的各种泛览。"[2]

---

[1] 鲁迅:《读书杂谈》，中国图书评论学会编:《读书的方法与艺术》，人民出版社2017年版，第94页。

[2] 胡适:《读书》，范寿康编:《我们怎样读书》，当代中国出版社2013年版，第48页。

二是没有哪个人的"专"，是不需要"博"来支撑的，有了博的专才是精深和有穿透力的，没有博的专注定是纤细和脆弱的。马克思主义辩证唯物主义的基本原理告诉我们，世界是普遍联系的，没有任何事物可以孤立地存在。德国著名古典哲学家黑格尔也有一句名言："任何东西没有他方都不存在。"①事物是相互依存的，任何事物都存在于复杂的关系中，若要探明其本质和价值，必须在各种关系中去求解。所以，只有"专"是不够的，越专就越窄，越窄就越偏离事物的本真，专后必博，博即通，专而通就会有更多的光亮投射到事物上，事物也就更能被看清。另一方面，有时越专就越容易把事物限定在越细小的局部上，而离开了整体的局部，有时就丧失了其存在的地位，或者说，离开了整体，局部便不在。就像黑格尔所说，离开了人体的手，就不能称其为手了。维特根斯坦也有过这样的话语："微笑的嘴只有在人脸上才是微笑的。"②维特根斯坦强调的是，环境赋予了生存其中的事物以重要性。任何专门的学问都是科学的组成部分，任何专门的学问都生长在科学的总体生态中。所以说，专门的学问如果没有更

　　①　[德]黑格尔:《世界史哲学讲演录》，刘立群等译，《黑格尔全集》第27卷第1分册，商务印书馆2014年版，第30页。
　　②　[奥]维特根斯坦:《逻辑研究》，李步楼译，商务印书馆2010年版，第232页。

广博学问的支撑，一方面会变得很脆弱，另一方面会变得很偏狭，甚至会失去其本真。汉代荀悦[①]在谈到读书和治学时说："夫潜地窟者，而不睹天明；守冬株者，而不识夏荣。"[②]我觉得，这个比喻非常形象、恰当。所以，除了熟读专业书外，还要读专业以外的书，专业以外的书对于理解专业书，对于学科之间贯通是大有裨益的。清人李光地[③]有句话说得甚妙："读书不透，多亦无益。然亦未有不多而能透者。"[④]科外书不仅有助于理解，有时还给人以启迪。

在这里让我们看看古代伟大的拉丁文学经典作品是如何启迪 19—20 世纪伟大的思想家和哲学家尼采的。他这样描述过自己的读书感受："我对于风格、对于作为风格的警句的喜爱，几乎是在接触萨卢斯特[⑤]的一瞬间突然产生的。我没有忘记，当我尊敬的老师科尔森不得不把最好的成绩给他这个最差的拉丁文学生时所表现出的惊讶，——我一

① 荀悦（148—209），字仲豫，东汉史学家、政论家和思想家。著有《汉纪》和《申鉴》等。

② 参见张明仁编著：《古今名人读书法》，商务印书馆 2017 年版，第 21 页。

③ 李光地（1642—1718），字晋卿，清朝理学名臣。著有《历像要义》、《四书解》和《性理精义》等。

④ 李光地：《榕村语录》，转自桑兵、於梅舫、陈欣编：《读书法》，人民出版社 2014 年版，第 139 页。

⑤ 萨卢斯特（Sallust，公元前 86—前 34 年），古罗马著名历史学家。代表作有《喀提林阴谋》和《朱古达战争》。

下子成熟了。简短，严格，言之有物，对'华丽的词藻'和'华丽的感情'怀有一种冷酷的恶意——在此，我发现了我自己。直到我的《查拉图斯特拉如是说》，人们将在我身上重新认出一种极为严肃的追求罗马风格、追求永久风格的抱负。——在我第一次接触到贺拉斯①时，情形亦然。直到今天，我在任何其他诗人那里都没有获得贺拉斯的一首抒情诗最初带给我的那种艺术陶醉。在有些语言中，这里所达到的效果甚至根本无法企及。"②

我们所说的博必有精，也包括两层含义。

一是泛览很必要，但精读更重要。不能否认，有些书可以泛览，且需要泛览，但只有泛览而没有精读，就失去了读书的意义，读书的意义就在于要得其意，穷其理。古人有云："学不思其义，则茫然无所得。"③英国著名思想家培根也说："不要为了辩驳而读书，也不要为了信仰与盲从；也不要为了言谈与议论；要以能权衡轻重、审察事理

---

① 贺拉斯（Quintus Horatius Flaccu，公元前65—前8年）古罗马著名诗人。代表作有《诗艺》等。

② ［德］尼采：《偶像的黄昏》，李超杰译，商务印书馆2013年版，第94页。

③ 参见张明仁编著：《古今名人读书法》，商务印书馆2017年版，第18页。

为目的。"①书不精读甚至反复读，有时还要参照其他书来读，是无法得其意、穷其理的。据《汉书》记载，汉代河间献王刘德"修学好古，实事求是"。清人何焯②评论说："实事求是四字，是读书穷理之要。"③朱熹留下很多关于读书的心得，有的被后世奉为楷模。例如，把读书与治病联系在一起，把精读和泛读比喻成两种医法，很有启发性。他说："所读书太多，如人大病在床，而众医杂进，百药交下，决无见效之理。不若尽力一书，令其反复通透而复易一书之为愈。盖不惟专力易见功夫，且是心定不杂，于涵养之功，亦有助也。"④熟读精读可以培养专注之功，精进学力，因为"读书，须是穷究道理彻底。如人之食，嚼得烂，方可咽下，然后有补"⑤，还有助于涵养身心，没有杂

① ［英］培根:《培根论说文集》，水天同译，商务印书馆 2011 年版，第 184 页。

② 何焯（1661—1772），字润千，清代学者、书法家和收藏家。代表作《义门读书记》。

③ 张明仁编著:《古今名人读书法》，商务印书馆 2017 年版，第 17 页。

④ 参见张明仁编著:《古今名人读书法》，商务印书馆 2017 年版，第 65 页。

⑤ （宋）黎靖德编:《朱子语类》一，中华书局 2017 年版，第 163 页。

念，心神安定，益于健康。清代大学者戴震①，"凡读书，每一字必求其义"②。现代著名哲学家冯友兰晚年总结读书经验时说，他的读书经验总结起来有四点，即精其选，解其言，知其意，明其理。③

晋陶渊明④有"好读书，不求甚解"语，常被后世作为不认真读书的借口。其实这大大地误解了陶潜，正如现代著名历史学家邓拓⑤先生所说："不求甚解也并非真的不要求把书读懂，而是主张对于难懂的地方先放它过去，不要死扣住不放。也许看完上下文之后，对于难懂的部分也就懂得了；如果仍然不懂，只好等日后再求解释。"⑥邓拓先生的解读是有充分依据的，明代著名文学家杨慎⑦说：

---

① 戴震（1724—1777），字东原，清代著名语言学家、哲学家和思想家。代表作《孟子字义疏证》和《戴氏遗书》。

② 参见张明仁编著：《古今名人读书法》，商务印书馆2017年版，第170页。

③ 参见冯友兰：《我的读书经验》，中国图书评论学会编：《读书的方法与艺术》，人民出版社2017年版，第116页。

④ 陶渊明（352或365—427），别称陶潜。东晋末至南朝宋初期伟大的文学家、诗人和辞赋家。著有《陶渊明集》。

⑤ 邓拓（1912—1966），原名邓子健，笔名马南邨。无产阶级革命战士，历史学家、政论家，当代杰出的新闻工作者。

⑥ 邓拓：《读书二法》，中国图书评论学会编：《读书的方法与艺术》，人民出版社2017年版，第131页。

⑦ 杨慎（1488—1559），字用修。明代著名文学家，明代三才子之首。著有《升庵集》和《丹铅总录》等。

"《晋书》云：陶渊明读书不求甚解，此语俗士之见，后世不晓也。余思其故，自两汉来训诂盛行，说五字之文，至于二三万言如秦近君之训《尧典》曰稽古者，比比皆是，后进弥以驰逐，漫羡而无所归。陶心知厌之，故超然真见，独契古初，而晚废训诂，俗士不达，便谓其不求甚解矣。"①陶渊明实是厌烦了繁琐碎屑的训诂考据之学，明明只有五个字，却要用二三万言来阐释。对此，从北宋大学者张载关于读书的一句话中即可窥见端倪，他说读书"通贯得大原后，书亦易记"②。他还说，"心解则求义自明，不必字字相校"③。南宋思想家陆九渊④的语录亦可辅证："今之学者读书，只是解字，更不求血脉。"⑤纠缠于字词之间，而不顾文之血脉即大意或主旨、思想，乃读书之大忌。清人冯班《钝吟杂录》亦云："陶公读书，止观大意，不求甚解。所谓甚解者，如郑康成之《礼》，毛公之《诗》也。世人读书，正苦大意未通耳。今者朝读一书，至暮便竟，问其

①　张明仁编著：《古今名人读书法》，商务印书馆 2017 年版，第 115 页。

②　张载：《张载集》，中华书局 2017 年版，第 275 页。

③　张载：《张载集》，中华书局 2017 年版，第 276 页。

④　陆九渊（1139—1193），字子静。南宋著名哲学家，宋明两代心学的开山之祖，陆王心学的代表人物。因讲学于象山书院，得名陆象山。有《象山集》存世。

⑤　《陆象山语录》，参见张明仁编著：《古今名人读书法》，商务印书馆 2017 年版，第 83 页。

指归，尚不知所言何事。自云吾师渊明，不惟自误，更以教人。"①可见，陶渊明的"不求甚解"，是有着具体学术背景和深刻的思想寓意的，不能肤浅解之。陆九渊的读书经验，也可以为此做出进一步的实践佐证，他说："如今读书且平平读，未晓处且放过，不必太滞。"陆九渊还列举了一学者诗云："读书切戒在慌忙，涵泳工夫兴味长，未晓不妨权放过，切身需要急思量。"②所以近代有识之士提醒，不要误解陶渊明的话，也不要误解诸葛孔明的读书方法，更不能把它们当作不好好读书的借口："渊明不求甚解，是涵养性情事。孔明读书略观大义，是讲求经济事。冥心躁气者，不得藉口。"③

二是博览群书必有定向，即要有自己偏爱的专业领域。

一个人无论多么博学，终归要有自己的专业领地，否则就容易沦落为泛而无思的流浪儿。博览群书是好事，但要做到博而不杂，博而有约，博中有专，这样才能有大收获和大成就。曾参《大戴礼记》中云："多知而无亲，博学而无方，好多而无定者，君子弗与也；君子多知而择

---

① 冯班：《钝吟杂录》，李鹏点校，中华书局2013年版，第116页。

② 《陆象山语录》，参见张明仁编著：《古今名人读书法》，商务印书馆2017年版，第83页。

③ 张明仁编著：《古今名人读书法》，商务印书馆2017年版，第187页。

善，博学而算焉，多言而慎焉。"现代大学问家胡适先生也把读书的博与专，与做人联系在一起，他很辩证地论道："专工一技一艺的人，只知一样。除此之外，一无所知。这一类的人，影响于社会很少。好有一比，比一根旗杆，只是一根孤拐，孤单可怜。又有些人广泛博览，而一无专长，虽可以到处受一班浅人欢迎，其实也是一种废物。这一类人，也好有一比，比一张很大的薄纸，禁不起风吹雨打。"①只专不博像旗杆，不行；只博不精像薄纸，也不行。

我国现代著名教育家和思想家蔡元培先生特别撰写了自己读书的经验和"教训"："我自十余岁起，就开始读书，读到现在，将满六十年了；中间除大病或其他特别原因外，几乎没有一日不读点书的。然而我没有什么成就，这是读书不得法的缘故。我把不得法的概略写出来，可以作前车之鉴。"

蔡元培先生把自己的"教训"归结为读书的两个不得法，一是不能专心，二是不能勤笔。他这样写道：

"我的不得法第一是不能专心：我初读书的时候，读的都是旧书，不外乎考据、词章两类。我的嗜好，在考据方面，是偏于诂训及哲理的，对于典章名物，是不大耐烦的；在词章上，是偏于散文的，对于骈文及诗词，是不

① 胡适：《读书》，范寿康编：《我们怎样读书》，当代中国出版社2013年版，第47页。

大热心的。然而以一物不知为耻，种种都读；并且算学书也读，医学书也读，都没有读通。所以我曾经想编一部说文声系义证，又想编一本公羊春秋大义，都没有成书，所为文辞，不但骈文诗词，没有一首可存的，就是散文也太平凡了。到了四十岁以后我始学德文，后来又学法文，我都没有好好儿做那记生字、练文法的苦工，而就是生吞活剥地看书，所以至今不能写一篇合格的文章，做一回短期的演说。在德国进大学听讲以后，哲学史、文学史、文明史、心理学、美学、美术史、民族学统统去听，那时候这几类的参考书，也就乱读起来了。后来虽勉自收缩，以美学与美术史为主，辅以民族学；然而他类的书终不能割爱？所以想译一本美学，想编一部比较的民族学，也都没有成书。"①

蔡元培先生作为中国现代学者中的卓著者，以这样对自己严格要求的谦逊态度，展现了其教育家的本色，他不惜自我"揭短"，以此教育和激励后学："我的读书的短处，我已经经验了许多的不方便，特地写出来，望读者鉴于我的短处，第一能专心，第二能动笔，这一定有许多成

———————
① 蔡元培:《我的读书经验》，胡适等:《怎样读书》，生活·读书·新知三联书店 2012 年版，第 10-11 页。

效。"①蔡先生不仅学问伟大，做人亦伟大，读书育人之心矢志不忘。

无专不博，博必有精，做到这八个字，才能达到为学之人至高的追求——博大精深。博大精深是古往今来的名家大师所追求并为之努力的境界，例如18世纪德国著名哲学家J.G.赫尔德，不仅是伟大的哲学家，还是伟大的语言学家、历史学家和人类学家，他不仅打破了在他之前一直流行的上帝创造语言的"语言神授说"的神话②，而且"多亏了约翰·赫尔德，历史才成为所有文化的基础，发展和演变成为所有关注点的核心"③。每个人都可以向着这个境界努力，无论最终到达哪个层级，只要努力了，就都快乐而无憾。不妨让我们以几位伟人、大师为榜样，追寻一下他们堪称"博大精深"的读书足迹。

19—20世纪英国著名哲学家罗素④，从11岁开始学习

①　蔡元培：《我的读书经验》，胡适等：《怎样读书》，生活·读书·新知三联书店2012年版，第12页。

②　参见［德］J.G.赫尔德：《论语言的起源》，姚小平译，商务印书馆2014年版。

③　参见［英］彼得·沃森著：《德国天才》（2），《受教育中间阶层的崛起》，商务印书馆2016年版，第61页。

④　伯特兰·罗素（Bertrand Arthur William Russell，1872—1970），英国著名哲学家、数理逻辑学家、文学家、历史学家和和平主义社会活动家。无神论者。1950年获得诺贝尔文学奖。代表作有《西方哲学史》《幸福之路》《数学原理》和《物的分析》等。

欧几里德的几何学，一直到他 38 岁之前，数学都是他的主要兴趣所在。他自己描绘对数学的喜爱，"就像初恋一样令人陶醉"，"我从来没有想象到世界上还有如此美妙的东西"①。除了数学以外，他还喜欢历史，阅读著名历史学家爱德华·吉本②等人的书。步入青春期后，与多数青年一样，他开始喜欢文学尤其诗歌，16、17 岁时，他读了弥尔顿③的全部诗作，拜伦④的大部分诗，以及雪莱⑤的诗，甚至把所有闲暇时间都用来阅读和背诵雪莱的诗。伴随着对诗的兴趣而来的是他对宗教和哲学的强烈兴趣，这时的罗素已经

———————

① ［英］伯特兰·罗素:《罗素自传》第一卷 1872—1914，胡作玄赵慧琪译，《世界名人传记丛书》，商务印书馆 2016 年版，第 34 页。

② 爱德华·吉本（Edward Gibbon，1737—1794），近代英国杰出的历史学家，18 世纪欧洲启蒙时代史学的杰出代表。其代表作《罗马帝国衰亡史》（六卷本）影响深远。

③ 约翰·弥尔顿（John Milton，1608—1674），英国诗人、政论家和民主斗士。英国文学史上最伟大的六位诗人之一。代表作有长诗《失乐园》《复乐园等》和政论名著:《论出版自由》等。

④ 乔治·戈登·拜伦（George Gordon Byron，1788—1824），19世纪初期英国伟大的浪漫主义诗人，代表作有《唐璜》等。

⑤ 珀西·比希·雪莱（Percy Bysshe Shelley，1792—1822）英国著名作家，浪漫主义诗人，被认为是历史上最出色的英语诗人之一。恩格斯称其为"天才预言家"。代表作《解放了的普罗米修斯》《西风颂》和《自由颂》等，著有《雪莱全集》。

博览群书，自修意大利文足以能阅读但丁①和马基雅维里②。他还读穆勒的《政治经济学》和《逻辑学》，并做了详尽的摘要。他还以极大的兴趣读了孔德③和卡莱尔④等。

在博览群书的同时，罗素始终坚持对数学以及哲学的兴趣，正是由于对数学的兴趣，罗素没有像他哥哥那样上牛津大学读书，而是选择了他父亲曾经就读的剑桥大学。对于罗素而言，数学和哲学是相辅相成的，他大学期间阅读最多的书是数学、哲学、数理哲学还有逻辑学等。在学习逻辑学的过程中，罗素认识了当时正在剑桥教授形式逻辑的凯恩斯的父亲，并通过其父亲认识了比他约小10岁的凯恩斯。虽然罗素并不怎么喜欢经济学，但他对凯恩斯的聪明才智甚是佩服，对凯恩斯的研究也很关注，并对他撰写的《概率理论》产生兴趣，对书中的很多部分内容与凯恩斯进行过详细的讨论。正如罗素在其自传中所说，剑桥对他的重要，在于他在那里结识了许多给他以思想启迪

---

① 但丁（Alighieri Dante，1265 — 1321），意大利文艺复兴时期的开拓者之一、著名诗人。代表作为《神曲》。

② 尼可罗·马基雅维里（Niccole Machiavelli，1469—1527），意大利著名政治思想家、历史学家。代表作有《君主论》等。

③ 奥古斯特·孔德（Auguste Comte，1798—1857），近代法国著名实证主义哲学家、社会学家，被誉为"社会学之父"。代表作有《论实证精神》和《实证哲学教程》等。

④ 托马斯·卡莱尔（Thomas Carlyle，1795—1881），苏格兰著名哲学家、历史学家。代表作有《法国革命》《论英雄和英雄崇拜》等。

的朋友。另一位英国著名哲学家怀特海①，便是最亲密的一位。他和怀特海合著的《数学原理》，对数学、逻辑学、语言学、分析哲学和集合论等产生了巨大的影响。罗素在哲学领域取得的巨大成就，一定与其数学和逻辑学基础有着密不可分的关系。他学识的博大精深以及致力于和平的社会活动，使其成为 20 世纪最具影响的学者之一。

众所周知的国学大师王国维，其大师的成就和地位来自于广泛阅读后的渊博学识，以及最终醉心于文学的专精。王国维年少之时，家中所藏书卷，"除《十三经注疏》为儿时所不喜外，其余晚自塾归，每泛览焉"②。二三十岁之时，一边工作一边读书，学习数学、物理、化学和英文，还曾到日本，昼习英文，夜习物理和数学。随后因为"体素羸弱，性复忧郁，人生之问题，日往复于吾前。自是始决从事于哲学"③。从此开始攻读康德、叔本华等西方哲学、心理学和社会学名著。无论做什么学问，王国维的追求都是最高、最好，他对哲学的期待是"自立一新系统，

---

① 怀特海（Alfred North Whitehead，1861—1947），英国著名数学家、逻辑学家和过程哲学创始人。代表作有《过程与实在》《思维方式》和《科学与近代世界》等。

② 参见王大鹏编：《百年国士》之一，《酒旗风暖少年狂》，商务印书馆 2010 年版，第 266 页。

③ 参见王大鹏编：《百年国士》之一，《酒旗风暖少年狂》，商务印书馆 2010 年版，第 267 页。

自创一新哲学"，然而综合审视他那个时代的世界哲学，认为全是二流之作，在这样的学术环境下，要实现自己的目标，无疑是"非愚则狂也"。他对当时自己受困、受累于哲学的情形这样描述："余疲于哲学有日矣。哲学上之说，大都可爱者不可信，可信者不可爱。余知真理，而余又爱其谬误。伟大之形而上学，高严之伦理学，与纯粹之美学，此吾人所酷嗜也。然求其可信者，则宁在知识上之实证论，伦理学上之快乐论，与美学上之经验论。知其可信而不能爱，觉其可爱而不能信，此近二三年中之最大之烦闷，而近日之嗜好所以由哲学而移于文学，而欲于其中求直接之慰藉者也。要之，余之性质，欲为哲学家则感情苦多，而知力苦寡；欲为诗人，则又苦感情寡而理性多。诗歌乎？哲学乎？他日以何者终吾身，所不敢知，抑在二者之间乎？"王国维最终落脚于文学，一来源自于"填词之成功"，他自信"自南宋以后，除一二人外，尚未有能及余者"，而且"虽比之五代、北宋之大词人，余愧有所不如，然此等词人，亦未始无不及余之处"；二来源自于他欲在戏曲领域提振民族之气的远大志向。王国维自述："余所以有志于戏曲者，又自有故。吾中国文学之最不振者，莫戏曲若。元之杂剧，明之传奇，存于今日者，尚以百数。其中之文字，虽有佳者，然其理想及结构，虽欲不谓至幼稚，至拙劣，不可得也。国朝之作者，虽略有进步，然比诸西洋之名剧，相去尚不能以道里计。此余所以自忘其不敏，而独有志乎是也。"①虽然王国维自谦"目与手不相谋，志与力不相副"，成功与否，所不敢知，但其志可嘉，其勇可赞！这种治学精神是非常令人尊敬的，也是非常值得后世学人学习的。王国维终成为一代宗师，其所学广涉历史、哲学和外文等，最终专于中国文学，堪称博与专之典范。

无产阶级革命领袖、一代伟人毛泽东从小就勤奋好学，酷爱读书，"早年的毛泽东，承继了中国知识分子读书为了'修身齐家治国平天下'的传统品德。当他真正走上了革命道路，便自然而然地将读书运用到救国、治国，治理天下的革命实践当中。读书，可以说是毛泽东一生生活的重要组成部分。"②有人总结毛泽东的读书特点，"其一是博览群书，其二是有目的有针对性地读书。但他并不唯书，他重视书本知识，也重视实际知识；既提倡读有字之书，也提倡读无字之书，历来反对死读书，读死书"③。正是由于他博览群书的渊博学识，有目的有针对性的钻研，以及注重实践即把书本知识与社会相结合的读书特点，才成

① 参见王大鹏编:《百年国士》之一,《酒旗风暖少年狂》,商务印书馆 2010 年版, 第 268—269 页。

② 龚育之、逢先知、石仲泉:《毛泽东的读书生活》,《写在前面》,生活·读书·新知三联书店 2010 年版, 第 1 页。

③ 龚育之、逢先知、石仲泉:《毛泽东的读书生活》,《写在前面》,生活·读书·新知三联书店 2010 年版, 第 2 页。

就了他历史学家、哲学家、文学家和革命家的本色。他的史学见解、堪称哲学经典的《矛盾论》和《实践论》、充满豪气和才情的诗词、对中国革命篇篇精到的论述，以及领导中国革命走向胜利的实践，无不透着其读书的智慧。他博览群书的程度，逄先知有过这样的记述："毛泽东读书的范围十分广泛，从社会科学到自然科学，从马列主义著作到西方资产阶级著作，从古代的到近代的，从中国的到外国的，包括哲学、经济学、政治、军事、文学、历史、地理、自然科学、技术科学等方面的书籍以及各种杂书。就哲学来说，不但读基本原理，也读中外哲学思想史，还读逻辑学、美学、宗教哲学，等等。"①关于科学技术方面的书，"从各门自然科学、自然科学史，直到某些技术书籍，毛泽东也广泛涉猎，而对生命科学、天文学、物理学、土壤学最有兴趣"。一九五一年四月中旬的一天，毛泽东邀请周世钊和蒋竹如到中南海做客，曾对他们说："我很想请两三年假学习自然科学，可惜，可能不容许我有这样长的假期。"②

毛泽东的博学多识和对文史哲的精通，以及作为一代

---

① 逄先知：《博览群书的革命家》，龚育之、逄先知、石仲泉：《毛泽东的读书生活》，生活·读书·新知三联书店2010年版，第3页。

② 逄先知：《博览群书的革命家》，龚育之、逄先知、石仲泉：《毛泽东的读书生活》，生活·读书·新知三联书店2010年版，第5页。

伟人所展现出的智慧，就连与他有过接触的外国学者、记者和政界人士，都是非常钦佩的。

4.多学一门语言等于多一种思维方式

多学一种语言等于多了一种思维方式，多一种思维方式，就多了一种认识世界和事物的方法，我们既有的思维和知识就得到了一种补充和完善，我们的思想就会变得越来越缜密。叔本华有这样的论述："学习了一门新的语言，我们的思维就得到了新的修正，着上了新的色彩。所以，通晓多种语言，除了带给我们许多间接的实际用处以外，同时也是一种直接的培养思想智力的手段，因为随着了解到概念的多个方面和细微的差别，我们对事物的观点和看法也就得到了矫正和完善。掌握多种外语也使我们的思维更加灵活，更加自如，因为随着掌握了这些语言，概念就越发脱离了字词。"[①]所以，在现代教育体系中，把学习外语作为课堂教育的一部分，甚至对于博士研究生，还要求学习第二外语，是有道理的。

要理解多学一种语言等于多一种思维方式，就要从语言本身认识其本质，认识其逻辑和哲学的抽象思维本质。

---

① ［德］叔本华：《意志决定命运》，韦启昌编译，长江文艺出版社2014年版，第60页。

首先，任何语言文字都是一套完整的逻辑体系。任何语言都有其自身严密的逻辑性，其逻辑性通过词法、句法和语法功能等得以体现。维特根斯坦曾说："我的语言的界限意味着我的世界的界限。逻辑充满世界：世界的界限也就是逻辑的界限。"①从这个意义上也可以说，掌握语言的能力，意味着理解和掌握世界的能力。赫尔德说，"语法即关于一种语言的哲学"，"它的每一步发展都显示出人类理性的成长"。②每一种语言都有自己不同的语法特色，不同的语法特色代表着不同的思维方式和不同的价值取向。

　　毛泽东就十分重视学习英语，我们从毛泽东对学习英语的态度中，能够感受到他对英语和语言本身的深刻理解。据他身边的工作人员回忆，学英语是毛泽东读书生活的一个部分，毛泽东历来十分重视中国语言和外国语言的学习，并主张把学习本国语言和学习外国语言，学习现代汉语和学习古代汉语结合起来。新中国建立以后，毛泽东多次提倡干部学习外语。毛泽东自己也利用业余时间学英语，看英文书。他在接见巴西外宾时说：学外文好，当作

---

　　① ［奥］维特根斯坦：《逻辑哲学论》，贺绍甲译，商务印书馆2015年版，第85页。

　　② 参见［德］J. G.赫尔德：《论语言的起源》，姚小平译，商务印书馆2014年版，第74-75页。

一种消遣，换换脑筋。①毛泽东的一句"换换脑筋"，也许不无玩笑的意味，但却道出了学习外语或用外语学习的本质和好处，换换脑筋就是换一种逻辑思维方法。而这种种不同的逻辑和思维方法，根植于不同的语言文化之中。我们常说的"死脑筋"，就是钻进一种思维方式，虽行不通而又不愿意出来的意思。

其次，构成任何语言基础的词语都有其独特性。我们已经熟悉了古罗马著名思想家、演说家西塞罗的那句名言：词语是事物的符号。每一种语言对宇宙万物的命名，都体现出其独特的世界观和价值观，在有的语言里独特的事物或词语，甚至无法翻译或转释成另一种语言，或者说在其他语言中无法找到其对应物或对应词。在另一种情况下，随着事物流通到说另外语言的人群中，在另外的语言系统中，对这一名称的转译却发生了变化，这种变化不在词语本身，而在于其文化寓意发生了偏离，也就是说，另一种语言文化对它进行了"本土化"改造。比如说，英文computer，直译成中文就是"计算机"或"计算器"，而我们更通常使用的名称却是"电脑"，英文中这个词没有"脑"的含义，汉语对它进行了"文化转码"；再比如英文

---

① 参见林克：《忆毛泽东学英语》，龚育之、逄先知、石仲泉：《毛泽东的读书生活》，生活·读书·新知三联书店 2010 年版，第 291–306 页。

mobile phone，直译成中文为"可移动电话"，而我们给它的名称是"手机"，英文这个词没有"手"的含义，同样是汉语对它进行了"文化转码"。一位语言学者这样写道："事实上，这个世界上存在着汉语世界，英语世界，阿拉伯语世界，法语世界，西班牙语世界，等等……以语言划分世界之所以是可行的，是因为语言具有独立的品格。"[①]实际上，每一种语言世界就是一种独特的文化圈，"我们常常发现在汉语世界中能做的事，在西语世界中行不通，反之亦然"；"语言不可译的部分刚好不是语言形式在作难，作难的是文化部分"；"翻译中不可挽回的亏损就是文化亏损"。[②]从语言的文化属性联系到具体的读书，我们就不能不鼓励多学外语，多看外文原版书了，虽然对于绝大多数人来说，阅读翻译版本是更现实的事情，但翻译过程中遇到的理解障碍和信息损失，肯定只有通过阅读原文才能寻找回来。若要真正理解一种语言本身的美，理解其"独立的品格"，理解其独特的文化韵味，只有通过阅读原文才能达到。

第三，学会了一种新语言，我们就进入了一个新的

① 钱冠连:《语言：人类最后的家园——人类基本生存状态的哲学与语用学研究》，商务印书馆 2005 年版，第 168 页。
② 参见钱冠连:《语言：人类最后的家园——人类基本生存状态的哲学与语用学研究》，商务印书馆 2005 年版，第 170 页。

世界。学会了一种新的语言以后，事物的微妙之处、事物之间相同或者相异的地方以及事物彼此之间的关联，也就进入了我们的意识。这样，对每一样事物，我们都有了更加全面的看法。学会了一种新语言，我们就进入了另一个新的奇妙的世界；在运用不同语言的时候，我们也就开启了另一种不同的思维方式；当掌握了一种新的语言的时候，就等于多掌握了一种新的方法，甚至手中多了一种新的武器。时下在不同场合都能听到对学习外语不同程度的微词，最有市场的就是，不是所有的学科、专业和领域都需要外语，有的就不需要。这是一种短视。学外语读外文书，学的是一种思维方式和一种不同的文化，它对任何人都终身受用，这与其所学的专业是否用得着外语没有必然的联系，此其一。另外，任何有追求的学者，无论其所学的专业有多么的"中国"，把"中国"传播到世界都是其义不容辞的责任，也是做学问应有的最高追求。不会使用外语的人，是无法履行这样的责任，无法指望其能有这样的学术追求的。不懂外文，就不了解世界，也无法了解世界的需求，如果所有的人都拒绝其他种族的语言，世界就无法实现沟通和交流，人类进步会大打折扣。所以我们说，多学一门外语才能多一个进入国际讲坛的机会，才能有机会进入国际交流的大舞台，才能更好地受到全人类智慧的滋养，才能更有机会成为影响全人类的人。学人当有此志。

实际上中国就不乏学贯中西的榜样，钱锺书先生就是其中杰出的代表。钱锺书先生是我国享誉海内外的当代著名学者和作家，他一生酷爱读书，在数十年的学术生涯中留下了数量惊人的读书笔记。商务印书馆受杨绛先生之托将钱锺书先生的全部读书笔记汇编为《钱锺书手稿集》，分《容安馆札记》《中文笔记》《外文笔记》三个部分出版。其中《外文笔记》是钱先生循序攻读英语、法语、德语、意大利语、西班牙语、拉丁语、希腊语等七种语言的历代书籍所做的笔记，所涉题材包括哲学、语言学、文学、文学批评、文艺理论、心理学、人类学等各个领域，是钱先生现存的读书笔记中数量最大、价值最为可观的一部分。《钱锺书手稿集·外文笔记》整理者、德国汉学家莫芝宜佳评价："《外文笔记》也是一项前所未有的'世界奇迹'。它不是把中国和世界分隔开，而是像一座'万里长桥'，把中国和世界联系在一起。"钱锺书先生能够成为中国现代学者中，学贯中西，具有世界影响的代表人物之一，学习和掌握多种外国语言对此发挥了关键性的作用。

比钱锺书稍早的两位学者陈寅恪[①]和赵元任[②]，在这方面也堪称楷模。有研究者说："过去研究者说陈寅恪懂二十几种文字，后来汪荣祖先生分析，大概有十六七种。陈掌握外域文字的独异处，是通晓一些稀有文字，如蒙古文、藏文、巴利文、西夏文、突厥文等。他研习蒙古文和藏文，是为了读佛经。不了解蒙古文、藏文，对佛经的原典不能有真切的了解。后来他在清华任教的时候，仍然每礼拜进城向钢和泰学习梵文。"[③]赵元任通晓二十多种语言，不仅学识渊博，而且在音乐方面具有很深的造诣，有很多名曲传世。长期在国外任教的经历，使其成为弘扬和传播中国文化的国际学者。陈寅恪、赵元任和钱锺书治学的共同特点一是渊博，二是懂得多种外语，他们不仅是现代学人的榜样，也是国家培养人才的方向。

另一位榜样是非专业学者的毛泽东。毛泽东不止于一般的学英语，还读过一些马列主义经典著作的英译本，如

---

① 陈寅恪（1890—1969），现代著名历史学家、古典文学研究家、语言学家和诗人，中国现代最负盛名的学者之一。代表作有《隋唐制度渊源略论稿》、《唐代政治史述论稿》和《元白诗笺证稿》等。

② 赵元任（1892—1982），现代著名学者、语言学家和音乐家。被誉为"中国现代语言学之父"、"中国现代音乐学先驱"。曾在多所美国著名大学和清华大学任教，具有很大的国际影响力。代表作有《中国话的文法》《教我如何不想她》和译作《爱丽丝漫游奇境记》等。

③ 刘梦溪：《现代学人的信仰》，商务印书馆 2015 年版，第 68 页。

《共产党宣言》《哥达纲领批判》《政治经济学批判》以及一些讨论形式逻辑文章的英译本。在学习马列主义经典著作英译本时，毛泽东曾经遇到过不少困难。因为这些经典著作英译本的文字比一般政论文章的英文要艰深些，生字也多些。但是，毛泽东不畏困难。1959 年 1 月，一位外宾问他学习英文的情况时，他说：在一字一字地学。若问我问题，我勉强答得上几个字。我要订五年计划，再学五年英文，那时可以看点政治、经济、哲学方面的文章。现在学了一半，看书不容易，好像走路一样，到处碰石头，很麻烦。他还跟身边人说过，他"决心学习，至死方休"，"我活一天就要学习一天，尽可能多学一点，不然，见马克思的时候怎么办？"①毛泽东对待学外语的态度，阅读英文版马列著作的精神，以及举重若轻的幽默感，肯定不是凡人俗视所能理解的，根本就与单纯的"用得着"或"用不着"无关。

在人一生的成长中，阅读扮演着十分重要的角色，而在阅读过程中，选择合适的书又是关键。我们在这里借用法国思想家蒙田的一句话做一个总结。蒙田说："初学者的无知在于未学，而学者的无知在于学后。"当代学者评论说，"第一种的无知是连字母都没学过，当然无法阅读。第

---

① 参见林克：《忆毛泽东学英语》，龚育之、逄先知、石仲泉：《毛泽东的读书生活》，生活·读书·新知三联书店 2010 年版，第 293 页。

二种的无知却是读错了许多书"[1]。

三、如何开卷才有益

读书就是交朋友，选对了朋友之后，就该学习如何与之相处，相处的方法得当，就会事半而功倍。读书确实是有方法可循的，古今中外的名人，在这方面给我们留下了很多宝贵的经验。无论这书是属于什么学科，关于什么主题、属于什么文类、归属哪个流派，如何能够知意明理，常读常新，如何能够循序渐进，形成体系，创造洞见，迭代思想，值得读书人认真学习和掌握。只有那些可以驾驭图书为己所用的读者，才可以与知为友，以识傲世。

1.读须有疑，有疑则有思

所有名家在谈到这种读书方法时，几乎毫无例外地列举孟子的名言。孟子曰："尽信《书》，则不如无《书》；吾于《武成》，取二三策而已。"孟子所举的例子是《尚书》中《武成》篇的内容，而我们知道，《尚书》作为儒家经

---

① ［美］莫提默·J.艾德勒、查尔斯·范多伦:《如何阅读一本书》，郝明义、朱衣译，商务印书馆 2014 年版，第 18 页。

典之一，在孔、孟的时代也是有着极其权威性地位的。因此，孟子这种对于权威著作，对经典保持独立思考、勇于怀疑的精神，尤其难能可贵，体现出圣贤人物的治学风范。即便是对于两千多年后的我们来说，也是值得学习的。

毛泽东就常引用孟子的这句话，要求人们"不要迷信书本，读书不要盲从，要独立思考。他要求身边同他一起读书的同志，在看完一本书或者一篇文章之后，总要提出自己的看法和见解。毛泽东在他写的大量读书批语中，提出了很多新颖的见解，作出自己的评价，有些见解和评价是相当精辟的。毛泽东认为，读书既要有大胆怀疑和寻根究底的勇气和意志，又要保护一切正确的东西，同做其他的事情一样，既要勇敢，也要谨慎。他不仅对待中国古书是这样，对待马克思主义的著作也是这样。毛泽东对斯大林的《苏联社会主义经济问题》一书评价是比较好的，但他在建议各级干部学习这本书的时候，强调要加以分析：哪些是正确的，哪些说的不正确或者不大正确，哪些是作者自己也不甚清楚的。"[①]

关于读书为什么要始终抱有一颗怀疑心，古往今来的名家给出了许多中肯的分析，仅就历史书而言，曾经主持大英百科全书编辑工作的出版传奇人物艾德勒和学者范多

---

① 龚育之、逢先知、石仲泉：《毛泽东的读书生活》，生活·读书·新知三联书店 2010 年版，第 18 页。

伦给出了这样的理由:"历史的本质就是口述的故事,历史是某个特殊事件的知识,不只存在于过去,而且还历经时代的不同有一连串的演变。历史家在描述历史时,通常会带有个人色彩——个人的评论、观察或意见。"①笛卡尔的怀疑精神最具代表性,他说,"关于哲学我只能说一句话:我看到它经过千百年来最杰出的能人钻研,却没有一点不在争论中,因而没有一点不是可疑的","至于其他的学问,既然它们的本原是从哲学里借来的,我可以肯定,在这样不牢固的基础上绝不可能建筑起什么结实的东西来"。②笛卡尔的怀疑是有一定历史背景的,他所处的时代是新知识、新思想和现代社会兴起与形成时期,他作为新时代开启式的代表性人物之一,对一切旧的知识、思想和学说,都提出了质疑甚至否定。其精神是值得肯定的,科学精神就包含着怀疑、批判和探索精神。无论如何,有一点是可以肯定的,即所有知识都不可避免地带有主观特点,因为所有知识都来自于人类的认识,认识就是客观对象的主观反映。所以笛卡尔认为,世界上根本没有一种学说真正可

---

① 〔美〕莫提默·J.艾德勒、查尔斯·范多伦:《如何阅读一本书》,郝明义、朱衣译,商务印书馆2014年版,第64页。

② 〔法〕笛卡尔:《谈谈方法》,王太庆译,商务印书馆2013年版,第8页。

靠。①

在阅读和获取知识方面，光有怀疑精神是不够的，怀疑也是要讲究方法的。结合往圣和名家的经验，我把怀疑归纳为"四要素"。

一要会疑。宋人张载说："读书先要会疑。"会疑的关键是不能走极端。

会疑就是不能怀疑一切，什么都不信，那样就没有书可以读了。在这方面的例子还是笛卡尔，笛卡尔由于所处的时代，他怀疑一切，怀疑一切旧的书本知识，于是抛开书本自己亲自实践，他只相信自己亲眼看到和用理性感觉到的东西。他说："一到年龄容许我离开师长的管教，我就完全抛开了书本的研究。我下定决心，除了那种可以在自己心里或者在世界这本大书里找到的学问以外，不再研究别的学问。"②笛卡尔的怀疑精神尤具历史时代性，他认为旧的逻辑和法则已经不能产生新知识了，已经与时代的需求相背离了。今天我们坐拥现代科学知识高度积累和发展的成果，要树立怀疑精神，但同时，又不能怀疑一切，否定一切。就像在前述中我们看到的，笛卡尔还是很崇尚读书

---

① 参见［法］笛卡尔:《谈谈方法》，王太庆译，商务印书馆2013年版，第6页。

② ［法］笛卡尔:《谈谈方法》，王太庆译，商务印书馆2013年版，第9页。

的，尤其是读圣贤书。就像比尔·盖茨没读完大学就开始创业，而且还成就了世界首富、科技领袖的伟业，但不能以此就鼓励所有大学生都放弃学业，开始创业的梦想，然后寄希望于"万一实现了呢"！

　　会疑还是不能囫囵吞枣，什么都不怀疑，全都依样吞下肚。张载说："可疑而不疑者不曾学，学则须疑。"[①]至高境界是"于不疑处有疑，方是进矣"[②]。在这方面，我愿意援引罗素作为例子。罗素出生在一个基督教世家，祖父是英国圣公会教徒，祖母是苏格兰长老会教友，后来又成为一位论教派的教徒。罗素从小就受家庭熏陶，接触不同的教派、教义和信仰，开始产生研究的兴趣，伴随研究的深入他开始产生了怀疑。根据他的自传："一直到大约 15 岁为止，我都相信一位论教义。在这个年纪，我开始对支持基本的基督教信仰的那些假设的合理论证做系统的研究。我花了无数的时间冥思苦想这个问题。因为怕人感到痛苦，我不敢向任何人诉说我的沉思。我也因逐渐失却信仰而且不得不保持缄默而感受到剧烈的痛苦。我想，如果不再信仰上帝、自由和永生，我会很不快乐，然后我发现支持这

---

　　①　张载：《张载集》，中华书局 2017 年版，第 286 页。

　　②　参见张载：《张载集》，中华书局 2017 年版，第 275 页。

些教条的理由都极不可信。"①罗素接下来对科学的研究让他越来越远离宗教信仰，促使他最终不再相信上帝是 18 岁进入剑桥读书以后。他在读书时受到了启发，即孩子们从小都被告知，上帝创造了人类和宇宙万物，但没有人能回答"谁创造了上帝"，自此他便不再相信上帝，便"抛弃掉'造物主'的论证而变成一个无神论者"②。

二要善问。有疑必问，惟问方能得解。疑而不问终为疑，不能得事理。朱熹说："读书无疑者，须教有疑；有疑者，却要无疑，到这里方是长进。"③从有疑到无疑的过程就是学，学是通过问而得来的，得来后才算有了"学问"。问学的路径有二：一是向师长、同学同道或掌握专门知识的人请教，孔子说"三人行必有吾师"，讨问和请教才叫有师，否则即无师。二是自己遍览群书，在相关图书中寻求印证，在书中可以求得多数人的见解，甚至求得已经不在世之人的见解，书本毕竟体现当前知识和智慧的积累。学贵乎问，乃圣贤之教，先儒为学，勤笃好问。古人说，学进必要疑，"小疑必小进，大疑必大进"。其中的道理就

① ［英］伯特兰·罗素:《罗素自传》第一卷，胡作玄、赵慧琪译，商务印书馆 2016 年版，第 41 页。

② ［英］伯特兰·罗素:《罗素自传》第一卷，胡作玄、赵慧琪译，商务印书馆 2016 年版，第 42 页。

③ （宋）黎靖德编:《朱子语类》，中华书局 2017 年版，第 186 页。

是，"小疑必小问，大疑必大问"，小问则所询之人、所征之书必少，大问则所询之人、所征之书必多。

在善问和遍寻答案方面一个极端的例子，是意大利文艺复兴时期被元老院和罗马人民加冕为"桂冠诗人"的彼得拉克①。彼得拉克深知，书本中的知识未必可信。他在一封信中这样写道："阅读鲜能避免危险，除非神性真理之光映照读者，教导他何者该找、何者该避。"②他的这种怀疑精神，让他发明了一种独特的阅读方法。彼得拉克非常崇尚奥古斯丁，他经常想象着与奥古斯丁对话，他们一起谈论有关阅读和增强记忆等问题。在彼得拉克的想象中，奥古斯丁提议了一种崭新的阅读方法："既不利用书本当作思想的支柱，也不像相信贤人的权威般相信它，而是从它攫取一个观念、一句警语、一个意象，将它与从保存于记忆中的遥远文本撷采而来的观念、警语、意象互相连结，再把这一切与自己的反思扣联起来——如此便产生了一篇由读者作出的新文本。"③彼得拉克幻想着，或者说借奥古斯丁之

---

① 弗兰西斯克·彼得拉克（Francesco Petrarca，1304—1374），意大利学者、诗人，文艺复兴第一位人文主义者，被誉为"文艺复兴之父"。

② ［加拿大］阿尔维托·曼古埃尔：《阅读史》，吴昌杰译，商务印书馆2014年版，第80页。

③ ［加拿大］阿尔维托·曼古埃尔：《阅读史》，吴昌杰译，商务印书馆2014年版，第80页。

口，发明了一种新的阅读方法，即不是像通常那样相信和阅读全书，而是选取书中有代表性的字句和段落，把它们与古老的图书相对照，也就是说，用以前的图书来进行征询与核对，然后再加进自己的理解和感悟，从而创造了一个新的文本。彼得拉克的做法，对于他这样一位14世纪的读者来说，是不可思议的；因为当时的人们都相信书本的权威。两个世纪之后，彼特拉克的个人式、有再创能力、诠释性、核对式的阅读方式变成整个欧洲学术界的普遍方法。

三要精思。宋人有云："凡有疑，则精思之，思精而后讲论，乃能有益。"①南宋理学家程颐②说："不深思则不能造于道，不深思而得者，其得易失。"③古人说，读书不深思，如迅风飞鸟之过前，响绝影灭。若想学有所得，必从读书开始，读书千熟万熟时，一言一句之理，自然与心融会为一，这才是学有所得。也就是终有所悟。明代思想家李贽④说："学人不疑，是谓大病。唯其疑而屡破，故破疑即

---

① 张明仁编著：《古今名人读书法》，商务印书馆2017年版，第59页。

② 程颐（1033—1107），字正叔。北宋理学家和教育家。与其兄程颢共创"洛学"，奠定理学基础。世称"二程"。著有《程颐文集》《易传》和《经说》等。

③ 张明仁编著：《古今名人读书法》，商务印书馆2017年版，第49页。

④ 李贽（1527—1602），字宏甫。明代著名思想家。著有《藏书》《续藏书》《焚书》和《续焚书》等。

是悟。"悟源于思，思源于疑。另一位明代学者吴默[①]说："凡理不疑，必不生悟，惟疑而后悟也。小疑则小悟，大疑则大悟。故学者非悟之难，而疑之难，其所疑与悟者何物也？是心窍中之生机也，夫心中原有机窍，但非疑而思索，则机不触而理不开，焉能了悟？"[②]有疑才能思，由思才能悟，悟就是有所得。

　　无论是向他人求教还是自己查阅图书所得到的答案，都不能代替自己的思考，这些都只能作为资料和参考，有助于自己思考，因为只有自己借助于资料或素材进行思考所得，才能成为自己真正的智慧而积累下来。德国著名哲学家叔本华特别强调这一点，他说："归根到底，只有自己的根本思想才会有真理和生命力，因为只有自己的思想才是我们真正、完全了解的……尽管有时候我们可以在一本书里轻而易举地找到自己几经艰辛、缓慢的思考和分析组合才得以发现的某一见解或某一真理，但是，经过自己的思维所获得的见解或真理却是价值百倍……别人传授给我们的真理只是粘附在我们身上的假肢、假牙、蜡质鼻子，它顶多就是通过手术植皮安装的假鼻。但经过自己思考而

　　① 吴默（1554—1640），字因之。明代文学家。万历二十年（1592年）会试第一名，官至太仆寺卿。生平见《太仆卿吴公传》。

　　② 张明仁编著：《古今名人读书法》，商务印书馆2017年版，第119-120页。

获得的真理，却像自己天生的四肢——也只有这些东西才是真正属于我们。"①

有时，我们的疑问并不能在书本上找到直接明了的答案，我们必须通过相关的材料，自己进行分析和思考，然后才能产生见解。美国出版界和学界传奇人物莫提默·J.艾德勒和查尔斯·范多伦在《如何阅读一本书》中，就对此进行了准确的阐述："如果你问一本书一个问题，你就必须自己回答这个问题。在这样的情况下，这本书就跟自然或世界一样。当你提出问题时，只有等你自己作了思考与分析之后，才会在书本上找到答案。当然，这并不是说，如果有一位活生生的老师能回答你的问题，你就用不着再多做功课。如果你问的只是一件简单的事实的陈述，也许如此。但如果你追寻的是一种解释，你就必须去理解它，否则没有人能向你解释清楚。更进一步来说，一位活生生的老师出现在你眼前时，你从了解他所说的话，来提升理解力。而如果一本书就是你的老师的话，你就得一切靠自己了。"②

四要明辨。疑必问，在求问的过程中，自然不会每

---

① ［德］叔本华:《意志决定命运》，韦启昌编译，长江文艺出版社2014年版，第64-65页。

② ［美］莫提默·J.艾德勒、查尔斯·范多伦:《如何阅读一本书》，郝明义、朱衣译，商务印书馆2014年版，第21页。

每得到一致的答案，更通常的情况则是众说纷纭，所以必然需要明辨。明人方孝孺①说："不善学之人，不能有疑，谓古皆是，曲为之辞。过乎智者，疑端百出；诋诃前古，摭其遗失。学匪疑不明，而疑恶乎凿；疑而能辨，斯为善学。"②清代学者李颙③对此阐释得更为直白、有趣："人苟真实刻苦进修，则问与辩又乌容已。譬如行路虽肯向前直走，若遇三岔歧路，安得不问路上曲折。又安得不一辨明，故遇歧便问，问明便行，方不托诸空言。若在家依然安坐，只管问路辨程，则亦道听途说而已矣！夫道听途说，为德之弃，吾人不可不戒！"④在思而明辨这方面，若要举个典型事例权当凑趣，就取清圣祖爱新觉罗·玄烨⑤吧。清圣祖即康熙皇帝，从小爱读书，"间有一字未明，必加寻绎"，直到了然于心而已，他把读书的道理也用于治理天下国家。他提倡不能迷信书，"凡看书不为书所愚始善"。他

---

① 方孝孺（1357—1402），字希直。明代学者、文学家和思想家。代表作有《逊志斋集》和《方正学先生集》等。

② 张明仁编著：《古今名人读书法》，商务印书馆2017年版，第105页。

③ 李颙（1627—1705），字中孚。明清之际哲学家、理学家。被称为"海内大儒"。著有《四书反身录》和《二曲集》等。

④ 张明仁编著：《古今名人读书法》，商务印书馆2017年版，第141页。

⑤ 爱新觉罗·玄烨（1654—1722），即康熙皇帝。清朝第四位皇帝，定都北京后第二位皇帝，在位61年，是中国当政时间最长的皇帝。

曾看到有书中这样写道："风不鸣条，雨不破块，谓之升平世界。"他便认为这是粉饰太平之语，是非经不住明辨，他说："果使风不鸣条，则万物何以鼓动发生？雨不破块，则田亩如何耕作布种？以此观之，俱系粉饰空文而已。似此者，皆不可信以为真也。"①

关于带着疑问阅读，要会疑、善问、精思和明辨，王阳明的精辟论述可以作为总结语。王阳明说："盖学之不能以无疑，则有问，问即学也，即行也；又不能无疑，则有思，思即学也，即行也；又不能无疑，则有辨，辨即学也，即行也。"②

2.心念问题，读必有得

理想主义者总爱说，读书是一种休闲，喜欢什么时候读就什么时候读，喜欢读什么就读什么，不必那么苦大仇深地纠缠于问题之间，那样读书便失去了乐趣。而现实情况下，或以我们的阅读现状，通常的情况却是，我们有解不开的问题时才去翻阅书籍、查找答案。当代著名作家严

---

① 张明仁编著：《古今名人读书法》，商务印书馆 2017 年版，第 160 页。

② ［明］王阳明撰、邓艾民注：《传习录注疏》，上海古籍出版社 2017 年版，第 101-102 页。

文井先生在谈到读书时这样说："如果我在思考一个问题，长期得不到答案，我就去向古代的智者和当代的求索者求教，按照一个明显的目的，我打开了一本本书。"①带着问题读书，或者说有目的性地读书，无疑会有更好的效率，因为它会把相关图书的内容集聚在脑海里，使人可以集中精力地思考。实际上，读书还有一种更大的乐趣，即把一个个模糊的疑惑弄清楚后心里的豁然开朗，把一个个问题攻克后的心里的满足感和成就感。

带着问题阅读，世界著名的出版家和阅读专家也把它称为"主题阅读"，就是以一个问题或主题为核心去搜集书籍阅读，它是最高层次的阅读。"这是所有阅读中最复杂也最系统化的阅读。对阅读者来说，要求也非常多，就算他所阅读的是一本很简单、很容易懂的书也一样。也可以用另外的名称来形容这样的阅读，如比较阅读（comparative reading)。在做主题阅读时，阅读者会读很多书，而不是一本书，并列举出这些书之间相关之处，提出一个所有的书都谈到的主题。但只是书本字里行间的比较还不够。主题阅读涉及的远不止此。借助他所阅读的书籍，主题阅读者要能够架构出一个可能在哪一本书里都没提过的主题分析。因此，很显然的，主题阅读是最主动、

---

① 严文井：《读书，人才更加像人》，中国图书评论学会编：《读书的方法与艺术》，人民出版社 2017 年版，第 25 页。

也最花力气的一种阅读……主题阅读不是个轻松的阅读艺术，规则也并不广为人知。虽然如此，主题阅读却可能是所有阅读活动中最有收获的。就是因为你会获益良多，所以绝对值得你努力学习如何做到这样的阅读。"①带着问题或主题阅读，要求读者有主动的意识，也就是说要有自我要求，"有自我要求的阅读者，与没有自我要求的阅读者之间，有天壤之别"，"后者提不出问题——当然也得不到答案"②。

在这方面一个世界著名的例子，就是美国大发明家托马斯·爱迪生。根据《爱迪生传》，爱迪生从小就对儿童游戏不感兴趣，而对周围生活和大自然充满了好奇，因此他显得很不合群，在学校的学习成绩也不好。爱迪生后来回忆说："我在学校里从未很好地学习，我总是班上的差等生。我觉得老师们都不喜欢我，我父亲认为我傻，我也几乎认为自己是个笨蛋。"③幸运的是，爱迪生有一个很了不起的母亲，她很熟悉现代教育理论，认为这不是孩子的问题，而是父母的问题。她知道爱迪生是爱学习的，是爱动

①　[美]莫提默·J.艾德勒、查尔斯·范多伦：《如何阅读一本书》，郝明义、朱衣译，人民出版社2014年版，第27页。

②　[美]莫提默·J.艾德勒、查尔斯·范多伦：《如何阅读一本书》，郝明义、朱衣译，人民出版社2014年版，第54页。

③　[苏联]拉皮罗夫－斯科勃洛：《爱迪生传》，南致善、张德浦译，《世界名人传记丛书》，商务印书馆2017年版，第8页。

脑思考的，他拥有很强的观察力，他经常不停地对大人提出一连串为什么的问题，这些问题被认为不是孩子应该想的事情，大人们对此感到厌烦。爱迪生的母亲很有耐心，她循循善诱，不是把孩子留在学校继续学习他不感兴趣的课程，而是把他领回了家，让他按照自己的兴趣和意志去读自己喜欢的书，做自己喜欢的事。爱迪生每天在固定时间去休伦港人民图书馆，他聚精会神地读书，对周围一切都视而不见，听而不闻。母亲指导他读书和学习，他先是对历史题材的书籍感兴趣，他满脑子都是历史问题。12 岁以前他已经读了下面一些名著，诸如 19 世纪最受欢迎的英国历史学家爱德华·吉本的多卷本《罗马帝国衰亡史》、休谟的《大不列颠史》、希尔的《世界史》、彭尼的《通俗百科全书》和伯顿的《宗教改革史》等。这些书像一个个老师一样，解答了爱迪生脑子里想的许多问题。

除了社会历史书以外，爱迪生还对自然和科学着迷，9 岁的时候他读了理查德·格林·帕克的《自然与实验哲学》。这本书出版于 1856 年，它包括了那个时代几乎所有科学技术资料。爱迪生几乎做了书中指定的所有实验，他们家的地下室变成了他的实验室。他从小善于经商，把卖报纸和杂货的钱都用来购买图书和实验用品，他甚至把实验室设在了他出售报纸和商品的行李车内，他利用一切闲暇时间读书和做实验。爱迪生的伟大成就与他从小就有目的、有目标地读书和实验有着直接的关系，这就是带着问题或主题阅读的结果。

在带着问题或主题阅读方面，毛泽东也是一位很好的榜样。"毛泽东在阅读苏联《政治经济学教科书》时，发表了大量评论性意见，提出自己的许多观点，但他认为，这还只是跟着书走，了解他们的写法和观点。他认为，应当以问题和论点为中心，收集一些材料，看看他们的论文，知道争论双方的意见或者更多方面的意见，作进一步的研究。他说，问题要弄清楚，至少要了解两方面的意见。毛泽东的早年同学周世钊，在谈到毛泽东青年时代读书情况时，说毛泽东有'四多'的习惯，就是读得多，想得多，写得多，问得多。这个'四多'正是反映了毛泽东酷爱读书而又不迷信书本，具有独立思考和追根究底的精神。"①这段记载表明，发现书中的问题，然后以问题为线索再去查阅其他图书，最后分析、甄别，已经成为毛泽东读书的习惯。也正是这样的读书习惯，锤炼了毛泽东的思想力。正如有学者指出的："带着问题去阅读，去寻找答案，就像进入到一个陌生的房间，特别熟悉的环境，不用费劲，进入一个陌生的环境，每个细节都要力图掌握，自然获得的东

---

① 龚育之、逄先知、石仲泉：《毛泽东的读书生活》，生活·读书·新知三联书店 2014 年版，第 18 页。

西就多。"①

3.标标点点，要义自现

阅读时对书中的重点字句、自己有所感悟的话语，以及不懂、有疑和不赞成等之处做必要的标记和标注，有时在相关语句和段落的边白处做些简短的主题词提示，是非常有用和有效的读书方法。几乎所有名家都说，好书或值得读的书都要反复阅读，至少也要读两遍。以我的经验，当开始读第二遍的时候，第一遍所做的标记、标注和主题词等便起到了提示和回忆作用，它一方面可以加深印象和理解，另一方面还可以勾起对未加标记和标注部分的再次探究的兴趣，有时还会有新的发现和感悟。在这方面，我获益最大之处在于，当要写某方面的文章时，我会把读过的涉及此话题的相关图书找来，然后根据当初做的主题词标注，很快就把它们"搜索"出来，这样，动笔和成文的效率就非常高。否则，每次动笔之前都要重新开始搜集资料，根据自己模糊的记忆，在所读过的书中去寻找，既浪费时间，亦不利于思维和思路的连贯。

在这方面毛泽东给我们树立了榜样。根据人们的回

---

① 中国图书评论学会：《读书的方法与艺术》，人民出版社 2017 年版，第 164 页。

忆①，"延安时期，是毛泽东在哲学领域里劳作最勤、收获最丰的时期。在写作《实践论》、《矛盾论》和整个《辩证法唯物论（讲授提纲）》的前后，他在读过的许多哲学书上留下了大量的批注"。"毛泽东的批注，可分为文字批语和读书符号两大类。在五本书篇页的天头地脚、边白中缝和段末行间，他总共写下约两万字的批语。其中尤以《辩证法唯物论教程》（第三版）为最多，在一万二千字左右。这本书中最长的一条批语，有一千二百字左右。这些批语，有对原文内容的复述、提要、归纳、概括及发挥，有对原文观点的减否和疑问，也有自己提出的独立见解。例如，毛泽东从《辩证唯物论与历史唯物论》（上册）的原文提取和复述了这一句话：'认识物质，就是认识物质的运动形式。'这表示他注意到这个观点，这句话后来也写进《矛盾论》里了。"

国外学者和专门研究阅读的专家，也非常看重阅读时在书上做标记和标注的方法，例如《如何阅读一本书》中，就介绍了七种标记和标注方法。②实际上，读书做标记

---

① 田松年：《对几本哲学书籍的批注》，龚育之、逄先知、石仲泉：《毛泽东的读书生活》，生活·读书·新知三联书店2014年版，第75-78页。

② ［美］莫提默·J.艾德勒、查尔斯·范多伦：《如何阅读一本书》，郝明义、朱衣译，商务印书馆2014年版，第57页。

和标注的方法可以多种多样，因人的喜好和习惯而异。毛泽东的标记和标注就很独特，自己看得懂就好。"毛泽东在所读的书上还留下了许多符号，它们有：△、○、一、×、√、斜线、方框、竖的波浪线、单杠线、双杠线甚至三杠线，还有顿点和问号。这些符号往往也反映出他在读书当中的某种意图和倾向，对于理解他的思想是有帮助的。特别是问号，直接显示了他对某个观点的怀疑或反对，深思与不解。"[1]

值得一提的是，毛泽东读书的标记和批注法，不仅成为后人读书的榜样，他读过和批注过的图书还成为了珍贵的史料，这份史料不仅记载了毛泽东的读书史，还记载了他的思想发展史。有人这样评论："五本书上的批语向我们显示出的情况完全符合一般学习的规律：较早读的书上批语多且具体，往后读的书上批语较少且较原则；较早批语中的转述、摘要和说明的东西占较大的比例，后来的批语则研究性、独创性的见解逐渐加多，结论、命题式的东西时有所见；前面的批语对某些问题和观点的看法还显得不那么清楚和有把握，后面批语的思想则比较明晰、成熟

---

① 田松年《对几本哲学书籍的批注》，龚育之、逄先知、石仲泉：《毛泽东的读书生活》，生活·读书·新知三联书店 2014 年版，第 80 页。

些。"①

4.无笔记，不思考

做笔记是与读书相伴随的行为，读书不做笔记，读过的书很容易忘记；读书不做笔记，不能引发深层次的思考，读过也就读过了而已。真正的阅读是能够引发思考的阅读，思考来自于发现问题和回答问题的过程中，"理论上来说，这样的过程可以在你脑海中完成，但如果你手中有一枝笔会更容易做到。在你阅读时，这枝笔会变成提醒你的一个讯号"②。俗话说："你必须读出言外之意，才会有更大的收获。"实际上，光读出来还不够，还必须"写出言外之意"，不这么做，就难以达到最有效的阅读的境界。"就一本书来说，付钱购买的动作却不过是真正拥有这本书的前奏面已，要真正完全拥有一本书，必须把这本书变成你自己的一部分才行，而要让你成为书的一部分最好的方法——书成为你的一部分和你成为书的一部分是同一件事——就是要去写下来"。为什么做笔记是不可或缺的事？

---

①　田松年《对几本哲学书籍的批注》，龚育之、逢先知、石仲泉：《毛泽东的读书生活》，生活·读书·新知三联书店 2014 年版，第 81 页。

②　［美］莫提默·J.艾德勒、查尔斯·范多伦：《如何阅读一本书》，郝明义、朱衣译，商务印书馆 2014 年版，第 56 页。

"第一，那会让你保持清醒——不只是不昏睡，还是非常清醒。其次，阅读，如果是主动的，就是一种思考，而思考倾向于用语言表达出来——不管是用讲的还是写的。一个人如果说他知道他在想些什么，却说不出来，通常是他其实并不知道自己在想些什么。第三，将你的感想写下来，能帮助你记住作者的思想。"①

中国自古以来就有倡导读书做笔记的传统，做笔记的目的是为了促进思考。例如，宋代大儒张载曾说："不记则思不起。"②明代思想家薛瑄③说："横渠张子④云：'心中有所开，即便劄记，不思则远塞之矣。'余读书至心有所开处，随即录之，盖以备不思而还塞也。"⑤他们都强调，记笔记是为了深思，是为了思而后能通。明末清初杰出思想家顾炎

---

① ［美］莫提默·J.艾德勒、查尔斯·范多伦：《如何阅读一本书》，郝明义、朱衣译，商务印书馆2014年版，第56页。

② 张明仁编著：《古今名人读书法》，商务印书馆2017年版，第45页。

③ 薛瑄（1389—1464），字德温。明代著名思想家、理学家和文学家，河东学派创始人，世称"薛河东"。著有《读书录》和《薛文清公全集》等。

④ 即张载。

⑤ 张明仁编著：《古今名人读书法》，商务印书馆2017年版，第106页。

316

武①，在谈到自己读书、做笔记时，有这样的话语："愚自少读书，有所得辄记之。其有不合，时复改定；或古人先我而有者，则遂削之。"②顾炎武不止于读书做笔记，还与其他图书相核阅，直到真正弄懂弄通，并且对自己有更高的要求，即不说古人已经说过的话。顾炎武的笔记不只来自于读书，还来自于实践，来自于他向实践求教，来自于把书本与实践相核验。如他自己所说："自少至老，手不舍书。出门，则以一骡两马，捆书自随，过边塞亭障，呼老兵诣道边酒垆，对坐痛饮，咨其风土，考其区域。若与平生所闻不合，发书详正，必无所疑而后已。"③顾炎武的这种学风，这种治学态度和精神，对于今天的学者来说是一笔宝贵的财富，值得我们认真学习、效仿。民国大思想家梁启超在谈论读书方法时说："若问读书方法，我想向诸君上一条陈。这方法是极陈旧的，极笨极麻烦的，然而实在是极必要的。什么方法呢？是钞录或笔记。"他还说："大抵凡一个大学者平日用功，总是有无数小册子或单纸片；读书

---

① 顾炎武（1613—1682），明末清初杰出思想家、经学家、史地学家和音韵学家，与黄宗羲、王夫之并称明末清初"三大儒"。代表作有《日知录》和《天下郡国利病书》等。

② 张明仁编著：《古今名人读书法》，商务印书馆2017年版，第133页。

③ 张明仁编著：《古今名人读书法》，商务印书馆2017年版，第132页。

看见一段资料，觉其有用者，即刻钞下。"①胡适就是梁启超所说的这类大学者，他说读书要"眼到、口到、心到、手到"，其中"手到"的最重要一点就是"做读书札记"②。胡适不仅是这样说的，也是这样做的，有蔡元培的记述为证。

　　一代大学问家蔡元培先生很谦虚地"反思"自己读书的不得法，一是不能专心，上面我们已经说过，二是不勤于记笔记。他说："我的不得法，第二是不能勤笔：我的读书，本来抱一种利己主义，就是书里面的短处，我不大去搜寻它，我正注意于我所认为有用的或可爱的材料。这本来不算坏，但是我的坏处，就是我虽读的时候注意于这几点，但往往为速读起见，无暇把这几点摘抄出来，或在书上做一点特别的记号，若是有时候想起来，除了德文书检目特详，尚易检寻外，其他的书，几乎不容易寻到了。我国现虽有人编'索引'、'引得'等等，又专门的辞典，也逐渐增加，寻检自然较易，但各人有各自的注意点，普通的检目，断不能如自己记别的方便。我尝见胡适之先生有一个时期，出门时常常携一两本线装书，在舟车上或其他忙里偷闲时翻阅，见到有用的材料，就折角或以铅笔作记

----

　　① 张明仁编著：《古今名人读书法》，商务印书馆2017年版，第217页。

　　② 胡适：《读书》，范寿康：《我们怎样读书》，当代中国出版社2013年版，第39-43页。

号。我想他回家后或者尚有摘抄的手续。我记得有一部笔记，说王渔洋读书时，遇有新隽的典故或词句，就用纸条抄出，贴在书斋壁上，时时览读，熟了就揭去，换上新的。所以他记得很多。这虽是文学上的把戏，但科学上何尝不可以仿作呢？我因从来懒得动笔，所以没有成就。"①著名美学家朱光潜在谈到读书方法时，只强调了两条：第一，凡值得读的书至少须读两遍；第二，读过一本书，须笔记纲要精彩和你自己的意见。记笔记不但可以帮助你记忆，而且可以逼得你仔细，刺激你思考。记着这两点，其他琐细方法便用不着说。②

做笔记如此重要，以致中国古代文人居然发明了一种文体叫"笔记"体。现代学者也自然不能落后，精通中外的大学者钱锺书就是杰出的代表。由杨绛先生整理、商务印书馆出版的《钱锺书手稿集》72卷，收录了《容安馆札记》、《中文笔记》和《外文笔记》，全是钱先生所做的读书笔记和读书心得，总计在7万页，400个笔记本左右，其中《外文笔记》更是使用了钱先生所熟的英、法、德、意、西班牙、希腊和拉丁等七种外语。杨绛先生在《百岁

———————

① 蔡元培：《我的读书经验》，胡适等：《怎样读书》，生活·读书·新知三联书店2012年版，第11—12页。

② 朱光潜：《谈读书》，胡适等：《怎样读书》，生活·读书·新知三联书店2012年版，第91页。

访谈》中谈到："锺书从小立志贡献一生做学问，生平最大的乐趣是读书，可谓'嗜书如命'。不论处何等境遇，无时无刻不抓紧时间读书，乐在其中。无书可读时，字典也啃。"[①]对于钱先生的读书笔记，杨绛先生在谈到《中文笔记》，是这样说的："《钱锺书手稿集·中文笔记》二十册即将出版的消息使我兴奋不已。我要向北京商务印书馆内外所有参加这项工程的同志表示感谢。《钱锺书手稿集·中文笔记》依据钱锺书手稿影印而成，所收中文笔记手稿八十三本，形制各一，规格大小不一，因为年代久远，纸张磨损，有残缺页；锺书在笔记本四周和字里行间，密密麻麻写满小注，勾勾画画，不易辨认。"[②]

中国现代著名画家、散文家和翻译家丰子恺[③]在《我的苦读经验》中，对读书做笔记给出了自己具体的方法。他说："头脑清楚而记忆力强大的人，凡读一书，能处处注意其系统，而在自己的头脑中分门别类，作成井然的条理，虽未到书中详叙细事的地方，亦能知道这样详叙位在全系统中哪一门类哪一条目之下，及其在全部中重要程度如

---

① 杨绛:《走到人生边上》(增订本)，商务印书馆2016年版，第229页。

② 杨绛:《走到人生边上》(增订本)，商务印书馆2016年版，第233—234页。

③ 丰子恺（1898—1975），中国现代著名画家、散文家和翻译家，以漫画最为闻名。

何。这仿佛在读者的头脑中画出全书的一览表。我认为这是知识书籍的最良的读法。但我的头脑没有这样清楚，我的记忆力没有这样强大。我的头脑中地位狭窄，画不起一览表来。倘教我闲坐在草上花下或奄卧在眠床中而读知识学科的书，我读到后面便忘记前面，终于弄得条理不分，心烦意乱，而读书的趣味完全灭杀了。所以我又不得不用笨法子。我可用一本Note book来代替我的头脑，Note book中画出全书的一览表。所以我的读书非常吃苦。我必须准备了Note book和笔，埋头在案上阅读。读到纲领的地方，就在Note book上列表，读到重要的地方，就在Note book上摘要。读到后面，又须时时翻阅前面的摘记。以明此章此节在全书中的位置。读完之后，我便抛开书籍，把Note book上的一览表温习数次。再从这一览表中摘要，而在自己的头脑中画出一个极简单的一览表。于是这部书总算读过了。我凡读知识学科的书，必须用Note book摘录其内容的一览表。所以十年以来，积了许多的Note book。经过了几次迁居损失之后，现在我的废书架上还留剩着半尺多高的一堆Note book呢。"[1]丰子恺先生读书笔记的特点，在于牢记全书的脉络，以及各章节不同的重要性，而且反复地温习，做到了然于胸，不易忘记。

---

[1] 丰子恺：《我的苦读经验》，胡适等：《怎样读书》，生活·读书·新知三联书店 2012 年版，第 107-108 页。

5.边读边写，功夫臻成

无论是做学问还是不做学问，写作能力或文字功夫都是现代社会对人的普遍要求，人们在工作岗位中都或多或少地与文字和写作打交道。对于选择学问人生的教学和研究人员，对其驾驭文字的能力则有更高的要求。正如一位日本学者所说："我们的人类社会正在转变为这样的社会。查找资料、阅读书籍、整理资料、归档文件、厘清思路、确定构思、形成大纲、作出记录、写出报告等。这一系列智识作业，在从前只是极少数文人、学者们的专属工作。而在当今时代，全社会每一个人都有不计其数的机会要做这些事情。他们已经成为每一个社会人的一门生活技术，我们必须考虑知识生产技术的理由就在于此。"①

阅读与写作都不是人天生就会的，都须后天习得，而且是从小就开始，反复不停地读与写，直至终生。从小不读不写，也不能指望长大后自然就会。法国作家丹齐格②说："我相信我们通过阅读来学习阅读的技巧与通过写作来

① ［日］梅棹忠夫：《智识的生产技术》，樊秀丽译，商务印书馆2016年版，第11页。

② 夏尔·丹齐格（1961— ），法国作家、编辑。荣获法兰西学院散文奖等多个法国文学大奖。

学习写作的技能一样。如果说写作不会随着我们的年纪而变得更容易，那么阅读也不会。"①实际上，一边读一边写是最值得推崇的方法，让读和写同时成长，既必要又科学。读与写都是伴随一生的事业，它既不是天生的，也不是在人生的某一阶段就突然之间会读会写了。边读边写一方面是为更好地理解所读、巩固所读、延伸所读和思考所读，另一方面也是为从练习到熟练写作。写作的过程中，不仅需要重新梳理所读的内容，让所知所读更加清晰，还能激起思想的涟漪，让思想自由地奔跑起来，并可以撞上或调动起以往所读之书和所获之感，每一次新的阅读所激起的新的写作，都是自身所积累的内容和感悟的再一次融合，都会产生新的思想火花，有时是自己事先无法预料，甚至是难以置信的。没有写作就没有所积累内容和感悟的交响，很多闪光的东西也许就永无机会被牵引出来，而被深深地淹没。即便是在初写的时候，没有产生深邃的思想，能够脱离书本，把所读内容、所明之理用自己的话叙述出来，也算是不小的收获了。而且，那才是真正地理解了，有所悟了。朱熹说："大抵观书先须熟读，使其言皆若出于吾之口；继以精思，使其意皆若出于吾之心，然后可以有

　　① ［法］夏尔·丹齐格：《为什么读书》，阎雪梅译，广西师范大学出版社 2016 年版，第 152 页。

得尔。"①对于读书的这种境界，元代思想家程端礼②给出了这样的描绘："去了本子，信口分说得出，合说得出，于身心上体认得出，方为烂熟。"③熟读和精思之后，最需要及时地动笔写出来。越读越想读，越写越有的写，因此越想写。

中国人天生有一种珍贵的品质，那就是谦逊。具体到读书与写作，总认为不成熟的文字无法公诸于众，严谨的老师和家长也是这样要求学生和孩子的。古往今来的贤明之士，既教导人们注重严谨的治学与文章之风，又不忘鼓励后学勤勉习作。《颜氏家训》中就有这样的教导："学为文章，先谋亲友，得其评裁，知可施行，然后出手；慎勿师心自任，取笑旁人也。自古执笔为文者，何可胜言。然至于宏丽精华，不过数十篇耳。但使不失体裁，辞意可观，便称才士；要须动俗盖世，亦俟河之清乎!"④颜之推告诫，学习写作文章时，一定先要与亲友商量，得到他们的点评后，知道怎样写了，然后方能动笔，千万不能自我

---

① 张明仁编著：《古今名人读书法》，商务印书馆 2017 年版，第 64 页。

② 程端礼（1271—1345），字敬叔、敬礼。元代思想家。著有《读书日程》等。

③ 张明仁编著：《古今名人读书法》，商务印书馆 2017 年版，第 101 页。

④ 颜之推：《颜氏家训》，檀作文译注，中华书局 2017 年版，第 146 页。

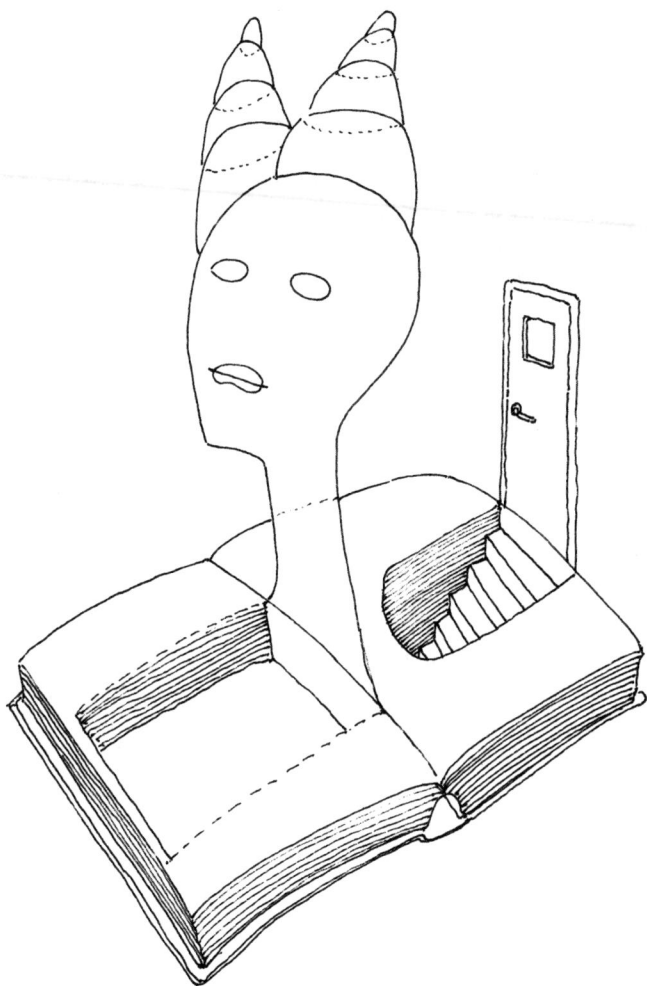

阅读的意外收获

感觉良好，以至于落到被外人取笑的境地。实际上，不写永远都不能达到所谓的成熟，更何况世界上没有绝对的成熟，所有的成熟都是相对的。近代大学问家梁启超对此有着切身和精辟的论述："先辈每教人不可轻言著述，因为未成熟的见解公布出来，会自误误人，这原是不错的。但青年学生'斐然有述作之志'，也是实际上鞭策学问的一种妙用。譬如同是读《文献通考》的《钱币考》，各史《食货志》中钱币项下各文，泛泛读去，没有什么所得；倘若你一面读一面便打主意做一篇《中国货币沿革考》，这篇考做的好不好（是）另一问题，你所读的自然加几倍受用。譬如同读一部《荀子》，某甲泛泛读法，某乙一面读，一面打主意做部《荀子学案》，读过之后，两个人的印象深浅，自然不同。所以我很奖劝青年好著书的习惯。至于所著的书，拿不拿给人看，什么时候才认成功，这还不是你的自由吗?"①

到了互联网时代，我们的文明似乎又走到了另一个极端，在写作方面似乎人人都是作家，人人都可以任意发表"高论"，而且无论什么样的"高论"总会或多或少赢得迎合者，人们把这种现象归因于所谓的"价值多元"。然而所谓的"价值多元"，与"混淆是非"有时还真难分得清。

---

① 张明仁编著:《古今名人读书法》，商务印书馆2017年版，第218页。

古往今来的名家都一致主张，只有好的、有益于身心的文字，才能流传于世，才有资格流传于世。泛滥于网上的大量文字，距离这样的要求还相差很远。

清代学者冯班指出："大凡学文，初要小心，后来学问博，识见高，笔端老，则可放胆。能细而后能粗，能简而后能繁，能纯粹而后能豪放。"①他揭示了写作也要循序渐进的道理，读写并进，读无止境，笔耕不辍。初不逾矩，渐臻纯熟，粗细简繁，高论自现。如是，则读写人生，思想纷呈，更重要的是，必乐在其中。

结语

凡事皆有道，方法即道；万物皆有则，方法即则。知识因概念而生，概念因分类和方法而存。新知识来自新概念和新方法，方法异而万物新。以获取知识为初始目的的阅读，自然依赖方法。对于读者而言，可以说好方法成就好人生。阅读的方法固然有因人而异的特点，但也绝不是毫无规律可循，别人的读书经验也绝不是毫无借鉴之处。对于任何事物而言，前人的经验都是宝贵的财富，古今名

---

① 冯班:《钝吟杂录》，李鹏点校，中华书局2013年版，第126-127页。

人读书的经验自然也是人类的宝贵财富。培养兴趣和树立志向，是这种经验最看重的，我们称之为心法。有了这样的心法，再辅以具体阅读的得当方法，便断无不成之事。

　　阅读是一种责任，阅读亦是一种信仰，人生因为阅读方能获得源源不断的滋养，生命因为阅读才会变得丰盈并充满力量。

中文征引书目

艾德勒，莫提默、查尔斯·范多伦：《如何阅读一本书》，
　　郝明义、朱衣译，商务印书馆 2014 年版。

爱森斯坦，伊丽莎白：《作为变革动因的印刷机》，何道宽
　　译，北京大学出版社 2010 年版。

奥斯特勒，尼古拉斯：《语言帝国：世界语言史》，章璐、梵
　　非、蒋哲杰、王草倩译，上海人民出版社 2016 年版。

巴达拉科：《领导者性格》，江之永译，商务印书馆 2007 年
　　版。

巴伦，内奥米，S.：《读屏时代：数字世界里我们阅读的意
　　义》，庞洋、周凯译，电子工业出版社 2016 年版。

鲍曼，齐格蒙特：《流动的现代性》，欧阳景根译，中国人
　　民大学出版社 2018 年版。

巴尔特，罗兰：《写作的零度》，李幼蒸译，载王潮主编：
　　《后现代主义的突破——外国后现代主义理论》，敦煌
　　文艺出版社 1996 年版。

波茨，约翰·哈特利·贾森：《文化科学：故事、亚部落、知识与革新的自然历史》，何道宽译，商务印书馆2017年版。

伯克，彼得：《知识社会史》（下卷），汪一帆、赵博囡译，浙江大学出版社2017年版。

布罗茨基，约瑟夫：《悲伤与理智》，刘文飞译，上海世纪出版股份有限公司译文出版社2016年版。

达恩顿，罗伯特：《启蒙运动的生意——〈百科全书〉出版史（1775—1800）》，叶桐、顾杭译，生活·读书·新知三联书店2005年版。

丹齐格，夏尔：《为什么读书》，阎雪梅译，广西师范大学出版社2016年版。

笛卡尔，勒内：《谈谈方法》，王太庆译，商务印书馆2013年版。

杜威，约翰：《自由与文化》，傅统先译，商务印书馆2014年版。

杜君立：《现代的历程——一部关于机器与人的进化史笔记》，上海三联书店2016年版。

范寿康编：《我们怎样读书》，当代中国出版社2013年版。

费希特：《论学者的使命 人的使命》，梁志学、沈真译，商务印书馆2011年版。

芬克尔斯坦，戴维、阿利斯泰尔·麦克利里：《书史导论》，何朝晖译，商务印书馆 2012 年版。

冯班:《钝吟杂录》，李鹏点校，中华书局 2013 年版。

福泽谕吉:《劝学篇》，群力译，《汉译世界学术名著丛
　　书》，商务印书馆 2016 年版。

弗兰科潘，彼得:《丝绸之路——一部全新的世界史》，邵
　　旭、孙芳译，浙江大学出版社 2017 年版。

龚育之、逄先知、石仲泉:《毛泽东的读书生活》，生
　　活·读书·新知三联书店 2014 年版。

龚自珍:《龚自珍全集》第一辑，上海人民出版社 1975 年
　　版。

海德格尔:《海德格尔文集》:《荷尔德林诗的阐释》，孙周
　　兴译，商务印书馆 2014 年版。

海德格尔:《在通向语言的途中》，孙周兴译，商务印书馆
　　2010 年版。

海德格尔:《什么叫思想》，孙周兴译，商务印书馆 2010 年版。

赫拉利，尤瓦尔:《人类简史》，林俊宏译，中信出版社
　　2012 年版。

赫尔德，J.G.:《论语言的起源》，姚小平译，商务印书馆
　　2014 年版。

赫尔曼，阿瑟:《苏格兰——现代世界文明的起点》，启蒙
　　编译所译，上海社会科学院出版社 2016 年版。

黑格尔:《黑格尔全集》第 27 卷，刘立群等译，商务印书

馆 2014 年版。

黑格尔:《世界史哲学讲演录》,刘立群等译,《黑格尔全集》第 27 卷第 I 分册,商务印书馆 2014 年版。

胡塞尔:《现象学的观念》,倪梁康译,商务印书馆 2017 年版。

胡适:《胡适文集》I,欧阳哲生编,北京大学出版社 2016 年版。

胡适等:《怎样读书》,生活·读书·新知三联书店 2012 年版。

金克木:《书读完了》(增订本),上海文艺出版社 2017 年版。

卡斯蒂格略尼:《世界医学史》(第一卷),北京医科大学医史教研室主译,商务印书馆 1986 年版。

卡尔维诺,伊塔洛:《为什么读经典》,黄灿然、李桂蜜译,译林出版社 2017 年版。

凯尼恩,弗雷德里克,G.:《古希腊罗马的图书与读者》,苏杰译,浙江大学出版社 2012 年版。

康德:《历史理性批判文集》,何兆武译,商务印书馆 2010 年版。

科恩,伯纳德:《自然科学与社会科学的互动》,张卜天译,商务印书馆 2018 年版。

孔狄亚克:《人类知识起源论》,洪洁求、洪丕柱译,商务印书馆 2010 年版。

拉皮罗夫－斯科勃洛:《爱迪生传》，南致善、张德浦译，
　　商务印书馆 2017 年版。

赖特，冯:《知识之树》，陈波编选，陈波、胡泽洪、周祯
　　祥译，生活·读书·新知三联书店 2003 年版。

李约瑟:《文明的滴定》，张卜天译，商务印书馆 2016 年
　　版。

黎清德编:《朱子语类》(一)，中华书局 2017 年版。

刘向:《说苑》，程翔评注，商务印书馆 2018 年版。

梁启超:《中国历史研究法》，上海古籍出版社 1998 年版。

刘梦溪:《现代学人的信仰》，商务印书馆 2015 年版。

鲁迅:《鲁迅全集》，《集外集拾遗补编》，人民文学出版社
　　1998 年版。

陆游:《陆游读书诗》，杨达明辑注，商务印书馆 2013 年
　　版。

罗素，伯特兰:《权威与个人》，储智勇译，商务印书馆
　　2014 年版。

罗素，伯特兰:《西方哲学史》，何兆武、李约瑟译，商务
　　印书馆 2013 年版。

罗素，伯特兰:《罗素自传》第一卷 1872—1914，胡作玄、赵
　　慧琪译，《世界名人传记丛书》，商务印书馆 2016 年版。

罗杰斯，亨利:《文字系统——语言学的方法》，孙亚楠

译，商务印书馆 2016 年版。

洛克:《政府论》(上篇)，瞿菊农、叶启芳译，商务印书馆 2012 年版。

洛克:《政府论》(下篇)，叶启芳、瞿菊农译，商务印书馆 2012 年版。

马克思:《资本论》第一卷，中共中央马克思恩格斯列宁斯大林著作编译局编译，人民出版社 2004 年版。

马克思、恩格斯:《马克思恩格斯选集》第一、四卷，中共中央马克思恩格斯列宁斯大林著作编译局编译，人民出版社 1997 年版。

马立博:《现代世界的起源》(第三版)，夏继果译，商务印书馆 2017 年版。

马尔库塞:《单向度的人——发达工业社会意识形态研究》，刘继译，上海世纪出版集团 2017 年版。

马化腾:《互联网+——国家战略行动路线图》，中信出版社 2015 年版。

马志尼:《论人的责任》，吕志士译，商务印书馆 1995 年版。

马兹利什，布鲁斯:《文明及其内涵》，汪辉译，商务印书馆 2017 年版。

麦克卢汉，马歇尔:《谷登堡星汉璀璨——印刷文明的诞生》，杨晨光译，北京理工大学出版社 2014 年版。

曼古埃尔，阿尔维托：《阅读史》，吴昌杰译，商务印书馆
　　2014年版。

梅棹忠夫：《智识的生产技术》，樊秀丽译，商务印书馆
　　2016年版。

尼采：《偶像的黄昏》，李超杰译，商务印书馆2009年版。

帕克，罗伯特，E.等：《城市——有关城市环境中人类行为
　　研究的建议》，杭苏红译，商务印书馆2016年版。

潘恩，托马斯：《常识》，马清槐译，商务印书馆2015年
　　版。

庞兹，诺尔曼：《中世纪城市》，刘景华、孙继静译，商务
　　印书馆2015年版。

培根：《培根论说文集》，水天同译，商务印书馆2011年
　　版。

培根：《新工具》，许宝骙译，商务印书馆2016年版。

普芬道夫：《人和公民的自然法义务》，鞠成伟译，商务印
　　书馆2010年版。

钱冠连：《语言：人类最后的家园——人类基本生存状态的
　　哲学与语用学研究》，商务印书馆2005年版。

桑兵、於梅舫、陈欣编：《读书法》，人民出版社2014年版。

桑塔亚那，乔治：《人性与价值》，陈海明、仲霞、乐爱国
　　译，商务印书馆2016年版。

叔本华：《意志决定命运》，韦启昌编译，长江文艺出版社

2014 年版。

施瓦茨，琳莎：《读书毁了我》，李斯译，北方文艺出版社
　　2014 年版。

斯丹迪奇，汤姆：《从莎草纸到互联网——社交媒体 2000
　　年》，林华译，中信出版社 2015 年版。

斯宾格勒，奥斯瓦尔德：《西方的没落》（一二卷），吴琼
　　译，上海三联书店 2006 年版。

司马迁：《史记》第十册，中华书局 1982 年版。

孙中山：《孙中山全集》（第 1 卷），中华书局 1985 年版。

孙中山：《孙中山全集》（第 5 卷），中华书局 1985 年版。

塔西佗：《编年史》（下册），王以铸、崔妙因译，商务印书
　　馆 2013 年版。

汤普森，约翰·B.：《数字时代的图书》，张志强等译，译
　　林出版社 2014 年版。

王潮主编：《后现代主义的突破——外国后现代主义理
　　论》，敦煌文艺出版社 1996 年版。

王阳明撰，邓艾民注：《传习录注疏》，上海古籍出版社
　　2017 年版。

王大鹏编：《百年国士》之一，《酒旗风暖少年狂》，商务印
　　书馆 2010 年版。

维特根斯坦：《逻辑哲学论》，贺绍甲译，商务印书馆 2015
　　年版。

维特根斯坦:《哲学研究》，李步楼译，商务印书馆 2010 年版。

沃森，彼得:《德国天才》（1），张弢、孟钟捷译，商务印书馆 2016 年版。

沃森，彼得:《德国天才》（2），王志华译，商务印书馆 2016 年版。

沃森，彼得:《思想史——从火到弗洛伊德》（上），胡翠娥译，译林出版社 2018 年版。

谢尔，理查德·B.:《启蒙与出版:苏格兰作家和 18 世纪英国、爱尔兰、美国的出版商》，启蒙编译所译，复旦大学出版社 2012 年版。

颜之推:《颜氏家训》，檀作文译注，中华书局 2017 年版。

杨绛:《走到人生边上》（增订本），商务印书馆 2016 年版。

杨伯峻:《孟子译注》，中华书局 2018 年版。

雅斯贝斯，卡尔:《历史的起源与目标》，魏楚雄、俞新天译，华夏出版社 1989 年版。

伊夫斯，霍华德:《数学史概论》（第六版），欧阳绛译，哈尔滨工业大学出版社 2017 年版。

伊尼斯，哈罗德:《传播的偏向》（中文修订版），何道宽译，中国传媒大学出版社 2015 年版。

伊万丝，玛丽:《现代社会的形成:1500 年以来的社会变迁》，向俊译，中信出版集团 2017 年版。

于殿利:《巴比伦与亚述文明》，北京师范大学出版社 2013
　　年版。

中国图书评论学会编:《读书的方法与艺术》，人民出版社
　　2017 年版。

斋藤孝:《阅读的力量》，武继平译，鹭江出版社 2016 年
　　版。

斋藤孝:《经典的魅力》，武继平译，鹭江出版社 2016 年
　　版。

张明仁编著:《古今名人读书法》，商务印书馆 2017 年版。

张元济:《张元济全集》，第 3 卷，商务印书馆 2007 年版。

张载:《张载集》，中华书局 2017 年版。

朱熹:《论语集注》，商务印书馆 2017 年版。

外文征引书目

Ayto, John, *Dictionary of Word Origins*, The Histories Over 8,000 Words Explained, London: Bloomsbury Publishing Plc., 2001.

Charvát, Petr, *Mesopotamia Before History*, London and New York: Routledge, 2002.

Driver, G.R., M.A., F.B.A., *Semitic Writing, From Pictograph to Alphabet*, London: Oxford University Press, 1976.

Gates, Charles, *Ancient Cities*, The Archaeology of Urban Life In The Ancient Near East And Egypt, Greece, And Rome, Second Edition, London: Routledge, 2011.

Kramer, S. N., *History Begins at Sumer*, Philadelphia : University of Pennsylvania Press, 1981.

Lepore, J., The Sharpened Quill [J], *The New Yorker*, 2010(6).

Mieroop, Marc Van de, *The Ancient Mesopotamian City*,

Oxford University Press, 2004.

Pickover, Cliford A., *The Math Book*, New York, Sterling Publishing Co.Inc., 2009.

Roux, G., *Ancient Iraq*, Third Edition, London: Penguin Group, 1992.

责任编辑:涂　潇
装帧设计:李杨桦

图书在版编目(CIP)数据

阅读是一种责任/于殿利 著. —北京:人民出版社,2019.5
ISBN 978－7－01－020633－2

Ⅰ.①阅…　Ⅱ.①于…　Ⅲ.①读书笔记-中国-现代
Ⅳ.①G792

中国版本图书馆 CIP 数据核字(2019)第 059928 号

阅读是一种责任

YUEDU SHI YIZHONG ZEREN

于殿利　著

人民出版社 出版发行
(100706　北京市东城区隆福寺街 99 号)

北京新华印刷有限公司印刷　新华书店经销

2019 年 5 月第 1 版　2019 年 5 月北京第 1 次印刷
开本:880 毫米×1230 毫米 1/32　印张:11
字数:190 千字

ISBN 978－7－01－020633－2　定价:58.00 元

邮购地址 100706　北京市东城区隆福寺街 99 号
人民东方图书销售中心　电话 (010)65250042　65289539